本书为国家社科基金重大项目"当代中国图书出版史"子课题
"当代中国大众图书出版史"阶段性研究成果

畅销书
案例分析 第五辑

张文红 主编

知识产权出版社
全国百佳图书出版单位
——北京——

图书在版编目（CIP）数据

畅销书案例分析. 第五辑 / 张文红主编. — 北京：知识产权出版社，2021.4
ISBN 978-7-5130-7510-7

Ⅰ. ①畅⋯　Ⅱ. ①张⋯　Ⅲ. ①畅销书—出版工作—案例　Ⅳ. ① G23

中国版本图书馆 CIP 数据核字（2021）第 074254 号

内容提要

本书精选 27 种经典畅销作品，先从内容及艺术特色出发，分析其广受读者欢迎、畅销不衰的原因，又结合具体案例介绍广告推广、名人效应、线上线下互动、结合影视互相助力等多种营销方法，全方位展现书籍的推广策略。此外，书中还精选了畅销书的部分章节，使读者在学习书籍如何畅销的基础上，也可以欣赏美文。本书可供广大图书策划从业者参考学习。

责任编辑：田　姝　　　　　　　　责任印制：孙婷婷

畅销书案例分析　第五辑
张文红　主编

出版发行：知识产权出版社 有限责任公司	网址：http://www.ipph.cn
电话：010-82004826	http://www.laichushu.com
社址：北京市海淀区气象路 50 号院	邮编：100081
责编电话：010-82000860 转 8363	责编邮箱：laichushu@cnipr.com
发行电话：010-82000860 转 8101	发行传真：010-82000893
印刷：北京中献拓方科技发展有限公司	经销：各大网上书店、新华书店及相关专业书店
开本：787mm×1092mm　1/16	印张：24.5
版次：2021 年 4 月第 1 版	印次：2021 年 4 月第 1 次印刷
字数：293 千字	定价：98.00 元
ISBN 978-7-5130-7510-7	

出版权专有　侵权必究
如有印装质量问题，本社负责调换。

目 录

虚构类

案例一：《草房子》（陈逸轩）............3

案例二：《围城》（王 晨）............20

案例三：《活着》（黄葵蓉）............35

案例四：《嫌疑人X的献身》（于 鹤）............52

案例五：《盗墓笔记》（刘婷婷）............66

案例六：《月亮与六便士》（黄 丽）............83

案例七：《平凡的世界》（陈建红）............96

案例八：《鬼吹灯》系列（孙铭远）............111

案例九：《夏洛的网》（程光丰）............121

案例十："那不勒斯四部曲"（孔繁宇）............137

案例十一："金庸作品集"（陈天宇）……………………………………154

案例十二：《夏目友人帐》（王博雅）…………………………………168

案例十三：《纳尼亚传奇》（斯楞格）…………………………………180

案例十四：《达·芬奇密码》（和晓应）…………………………………192

非虚构类

案例十五：《DK 博物大百科》（于雅婷）……………………………209

案例十六：《山海经（白话全译彩图珍藏版）》（高玮齐）……………220

案例十七：《谁的青春不迷茫》（罗先岑）……………………………230

案例十八：《进击的智人》（姜　旭）…………………………………240

案例十九：《一个人的朝圣》（魏芳芳）………………………………254

案例二十：《人类简史：从动物到上帝》（张巧玲）…………………270

案例二十一：《半小时漫画中国史》（宫英英）………………………289

案例二十二：《观山海》（矫凤涛）……………………………………303

案例二十三：《故宫日历》（2019）（高　欢）…………………………317

案例二十四：《谁动了我的奶酪？》（闫泽芸）………………………335

案例二十五：《自控力》（许诗意）……………………………………349

案例二十六：《爱你就像爱生命》（郭　颖）…………………………362

案例二十七：《开明国语课本》（朱椰琳）……………………………379

虚构类

案例一：《草房子》

陈逸轩

一、图书基本信息

（一）图书介绍

书名：《草房子》

作者：曹文轩

开本：32 开

字数：199 千字

定价：22.00 元

出版社：江苏凤凰少年儿童出版社

出版时间：2016 年 4 月

（二）作者简介

曹文轩，江苏盐城人。中国作家协会全国委员会委员，北京市作家协会副主席，北京大学教授、博士生导师。

主要文学作品集有《忧郁的田园》《红葫芦》《追随永恒》《甜橙树》等。长篇小说有《山羊不吃天堂草》《草房子》《红瓦》《根鸟》《细米》《青铜葵花》《天瓢》以及"大王书"系列、"我的儿子皮卡"系列和"丁丁当当"系列等。作品被译为英、法、德、日、韩等文字。

获国内外权威学术奖、文学奖四十余种，其中包括国际安徒生奖、国家图书奖、"五个一工程"优秀作品奖、中国图书奖、全国优秀儿童文学奖、宋庆龄儿童文学奖小说类金奖、冰心文学奖大奖、影响世界华人大奖、吴承恩长篇小说奖等奖项。

二、畅销盛况

《草房子》是作家曹文轩创作的一部长篇小说。作者曹文轩根据自己的亲身经历和感受，在1995年开始创作该作品，1998年《草房子》在江苏凤凰少年儿童出版社（下文简称"苏少社"）出版，此后畅销不衰。各个版本累计印次达500次，累计印数2000万册。

《草房子》的版权迄今已输出到韩国、日本、德国、意大利、越南等8个国家，成为我国儿童文学版权输出的代表之作。《草房子》出版后曾荣获"冰心儿童文学奖"、中国作协第四届全国优秀儿童文学奖、第四届国家图书奖,并入选"百年百部中国儿童文学经典书系"。

苏少社2018年度发行量排行榜上,曹文轩纯美小说系列位居榜首,发行量650万册。在2018年开卷少儿类畅销书TOP10榜单上,《草房子》位居第二,在开卷少儿类畅销书榜上连续在榜次数22次,累计上榜次数62次,上榜最好名次为第一。

三、畅销攻略

草房子各版本(按出版年份排序)

书名	出版社	出版日期	定价(元)
《草房子》	天天出版社有限责任公司	2011/10/1	22.00
《曹文轩画本——草房子套装》	湖北少儿出版社	2014/4/1	180.00
《曹文轩小说阅读与鉴赏·草房子》	北京少年儿童出版社	2014/6/1	24.80
《曹文轩儿童文学获奖作品》	安徽少年儿童出版社	2014/10/1	108.00
《草房子》(当当网定制版)	天天出版社有限责任公司	2015/3/1	25.00
《草房子》(赏读本)	北京教育出版社	2015/4/1	22.80
《曹文轩经典品读书系》(套装共4册)	人民邮电出版社	2015/5/1	91.20
《草房子》(世界著名插画家插图版)	中国少年儿童出版社	2016/1/27	39.80
《草房子》	苏少社	2016/4/1	22.00
《2016版百年百部中国儿童文学经典书系·草房子》	长江少年儿童出版社	2016/4/1	25.00
《2016年国际安徒生奖得主曹文轩作品精选集》(共16册)	中国少年儿童出版社	2016/4/15	331.00
《曹文轩经典长篇小说礼盒》(套装共7册)	苏少社	2016/7/1	150.00

续表

	出版社	出版日期	定价（元）
《草房子》（国际安徒生奖精装纪念版）	天天出版社有限责任公司	2016/8/1	48.00
《曹文轩纯美系列作品集》（套装共8册）	江苏少年儿童出版社	2017/4/14	172.00
《国际安徒生奖大奖书系：草房子》	安徽少年儿童出版社	2018/6/1	28.00
《草房子》（20年纪念版精装本）	苏少社	2018/6/1	49.00
《曹文轩文集精装典藏版》（礼盒装）	天天出版社有限责任公司	2018/7/1	398.00
《草房子》（10年荣誉典藏纪念版）	江苏少年儿童出版社	2018/8/1	35.00
《曹文轩经典作品朗读本》	长江文艺出版社	2018/8/1	208.00
《草房子》（朗读版）	中国少年儿童出版社	2018/9/1	29.50
《草房子》（国礼版）	天天出版社有限责任公司	2018/12/1	198.00
《草房子》（精装典藏版）	天天出版社有限责任公司	2019/3/1	49.00

笔者选择江苏凤凰少年儿童出版社2016年4月的版本作为畅销案例。

（一）慧眼识珠，当机立断

"这哪是草房子，这是金房子啊。"《草房子》的策划组稿人刘健屏曾这样激动地对读者说道。说起《草房子》在童书市场的赫赫战绩，笔者不得不先从它的诞生说起。那是1997年的一次"偶然"。当时，曹文轩和刘健屏因为出差而住在一个房间，曹文轩向刘健屏谈起自己刚完成的小说《草房子》，刘健屏立刻就被那朴素而意蕴深长的故事所吸引，遗憾的是曹文轩告诉刘健屏这本书已经被别的出版社预定了。刘健屏当然不甘心，凭着和曹文轩多年的交情，刘健屏对曹文轩"软硬兼施"，终于将《草房子》"抢"了回来。刘健屏曾说："凭我当编辑的多年敏感和直觉，我认为这是一部极佳的儿童文学作品。然后开会那几天，我心里就一直在默默盘算，一定要把稿子从那家出版社'拿'过来。"这次出差，意外地将曹文轩和苏少社连接了起来，此后的十几年，曹文轩和苏少社多次合作，结下了深厚的友谊。

在笔者看来，那次"偶然"的背后其实是有着充分准备的一次"必然"。刘健屏拥有编辑所必须具备的一种素质——发现力，优秀的编辑必定有着俯瞰全局的优点，创作出一本好书难，发现一本好书更难。世有伯乐，然后有千里马，作为伯乐的编辑，要想从四面八方寄来的稿件中挖掘出一块金子，除了汗水，还需要一种更上一层的视野。在听完曹文轩的叙述后，刘健屏能在第一时间意识到这部作品的"特别"之处，这种如狼一般敏锐的嗅觉让他明白"金色的《草房子》将在书架上站立50年，100年，甚至可以流芳百世"。机会可遇不可求，刘健屏当机立断，下定决心要将这部作品收入囊中。事实证明，刘健屏的眼光非常准，回到南京后，刘健屏立即将这部作品交给祁智编辑和郁敬湘编辑，并由姚红进行装帧设计。在1998年的春天，苏少社将《草房子》推入市场，由此创造出儿童文学畅销的奇迹。

（二）内容为王，主题庄重

1. "生死离别"总是情，哀而不伤的苦难哲学

"文学写了上百年，上千年，其实做的就是一篇文章——生死离别。"曹文轩在中央电视台推出的文化情感类节目《朗读者》中这样对观众说。《草房子》里蕴含着浓浓的情，这种情刻骨铭心，让笔者久久地沉浸在这朴素故事中无法自拔，亲情、友情、爱情，曹文轩以极具悲悯感的笔调勾勒出一幅幅油麻地小

学的生死离别图卷，人与人间的隔膜、人类自身的孤独、理想与未知的命运，种种悲欢离合尽情显露在画卷的各个角落，无论是谁，都能在这幅画卷中寻到自己的影子。"我去一个小学校做讲座，一个孩子追问我：你的作品都是写你的过去，为什么不能写一写我们的现在呢？我反问那个孩子，难道你和我，作为人有什么不同吗？人没有在本性上有什么改变呀！现在的人是人，从前的人也是人。说到底，文学是写人性的，而既然是人性，那就是不会改变的，人性改变了，就不是人了。我坚信这一点：文学的最后深度是人性。"曹文轩所说的人性，在笔者看来就是一种人类共有的"情"，也就是人的悲欢离合、生死离别。

除了浓情，曹文轩笔下无不透出一种哀而不伤的苦难哲学，《草房子》中的人物无不遭受苦难："我喜欢在温暖的忧伤中荡漾，绝不到悲痛欲绝的境地里去把玩，我甚至想把苦难和痛苦看成是美丽的东西，正是它们的存在，才锻炼和强化了人的生命；正是它们的存在，才使人领略到了生活的情趣和一种彻头彻尾的幸福感。"书中的人物，在苦难中拼搏，在苦难中坚强，在苦难中成长，正如曹文轩所提倡的观念：给孩子写书的人不必装作小孩。成长是每个人必经的主题，成长的苦难孩子有、成年人依然有，或许，在遭受苦难后获得的成熟才是一个人真正的"成长"，那种勇气和坚强绝不是所谓的成功和安逸的日子能给予得了的。

2. 自传性质，真情流露

在《朗读者》节目现场，主持人董卿曾问曹文轩："《草房子》中的小男孩桑桑和校长桑乔是以您和您的父亲为原型吗？"曹文轩回答道："您完全可以把里头的桑桑，看成是一个叫曹文轩的男孩。"在某种程度上，《草房子》是一部曹文轩的自传，书中的事情大都是曹文轩的真实经历，那些活灵活现的人物也大都真实存在，这也就不难解释那些百转千回的故事为何能如此的真实、切情。曹文轩幼时家中极其贫穷，作为小学校长的爸爸成为曹文轩进入文学殿堂的一把钥匙，那段水乡的童年成为《草房子》的原型。在曹文轩看来，记忆力同想象力一样不可忽视，油麻地小学是曹文轩的记忆，秃鹤是曹文轩的记忆，纸月是曹文轩的记忆，白雀是，秦大奶奶是，杜小康也是，那幅画卷就是曹文轩的童年记忆。曹文轩认为："对于作家而言，记忆力比想象力更加重要。对历史的记忆，对现实的记忆，被记忆的东西，却往往是超越想象力的。"

《草房子》活在曹文轩的记忆里，活在你我的想象里，那幽静、美丽的水乡，那茂密厚实的芦苇，那金黄色飒飒作响的麦浪……环境往往潜移默化地影响着人的性格，而命运又始于性格，曹文轩本人的处世方式和美学态度里就流淌着水的气息——"我之所以不肯将肮脏之意象、肮脏之辞藻、肮脏之境界带进我的作品，可能与水在冥冥之中对我的影响有关，我的作品有一种'洁癖'。再其次，是水的弹性，我想，这个世界上再也没有比水更具弹性的事物了，遇圆则圆，遇方则方，它是最容易被塑造的，水是一种很有修养的事物。"

3. 庄重的仪式感

"我一直将庄重的风气看成是文学应当具有的主流风气。一个国家、一个民族的文学，应当对此有所把持，倘若不是，而是一味地玩闹，一味地逗乐，甚至公然拿庄重开涮，我以为这样的文学格局是值得怀疑的。"面对如今儿童文学市场"上天入地、星际穿越、装神弄鬼"，《草房子》无疑给大家做了一个榜样，朴素的语言、真实的人物，处处显真情，这种真挚的文字正是儿童文学市场缺少的。曹文轩常常说："给孩子写书的人，别忘记一个责任：你的文字不仅仅是对孩子阅读水平的顺应，同时还是对孩子阅读能力乃至对孩子叙述、认识这个世界的能力的提升。"文学可以体现更深刻的东西，人与人之间的交往、人与命运的搏斗、人与自然的共处，文学的庄重感实则缘于一种"真"的态度，"认真""真诚""真实"……唯有这样的文字才能"安抚你因在这个社会拼搏而伤痕累累的心；帮助你焦躁不安的灵魂得到安宁；让你成为一个有情调的人，一个不同于俗人的雅人，提高生命的质量"。

阅读《草房子》是一次很美的体验。哪里美？什么美？在笔者看来，美就美在它的仪式感，曹文轩赋予各种物以特定意义，事和物、人和物一一匹配，融为一体，看似写物实则写人、写事。绵绵悠长、余音绕梁、如诉如泣的笛声实则是白雀与蒋一轮的爱情，苦涩、坚韧的苦艾实则是秦大奶奶的化身，经历繁华与破败的红门实则是杜小康的家庭……"纯洁的月光照着大河，照着油麻地小学的师生们，也照着世界上一个最英俊的少年……"（"第一章秃鹤"结尾）；"墓前，是一大片艾，都是从原先的艾地移来的，由于孩子们天天来浇水，竟然没有一棵死去。它们笔直地挺着，在从田野上吹来的风中摇响着叶子，终日散发着它们特有的香气"（"第四章艾地"结尾）；"悠长的笛声，像光滑的绸子一样，还在春天的田野上飘拂……"（"第七章白雀"结尾），特地以环境描写作为故事的结尾，读来甚美，意蕴深长，充满仪式感。

4. 诗化的语言，朴素的阅读

审美，是曹文轩写作时十分重视的维度，语言的美、文字的美、文学含义的美、思想的美、感情的美……审美力对个人的成长起着至关重要的作用，曹文轩对于语言文字的使用十分讲究，他追求的是一种"诗性"。读《草房子》仿佛是在读诗，有节奏、有韵律，这种语言文字的美让读者产生的是一种最纯粹的文字愉悦感，除了浅层的文字愉悦，文字背后的思想、情感更能给读者一种美的感受。曹文轩一向坚持文学的审美功能，欣赏19世纪"托尔斯泰们"和20世纪上半叶"鲁迅们"的作品，"在他们的作品里头，不只有一个纬度，他们有深刻的思想，又具有很好的审美功能，还有非常深厚的悲悯情怀。这些纬度非常完美均衡地结合在一起。"儿童文学若是有这种审美态度，作品就不仅仅是为孩子量身打造，同样也可供成年人阅读。

《草房子》从想法萌生到最后推向市场，用了七八年的时间，在这期间，曹文轩绝大部分时间都在打腹稿，漫长的积累后，呈现在我们眼前的是朴实到极致的文字。在如此长时间的考虑后，曹文轩依然选择了用最简单、朴素的语言来讲述故事。这不是没有原因的。华丽的辞藻恰恰掩盖住了"情"本身的香味，而最能触动人心灵的，往往是不加修饰的最朴实的文字。曹文轩用悲悯的古典温情、哀而不伤的笔调、朴实无华的文字，淡淡地叙说着坚忍不拔和自强不息的生命历程。

（三）打造品牌，名人作家

苏少社设立了"曹文轩儿童文学奖"，"曹文轩从苏少走向世界"是苏少社直击国际安徒生奖颁奖礼打出的口号，显而易见，曹文轩是苏少社头牌作家。可以说，曹文轩成就了苏少社，同样的，苏少社也成就了曹文轩。

苏少社是如何成功地将曹文轩做成儿童文学品牌的呢？笔者认为有以下三点。

1. 全力支持作家，精心打造作品

诚信是苏少社和曹文轩多年来合作的重要前提，出版社对于曹文轩的创作是全力支持的态度，两者之间相互尊重、彼此信任，共同致力于高质量作品的打造。这种理念的一致性让出版社和作家的合作更有默契、更有活力、更有长性。

2. 准确定位，占领市场

在构思作品前，作家和出版社需要对市场有着清晰明确的认识，确定受众定位、产品定位、特色定位、服务定位。苏少社给曹文轩作品的定位是成年人也可以阅读的儿童文学作品。写人的基本欲望、基本情感、基本行为方式、基本的生存处境，以"生死离别、游驻聚散、悲悯情怀、厄运中的相扶、困境中的相助、孤独中的理解、冷漠中的温馨与情爱"来感动读者。

3. 打造系列图书，形成特定作家"作品群"

苏少社在1998年出版《草房子》，在2005年5月进行第一次重大改版，推出了以《草房子》为代表的曹文轩的6部小说，冠名"纯美小说"系列。此后又进行了两次改版，2014年曹文轩"纯美小说系列"扩大为全套12册。系列图书的推出让曹文轩的作品在图书展位有了"气势"、有了"排面"，这无疑会大大吸引读者的目光，注意力的吸引就是知名度的提升，而知名度则是打造"名人作家"必不可缺的重要因素。

（四）多元化开发，立体化营销

《草房子》作为曹文轩的代表作，是出版社重点维护的 IP。针对这一 IP 进行深度开发，形成一个内容，多种创意；一个创意，多次开发；一次开发，多种产品；一种产品，多个形态；一次投入，多次产出；一次产出，多次增值；一次销售，多条渠道的立体化营销模式。

从线上角度来说，①推出同名电影。由徐耿执导，曹文轩作为编剧的电影《草房子》，于 2000 年 8 月 17 日在中国香港地区上映。②推出有声书。曹文轩入驻喜马拉雅 FM，在喜马拉雅 FM 官网，《草房子》的有声版本正式上线，用户需要支付一定费用收听包括《草房子》在内的曹文轩作品的完整版音频。③推出电子书。《草房子》电子版在微信阅读 App 正式上线，用户在移动终端上即可阅读（购买月卡或分享获取无限卡）。④节目推广。曹文轩作为嘉宾，曾参加多个节目的制作，如《朗读者》《2017 书香中国晚会》《面对面》等。⑤运营微博、微信公众号。微博如"@作家曹文轩"和"@曹文轩儿童文学艺术中心"；微信公众号"曹文轩儿童文学奖""青铜葵花儿童文学艺术中心"。线上咨询的及时发布，提高了作家与读者的互动度，增加了用户黏性。

从线下角度来说，①推出儿童剧。曹文轩的作品《草房子》《青铜葵花》等都被搬上了儿童剧舞台，同学们扮演剧里的各种角色，让平面的文字"活"了起来，一方面培养了少年儿童的兴趣，另一方面让曹文轩的作品在学生和家长心中更有威信。②走进校园。出版社和学校进行合作，举办阅读节、阅读分享会、主题阅读活动等，让曹文轩的作品走上教师的讲台、进入孩子们的书桌。③走出国门。曹文轩在 2016 年 4 月 4 日获得"国际安徒生奖"，并在剑桥大学进行演讲、举办读者见面会；在意大利博洛尼亚国际儿童书展上设立曹文轩展位，让国外读者更近距离地接触中国作家、中国儿童文学。曹文轩儿童文学艺术中心的建立也为曹文轩品牌的国际化助力，实现了中国作家与世界出版的深度交流，向世界推荐曹文轩。

四、精彩阅读

第三章 白 雀

差不多每个地方上的文艺宣传队，都是由这个地方上的学校提供剧本并负责排练的。桑乔既是油麻地学校文艺宣传队的导演，也是油麻地地方文艺宣传队的导演。

桑乔的导演不入流，但却很有情趣。他不会去自己做动作，然后让人学着做。因为他的动作总不能做到位，他嘴里对人说："瞧着我，右手这么高高地举起来。"但实际上他的右手却并未高高地举起来，倒像被鹰击断了的鸡翅膀那么耷拉着。人家依样画葫芦，照他的样做了，他就生气。可人家说："你就是这个样子。"于是，桑乔就知道了，他不能给人做样子。这样一来，他倒走了大家的路子：不动手动脚，而是坐在椅子上或倚在墙上，通过说，让演员自己去体会，去找感觉。

桑乔导演的戏，在这一带很有名气。

案例一：《草房子》

桑乔既是一个名校长，又是一个名导演。

农村文艺宣传队，几乎是常年活动的。农忙了，上头说要鼓劲，要有戏演到田头场头；农闲了，上头说，闲着没事，得有个戏看看，也好不容易有个工夫好好看看戏；过年过节了，上头说，要让大伙高高兴兴的，得有几场戏。任何一种情况，都是文艺宣传队活动的理由。

油麻地地方文艺宣传队，在大多数情况之下，是与油麻地小学的文艺宣传队混合在一起的，排练的场所，一般都在油麻地小学的一幢草房子里。

排练是公开的，因此，实际上这地方上的人，在戏还没有正式演出之前，就早已把戏看过好几遍了。他们屋前屋后占了窗子，或者干脆挤到屋里，看得有滋有味。这时，他们看的不是戏，而是看的如何排戏。对他们来说看如何排戏，比看戏本身更有意思。一个演员台词背错了，只好退下去重来，这有意思。而连续上台三回，又同样退下去三回，这便更有意思。

一场不拉看排练的是秦大奶奶。

油麻地小学校园内，唯一一个与油麻地小学没有关系的住户，就是孤老婆子秦大奶奶。只要一有排练，她马上就能知道。知道了，马上就搬了张小凳拄着拐棍来看。她能从头至尾地看，看到深夜，不住地打盹了，也还坐在那儿老眼昏花地看。为看得明白一些，她还要坐到正面来。这时，她的小凳子，就会放到了离桑乔的藤椅不远的一块显著的地方。有人问她："你听明白了吗？"她朝人笑笑，然后说："听明白啦：他把一碗红烧肉全吃啦。"要不就说："听明白啦：王三是个苦人，却找了一个体面媳妇。"众人就乐，她也乐。

今年的夏收夏种已经结束，油麻地地方文艺宣传队要很快拿出一台戏来，已在草房子里排练了好几日了，现在正在排练一出叫《红菱船》的小戏。女主角是十八岁的姑娘白雀。

　　白雀是油麻地的美人。油麻地一带的人说一个长得好看的女孩儿，常习惯用老戏里的话说是"美人"。

　　白雀在田野上走，总会把很多目光吸引过去。她就那么不显山不露水地走，但在人眼里，却有说不明白的耐看。她往那儿一站，像棵临风飘动着嫩叶的还未长成的梧桐树，亭亭玉立，依然还是很耐看。

　　白雀还有一副好嗓子。不宏亮，不宽阔，但银铃般清脆。

　　桑乔坐在椅子上，把双手垂挂在扶手上，给白雀描绘着：一条河，河水很亮，一条小木船，装了一船红菱，那红菱一颗一颗的都很鲜艳，惹得人都想看一眼；一个姑娘，就像你这样子的，撑着这只小船往前走，往前走，船头就听见击水声，就看见船头两旁不住地开着水花；这个姑娘无心看红菱——红菱是自家的，常看，不稀罕，她喜欢看的是水上的、两岸的、天空的好风景；前面是一群鸭，船走近了，才知道，那不是一群鸭，而是一群鹅；芦苇开花了，几只黄雀站在芦花顶上叫喳喳，一个摸鱼的孩子用手一拨芦苇，露出了脸，黄雀飞上了天；水码头上站着一个红衣绿裤的小媳妇，眯着对眼睛看你的船，说菱角也真红，姑娘也真白，姑娘你就把头低下去看你的红菱；看红菱不要紧，小木船撞了正开过来的大帆船，小船差点翻了，姑娘你差点跌到了河里，你想骂人家船主，可是没有道理，只好在心里骂自己；姑娘一时没心思再撑船，任由小船在水上漂；漂出去一二里，河水忽然变宽了，浩浩荡荡的，姑娘你心慌了，姑娘你脸红了——你想要到的那个小镇，就立在前边不远的水边上；一色的青砖，一色的青瓦，好一个小镇子，姑娘你见到小镇时，已是中午时分，小镇上，家家烟囱冒了烟，烟飘到了水面上，像飘了薄薄的纱；你不想再让小船走了，你怕听到大柳树下笛子声——大柳树下,总有个俊俏后生在吹笛子……

桑乔的描绘,迷住了一屋子人。

白雀的脸红了好几回,仿佛那船上的姑娘真的就是她。

这出小戏,就只有一把笛子伴奏。吹笛子的是蒋一轮。

桑桑最崇拜的一个人就是蒋一轮。蒋一轮长得好,笛子吹得好,篮球打得好,语文课讲得好……桑桑眼里的蒋一轮,是由无数个好加起来的一个完美无缺的人。

蒋一轮长得很高,但高得不蠢,高得匀称、恰当。油麻地不是没有高个,但不是高得撑不住,老早就把背驼了,就是上身太长,要不又是两条腿太长,像立在水里的灰鹤似的。蒋一轮只让人觉得高得好看。蒋一轮的头发被他很耐心地照料着,一年四季油亮亮的,分头,但无一丝油腔滑调感,无一丝阔小开的味道,很分明的一道线,露出青白的头皮,加上鼻梁上架了一副眼镜,就把一股挡不住的文气透给人。

蒋一轮的笛子能迷倒一片人。

蒋一轮的笛子装在一只终年雪白的布套里。他取出笛子时,总是很有章法地将布套折好放到口袋里,绝不随便一团巴塞到裤兜里。在蒋一轮看来,笛子是个人,那个布套就是这个人的外衣。一个人的外衣是可以随便团巴团巴乱塞一处的吗?蒋一轮在吹笛子之前,总要习惯地用修长的手指在笛子上轻轻抚摸几下,样子很像一个人在抚摸他所宠爱的一只猫或一条小狗。笛子横在嘴边时,是水平的。蒋一轮说,笛子吹得讲究不讲究,第一眼就看笛子横得水平不水平。蒋一轮的笛子横着时,上面放个水平尺去测试,水平尺上那个亮晶晶的水珠肯定不偏不倚地在当中。蒋一轮吹笛子从来不坐下来吹。这或许是因为蒋一轮觉得坐下来,会把他那么一个高个儿白白地浪费了。但蒋一轮说:"笛子这种乐器,就只能站着去吹。"最潇洒时，是他随便倚在一棵树上或倚在随便一个什么东西上。那时，他的双腿是微微交叉的。这是最迷人的样子。

桑桑每逢看见蒋一轮这副样子，便恨胡琴这种乐器只能一屁股瘫在椅子上拉。

《红菱船》的曲子就是蒋一轮根据笛子这种乐器的特性，自己作的，蒋一轮自然吹得得心应手。

桑乔将《红菱船》已导演出来了点样子之后，就对蒋一轮与白雀说："差不多了，你们两个另找个地方，再去单练吧。"

晚上，桑桑在花园里循声捉蟋蟀，就听见荷塘边的草地上有笛子声，隔水看，白雀正在笛子声里做动作。今晚的月亮不耀眼，一副迷离恍惚的神气。桑桑看不清蒋一轮与白雀，但又分明看得清他们的影子。蒋一轮倚在柳树上，用的是让桑桑最着迷的姿势：两腿微微交叉着。白雀的动作在这样的月光笼罩下，显得格外的柔和。桑桑坐在塘边，呆呆地看着，捉住的几只蟋蟀从盒子里趁机逃跑了。

微风翻卷着荷叶，又把清香吹得四处飘散。几支尚未绽开的荷花立在月色下像几支硕大的毛笔，黑黑地竖着。桑桑能够感觉到：它们正在一点一点地开放。

夜色下的笛子声不太像白天的笛子声，少了许多明亮和活跃，却多了些忧伤与神秘。夜越深越是这样。

路过塘边的人，都要站住听一会，看一会。听一会，看一会，又走了。但桑桑却总在听，总在看。桑桑在想：有什么样的戏，只是在月光下演呢？

不知是哪个促狭鬼，向池塘里投掷了一块土疙瘩，发一声"咚"的水响，把蒋一轮的笛音惊住了，把白雀的动作也惊住了。

桑桑在心里朝那个投掷土疙瘩的人骂了一声："讨厌！"但笛音又响起来了，

动作也重新开始。如梦如幻。

过了一个星期,彩排结束后,桑乔说:"《红菱船》怕是今年最好的一出戏了。"

(选自《草房子》第62~67页)

五、相关研究推荐

[1] 许军娥.对美的厚实追求——《草房子》[J].理论月刊,2008(10):149-152.

[2] 周洋洋.成长中的美与痛——从《草房子》看曹文轩小说的成长哲学[J].北方文学(下半月),2011(9):41-42.

[3] 肖复兴.《草房子》不仅仅是写给孩子的儿童小说[J].瞭望新闻周刊,1998(15):34-35.

[4] 周婷.借力新媒体,构建少儿图书营销的新模式[J].编辑学刊,2014(2):16-21.

[5] 龚军辉.做好少儿图书营销战略选择,赢取市场制高点[J].出版广角,2011(6):42-44.

案例二:《围城》

王 晨

一、图书基本信息

(一) 图书介绍

书名:《围城》
作者:钱锺书
开本:32 开
字数:253 千字
定价:19.00 元
出版社:人民文学出版社
版本信息:1991 年第 2 版

（二）作者简介

钱锺书（1910—1998），原名仰先，字哲良，号槐聚，曾用笔名中书君，江苏无锡人，中国现代著名作家、文学研究家。他曾担任中国社会科学院副院长、清华大学教授。他的主要作品有《谈艺录》《写在人生边上》《围城》《人·兽·鬼》等。

钱锺书先生学贯中西的学术成就，与他青少年时期形成的知识结构有关，其基础来源由学校教育、家学和自学三方面组成。他接受的学校教育以西学为主。钱锺书少年时期就读的主要是教会学校。教会学校极为严格的教学，为他打下了坚实的外文基础。家学以国学为主，钱锺书先生由此扎稳了极为坚实的古文根底。

二、畅销盛况

开卷数据显示，《围城》在 2018 年虚构类畅销书榜中排名第 10 位，在 2019 年 3 月畅销书排行榜中排名第 9。据开卷统计，《围城》已有 30 多次进入畅销书榜 TOP30。当当网上 2017 年版本的《围城》累计评论达 12 万条。

其实，《围城》从 1946 年 2 月出版的《文艺复兴》一卷二期上开始连载时，就在读者中掀起了很大波浪，读者十分关心这部小说。

《围城》从 1947 年 6 月出版到 2019 年已经 70 余年，横贯长销畅销小说榜之首，是中国现代文学史上一部风格独特的讽刺小说，被誉为"新儒林外史"，堪称中国现当代长篇小说的经典。该书被《亚洲周刊》选为"20 世纪一百部最佳小说"之一，并且还是"20世纪中国十大影响最大的小说"之一。

1980年11月，《围城》由人民文学出版社正式出版，首印13万册。人民文学出版社总编室的数据显示，1980—1989年，《围城》共印刷6次，每次加印五六万册；1990年年底印刷一次，近7万册；1991年，《围城》加印了6次，印数近40万册；此后，每年印数保持在10余万册至20余万册。进入21世纪以后，《围城》也大致保持了这个印数，偶尔超过30万册，总印数已超过1000万册，每年发行量过百万册。2017年，人民文学出版社推出《围城》电子书，阅读量达百万人次。同时，掌阅提供《围城》第一章的试读，目前试读和购买的阅读量达到90多万人次。2018年，在钱锺书先生逝世20周年之际，人民文学出版社在喜马拉雅平台特别推出《围城》有声音频版，截至2019年4月，播放次数已达162万次。

除了各种单行本外，《围城》还被收入中学生课外文学名著必读丛书、百年百种优秀中国文学丛书、大学生必读丛书、中国现代长篇小说藏本、中国文库、教育部统编《语文》推荐阅读丛书等，同时还出版了《围城》英汉对照版。

值得一提的是，20世纪60年代以后，《围城》被译为英文版、法文版、德文版、日文版、俄文版，在世界各地广泛流传。

三、畅销攻略

（一）内容优质

人民文学出版社在1991年出版的第2版《围城》，无论是在成书结构还是文字凝练上都比较成熟，为后续出版奠定了基础。

《围城》中的人物塑造、时代主题、小说构思、描写技巧、语言艺术等都成为学术界长期讨论的话题。

1. 人物形象塑造丰满，寓意深刻

钱锺书先生在《围城》中塑造了大量鲜活、生动的人物形象，用细腻的笔法，将这些人物的心理活动，通过行动与对白形象地展现在大家面前。《围城》刻画了一系列青年男女形象，他们有身份、有知识，但是在现实生活中却还是无法逃脱被摆布、被压榨的命运。刻画的男性形象主要有淡薄不居的方鸿渐、灵魂独有的赵辛楣，女性形象有世故老练的鲍小姐、虚荣刻薄的苏文纨、天真执拗的唐晓芙、工于心计的孙柔嘉等。作者通过对他们追求爱情的过程及结局的描写，揭示了当时中国知识分子的生存状态。特别是该书中刻画的女性形象，被很多学者反复研究。

2. 故事发展脉络清晰，结构明了

《围城》的故事按照顺时推进，即随着时间的推移铺陈事件，这样的好处是情节发展清晰明了。故事整体上分为三个部分，分别是方鸿渐回国前后、去三闾大学和结婚，这三部分的发展具有合理的前后因果关系，衔接自然。感情作为主要线索，但是在三部分中又有不同形式的体现。第一部分的感情发展是按部就班，第二部分则根据情节需要出现转折，第三部分的情感状态则在前面埋好了伏笔。这样的结构安排，读来顺理成章，却不乏味。

3. 主题意蕴多重，文学价值丰富

《围城》作为一部经典名作，有着极其丰富的文学内涵，其中隐藏着的多重主题意蕴，被广大文学爱好者反复探究。在那个深受社会环境约束的时代，钱锺书先生渴望突破"围城"的"束缚"，去寻求无限广阔的世界。《围城》体现出钱锺书先生因太平洋战争受困于上海，渴望挣脱束缚，向往自由生活的愿望，也描述了当时中国处于困境，被封建制度禁锢的社会群众，思想落后，受外来列强侵略的社会状态。小说是生活的客观反映，《围城》映射出当时中国社会背景下中国多数知识分子受到"内忧外患"、不能掌控自己命运的无奈。

4. 语言幽默讽刺，修辞灵活多样

在这部小说中，作者运用了大量修辞手法，其中比喻的数量是最多的，而且比喻的形式也是多种多样，不仅有明喻、暗喻、借喻，还有反喻、典喻……这个书名就是一个比喻，它将婚姻比喻成一座被围困的城堡。在这座围困的城堡中，城外的人一直想要冲进去，但是城里的人却一直想逃出去。《围城》这部作品有上百处采用了比喻修辞手法，可以说作者对比喻这一手法的运用新颖别致、恰到好处，在幽默的比喻背后是作者的讽刺，语言幽默，内涵却刻骨铭心。除了比喻的修辞手法，夸张手法也运用得极多。比如，书中有一段对方鸿渐的描写："方鸿渐以为是聘书，心跳得要冲出胸膛，里面只是一张信笺，一个红纸袋。"这段描写就十分夸张地描绘出方鸿渐此时内心的激动和迫切程度。钱锺书先生凭借独特的讽刺而幽默的文字，用在喜剧中展现悲剧性体验的文学方式解析了知识分子所特有的个性，创作出了一幅生动而逼真的画卷。

（二）设计简单，风格自成一派

1. 设计简单明了，风格不断沿袭

下表是人民文学出版社出版的《围城》各版本，所统计的数据也许不够全面，仅供参考。

出版年份	封面	装订方式	定价/元
1985		平装	1.70
1991		平装	3.55
1991		平装	19.00

续表

出版年份	封面	装订方式	定价/元
1991		藏本	20.00
1991		精装	39.00
1991		平装（语文新课标必读丛书）	20.00
1991		平装	18.00

案例二:《围城》

续表

出版年份	封面	装订方式	定价/元
2000		平装	16.00
2001		平装（中学生课外文学名著必读）	15.20
2003.1		平装	16.80
2003		软精装	26.00

续表

出版年份	封面	装订方式	定价/元
2013		平装	28.00
2017		平装	36.00

从上表可以看出，除了藏本和中学生读本以外，《围城》的设计风格基本一致。书的封面十分尊重钱锺书先生的设计要求。1980年人民文学出版社联系钱锺书先生出版该书，在设计封面时，江秉祥带着美术编辑室画的两个封面样到钱先生处商量。钱锺书先生嫌美编设计的封面太过花哨，他希望封面尽量简洁。于是，便有了封面上只有一条竖线的简单设计。

1991年第2版的封面在保留了第1版设计的基础上略作变动。封面为青苔暗绿色，从书脊处向封面和封底延伸出压痕，像古老且厚重的墙壁。书名和作者名字位于封面的右上角，字体呈暗银色，条形码位于封底处与书名对称的位置，整个封面设计呈现严肃、拘谨的状态；内封纸张为饱和度很低的绿色，文字均采用与封面同色系的绿色。值得一提的是，内封处的"围城"二字为杨绛先生的题字，这样别出心裁的小设计在增加了本书情感意义的同时，也与正文附录中杨绛先生写的《记钱锺书与〈围城〉》相呼应。

直到今天，《围城》的设计大体沿袭这一风格，只在细节上稍作变动。

2. 平装充分考虑题材与市场

人民文学出版社出版的《围城》基本都是平装版，只有1991年设计过精装版本和少数藏本，且在后来几年未有变动。

该书选用平装的装订方式，充分考虑了长篇小说的篇幅长、容量大的特点；32开本更方便携带；软皮封面有勒口，可减少内封磨损。这样的设计不仅为读者减轻了重量负担，也为出版社节省了成本。

（三）历史积淀，与时俱进

1. 历史积淀，造就《围城》

关于《围城》的修改集中在两个时间段：一是从作品初次发表至1949年，二是20世纪80年代及之后的时期，但主要在八九十年代。前者主要包括初刊本到初版本的变化及初版本之后的两次重印，后者主要是人民文学出版社出版的定本及之后的三次重印。

《围城》从初刊到初版，再到后来不断被重印，每一次都能掀起读者对本书的关注。长久以来，"围城"这两个字就已经成为书的卖点。"围城"代表了历史，代表了中国某一特殊时期的知识分子,也代表着一种婚姻观,而每一次销售都为《围城》成为名著打下了坚实的基础。

2. 更新内容,与时俱进

钱锺书先生在《围城》序文中曾说:"悬拟这本书该怎样写,而才力不副,写出来并不符合理想。"在《〈围城〉重印前记》中也说:"我写完《围城》,就对它不很满意。"笔者仅对《围城》汇校本中呈现的修改情况进行统计,就发现了近三千余处的修改。这些修改涉及字、词、句、段落、标点等多个方面,其中多表现在对字词的更改、删除和对某些句子的删除上。可见,对于《围城》的修改,主要集中在语言方面。钱锺书先生的语言一向精妙,因此其语言修改也只是些小修小补,包括修改错别字、在字词句上加以润色等,使语言更生动准确。例如,将"著"改为"着","末"改为"么",将状语后的"的"改为"地"等,都是为了符合语言规范所作的修改。

经过研究对比发现,《围城》并没有对情节、人物性格命运等做大方面的改动。但是随着作者年龄、经历以及时代的不断变化,每一个新的修改本的出版都可以说是对小说的一次再创作。因此,钱锺书先生对《围城》的修改也为本书的持续畅销注入了新鲜血液。

(四)名家推崇,锦上添花

《围城》一书从初刊以来就一直受到很多名家的推荐。《围城》最开始在《文艺复兴》一卷二期上开始连载时,李健吾先生就在该期"编余"中写道:

"钱锺书先生学贯中西，载誉士林，他第一次从事于长篇小说制作，我们欣喜首先能以向读者介绍。"这简短的几句话是对《围城》最早的评介文字。

《围城》一书已经因为夏志清的推崇具有了很高的国际声誉。在1961年由耶鲁大学出版社出版的《近代中国小说史》中，夏志清认为"《围城》是中国近代文学中最有趣和最用心经营的小说，可能亦是最伟大的一部"。正是夏志清的推崇，才有了1979年由美国学者杰妮·凯利和茅国权翻译的英译本（印第安纳大学出版社出版），并被美国图书协会评选为1980—1981年的卓越学术著作。苏联汉学家索洛金翻译的俄译本也于1980年5月由苏联莫斯科文学出版社出版。

另外值得一提的是，杨绛先生对该书出版作出的贡献。在附录中有杨绛先生写的《记钱锺书与〈围城〉》，她写的附录不仅是《围城》的注释或解读，更是《围城》重要的组成部分。《围城》中最经典的一句话就是："围在城里的人想逃出来，城外的人想进去。对婚姻也罢，职业也罢，人生的愿望大都如此。"这句话成为后来《围城》出版的最佳宣传语。但是，这句话却并非出自钱锺书先生，而是《围城》出版的时候杨绛先生加上去的。

（五）形式开发多样

1987年4月，《围城》由南京人民广播电台文艺部录成38段的长篇小说联播，由中央实验话剧院演员张家声演播。

1990年，由著名导演黄蜀芹执导的10集电视剧《围城》在中央电视台播出。电视剧的播出又极大地刺激了读者阅读原著的热忱，将《围城》的热度又推到一个新的高度。电视剧的热播使第 2 版《围城》应运而生。1991 年,人民文学出版社推出了平装、精装、藏本以及中学生课外读本等各种形式的《围城》,这也为《围城》成为时代的畅销书打下了坚实基础。

人民文学出版社一直非常重视对经典作品的多形式开发。2017 年,人民文学出版社与掌阅合作推出了《围城》电子书,阅读量达到百万人次。

2018 年,为纪念钱锺书先生逝世 20 周年,《围城》有声音频版正式推出。《围城》有声作品在人民文学出版社官方微信公众号、"人文读书声"店铺进行首发,同时,北京人民广播电台文艺台 FM87.6《小说连播》栏目也播出,各大互联网听书渠道陆续上线。

四、精彩阅读

(一)

这几天来,方鸿渐白天昏昏想睡,晚上倒又清醒。早晨方醒,听见窗外树上鸟叫,无理由地高兴,无目的地期待,心似乎减轻重量,直升上去。可是这欢喜是空的,像小孩子放的气球,上去不到几尺,便爆裂归于乌有,只留下忽忽若失的无名怅惘。他坐立不安地要活动,却颓唐使不出劲来,好比杨花在春风里飘荡,而身轻无力,终飞不远。他自觉这种惺忪迷惑的心绪,完全像填词里所写幽闺伤春的情境。现在女人都不屑伤春了,自己枉为男人,还脱不了此等刻板情感,岂不可笑!譬如鲍小姐那类女人,绝没工夫伤春,但是苏小姐呢?她就难说了;她像是多愁善感的古美人模型。船上一别,不知她近来怎样。自己答应过去看她，何妨去一次呢？明知也许从此多事，可是实在生活太无聊，现成的女朋友太缺乏了！好比睡不着的人，顾不得安眠药片的害处，先要图眼前的舒服。

（选自《围城》第 44 页）

（二）

  天色渐昏，大雨欲来，车夫加劲赶路，说天要变了。天仿佛听见了这句话，半空里轰隆隆一声回答，像天宫的地板上滚着几十面铜鼓。从早晨起，空气闷塞得像障碍着呼吸，忽然这时候天不知哪里漏了个洞，天外的爽气阵阵冲进来，半黄落的草木也自昏沉里一时清醒，普遍地微微叹息，瑟瑟颤动，大地像蒸笼揭去了盖。雨跟着来了，清凉畅快，不比上午的雨只仿佛天空郁热出来的汗。雨愈下愈大，宛如水点要抢着下地，等不及排行分，我挤了你，你拼上我，合成整块的冷水，没头没脑浇下来。车夫们跑几步把淋湿的衣襟拖脸上的水，跑路所生的热度抵不过雨力，彼此打寒噤说，等会儿要好好喝点烧酒，又请乘客抬身子好从车座下拿衣服出来穿。坐车的缩作一团，只恨手边没衣服可添，李先生又向孙小姐借伞。这雨浓染着夜，水里带了昏黑下来，天色也陪着一刻暗似一刻。一行人众像在一个机械画所用的墨水瓶里赶路。夜黑得太周密了，真是伸手不见五指！在这种夜里，鬼都得要碰鼻子拐弯，猫会自恨它的一嘴好胡子当不了昆虫的触须。车夫全有火柴，可是只有两辆车有灯。密雨里点灯大非易事，火柴都湿了，连划几根只引得心里的火直冒。此时此刻的荒野宛如燧人氏未生以前的世界。

（选自《围城》第 141 页）

五、相关研究推荐

[1] 郑志平. 浅析《围城》的多重主题意蕴[J]. 文化学刊，2015（4）：97-98.

[2] 李汨. 浅析《围城》的叙事结构与人物定位[J]. 文史博览（理论），2014（9）：27-29.

[3] 宋丙秀.《围城》的版本变迁及修改[J]. 现代语文（学术综合版），2013（4）：39-40.

[4] 新京报.《围城》畅销30年，知识分子小说的典范[EB/OL].（2009-05-17）[2019-04-18]. https：//book.ifeng.com/special/hongsejingdian/list/200905/0517_6459_1161262.shtml.

案例三：《活着》

黄葵蓉

一、图书基本信息

（一）图书介绍

书名：《活着》
作者：余华
开本：32 开
字数：136 千字
定价：28.00 元
出版社：作家出版社
出版时间：2012 年 8 月

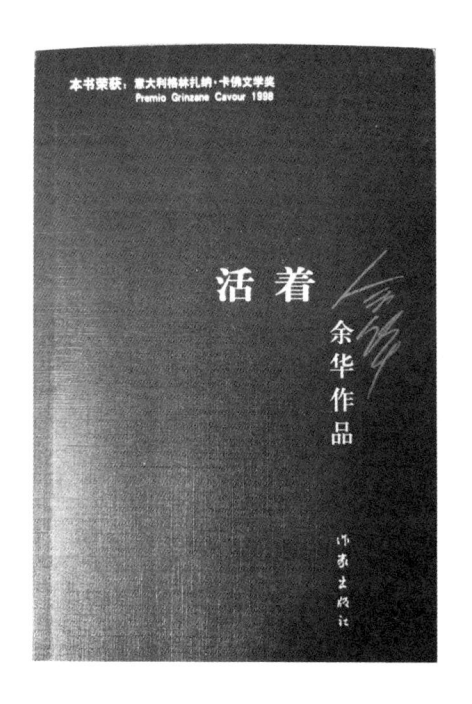

（二）作者简介

余华，1960 年 4 月 3 日生于浙江杭州，3 岁时随父母迁至海盐，在海盐读完小学和中学，曾经从事过 5 年的牙医工作。余华 1983 年开始写作，被誉为新时期先锋文学的开创者之一，代表作品有小说《活着》《许三观卖血记》《在细雨中呼喊》《兄弟》《第七天》等，其作品被翻译成 40 多种语言，在美国、英国、法国、德国、意大利、日本、韩国、泰国等 40 多个国家和地区出版。曾获国内外多种文学奖，如意大利格林扎纳·卡佛文学奖（1998 年）、法国文学和艺术骑士勋章（2004 年）、中华图书特殊贡献奖（2005 年）、法国国际信使外国小说奖（2008 年）、意大利朱塞佩·阿切尔比国际文学奖（2014 年）等。

二、畅销盛况

1992 年，余华的中篇小说《活着》在《收获》第 6 期杂志上发表。1994 年，著名导演张艺谋邀请余华担当编剧，将小说《活着》改编为同名电影，这部原本 7 万字的中篇小说也被扩编成长篇，才有了现在读者们所推崇的版本。

上海文艺出版社出版的《活着》在 2006 年度开卷虚构类畅销书排行榜上位列第 8 名。从 2004 年 1 月到 2007 年 12 月，该版本印刷次数达 22 次，印数共计 56 万余册。

2008 年 5 月，余华将包括《活着》在内的 13 种作品授权作家出版社出版。此后 10 年，余华作品系列图书累计销售总量已达 866.8 万册，其中代表作《活着》的销售量更是达到了惊人的 586.9 万册，创造了当代纯文学作品销售的奇迹，作者余华也因此荣获了作家出版社颁发的"超级畅销纪念奖"。

2018年开卷虚构类畅销书排行榜上，有两家出版社不同版本的《活着》双双登榜。其中，由作家出版社推出的版本，从2018年3月至12月连续10个月在开卷虚构类畅销书排行榜上雄踞第一位，并顺理成章地登顶年度虚构类畅销排行榜榜首。另一个由北京十月文艺出版社推出的《活着》精装版，从2018年3月开卷虚构类畅销书排行榜的第26名一跃上升到2018年4月榜单的第8位，排名上升了18个名次，成为当期虚构类畅销榜单上升最大的图书。

余华的《活着》不仅畅销国内市场，并被广泛译介，行销德国、法国、意大利、韩国、日本、美国等多个国家并深受好评，为践行"中国文化走出去战略"作出了突出贡献。

例如，1992年德国Klett-Cotta出版公司出版德语版，这是《活着》最早的外文译本。1998年1月31日，德国的柏林日报对这部小说给予高度评价："这本书不仅写得十分成功和感人，而且是一部伟大的书。"

1995年韩国的文化部门将电影《活着》引入韩国，更名为《人生》，在韩国放映引起了很大的轰动。小说《活着》的销量在韩国也随之暴涨。

2003年8月，《活着》的英文译本 *To Live* 由兰登书屋首次出版发行，并久居美国图书排行榜榜单前列。2003年11月9日，美国《时代》周刊发表评论说："中国过去60年所发生的一切灾难，都一一发生在福贵和他的家庭身上。接踵而至的打击或许令读者无从同情，但余华至真至诚的笔墨，已将福贵塑造成了一个存在的英雄。当这部沉重的小说结束时，活着的意志，是福贵身上唯一不能被剥夺走的东西。"美国《华盛顿邮报》（2003年11月2日）在评论中将《活着》赞誉为"不失朴素粗粝的史诗"。

三、畅销攻略

（一）作品写作

1. 内容聚焦生与死、善与恶的人类社会两个永恒主题

"生存还是毁灭，这是一个问题。"正如威廉·莎士比亚在悲剧《哈姆雷特》中所感叹的那样，生与死、善与恶是人类社会关注的两个永恒的主题。对于这两个永恒主题，不论从文学、戏剧，还是艺术、历史等方面，人类从未停止过探析的脚步。

同样，余华的《活着》通过主人公福贵的一生，对生与死、善与恶进行了深刻的探讨。余华在《活着》的中文版自序中说，他听了一首美国民歌《老黑奴》，歌中那位老黑奴经历了一生的苦难，家人都先他而去，而他依然友好地对待这个世界，没有一句抱怨的话。余华被这首歌和老黑奴的经历深深打动后，才决定创作小说《活着》。

不论是民歌里的老黑奴，戏剧中的哈姆雷特，小说中的福贵，还是生活在当下的我们，虽然生活在不同的国家和时代，属于不同的民族，有不同的文化，有着不同的肤色，然而我们都面临着共同的问题——生与死、善与恶。然而，与其他探讨生与死、善与恶的作品不同的是：一方面，余华没有将这生与死描写得悲壮和沉闷，而是以一种冷静、坦然又略显诙谐的笔触娓娓道出福贵历经父母、儿子有庆、女儿凤霞、女婿二喜、妻子家珍、孙子苦根生死离别的那份无奈与忍受。就像余华在《活着》韩文版自序中所写的："作为一个词语，'活着'

在我们中国的语言里充满了力量,它的力量不是来自于喊叫,也不是来自于进攻,而是忍受,去忍受生命赋予我们的责任,去忍受现实给予我们的幸福和苦难、无聊和平庸。"

余华看待生死的这种冷静、坦然的态度,似乎更多地受到其原生家庭的影响。余华的父母都是医生,在回忆童年经历时他说道:"那时候,我一放学就是去医院,在医院的各个角落游来荡去,对从手术室里提出来的一桶一桶血肉模糊的东西已经习以为常了。我父亲当时给我最突出的印象,就是他从手术室里出来时的模样,他的胸前是斑斑的血迹,口罩挂在耳朵上,边走过来边脱下沾满鲜血的手术手套。"那时的余华就"不怕看到死人",甚至作出异于常人的举动——因疲惫而躺在医院太平间与尸体一同午睡。或许正是儿时的"非常"经历,使后来的余华才能以诙谐的语言来探讨生与死。

另一方面,余华并没有把善与恶简单地置于非黑即白的对立面上,而是对善和恶一视同仁,用同情的目光去看待现实世界。在《活着》的开头部分,主人公福贵整日里游手好闲、吃喝嫖赌无恶不作,是在任何社会道德体系下都会被归为"恶人"的形象。但是,在输光祖辈留下的家产之后,福贵由"身着白色的丝绸衣衫、头发抹得光滑透亮的有钱人",沦落为靠土地讨生活的雇农。这时,福贵身上的"恶"也随着家产的败尽而逐渐向善转变。原来的恶少"死去"了,农民福贵开始了"好好活"。反之,利用赌局夺得福贵家产的龙二,从一个"闯荡过很多地方、见过大世面的人"转变成欺压佃户的地主恶霸,最终被枪毙了。善和恶就像是一枚硬币的正反面,而被欲望裹挟着的人们要在善与恶之间作出自己的选择,一念之差,翻个面而已。小说中的福贵、龙二如此,现代人亦是如此。

2. 叙事手法引发读者的"同理心"

西方心理学所谓"同理心",又译为"设身处地理解""感情移入""神入"等,泛指心理换位、将心比心,即设身处地地对他人的情绪和情感的认知性的觉知、把握与理解。笔者认为余华的《活着》之所以10多年来一直畅销,正是因为在情节内容的设置和叙事手法上成功地把握住了读者们的"同理心",使读者对主人公福贵苦难的一生感同身受。

（1）两个"我",两条叙事线

纵观余华的《活着》,不难发现在整部小说中出现两个第一人称"我":一个是采风人,另一个是故事的主人公福贵。小说的故事情节就此形成了双层叙事线。第一个"我"即采风人,作为一条辅叙事线,主要出现在开头和结尾,且文中偶有穿插。他像是一位向导将读者带入主人公福贵对过往的回忆中,而不是代替主人公；在结尾处,当老年福贵和牛渐渐远去时,他又把读者的思绪引回到现实世界。第二个"我",也就是小说的主人公福贵,他作为一条主叙事线,以第一人称的自叙方式推进着故事的展开。作者余华曾在日文版自叙中阐明了采用第一人称叙述的初衷:"《活着》中的福贵虽然历经苦难,但是他是在讲述自己的故事。我用的是第一人称的叙述,福贵的讲述里不需要别人的看法,只需要他自己的感受,所以他讲述的是生活。如果用第三人称来叙述,如果有了旁人的看法,那么福贵在读者的眼中就会是一个苦难中的幸存者。"

这种两个"我"、两条叙事线的叙事方式,虽然在以往文学创作中已屡见不鲜,但是作者驾轻就熟地运用,使采风人的现实世界和福贵的回忆世界自如切换,更好地保证了主人公福贵自叙部分的连贯性和流畅性,如同流水般自然顺畅，消除了时空频繁切换的"出戏感"。

（2）"轻"时代背景，"重"细节描写

余华的《活着》是一部年代小说，故事大约发生在20世纪40年代至70年代，历经解放战争、土地改革、人民公社化、"大跃进"和"文化大革命"等社会变革，与现代社会有较长的时间距离，全书却没出现过一个年代或时间节点的标注。余华采用"轻"时代背景的叙事手法，淡化了故事发生的时代背景给读者带来的年代隔阂感。

与时代背景的"轻"成鲜明对比的是细节描写的"重"。余华通过"最风光的那次是小日本投降后，国军准备进城收复失地""我回来的时候，村里开始搞土地改革了""村里办了食堂，砸了锅谁都用不着在家做饭啦"等如水珠般微小的细节，来突出时代的更迭和主人公命运的变迁，勾勒出漫长的命运和波澜壮阔的场景。这种叙事手法在淡化了年代隔阂感的同时，营造出强烈的视觉感、画面感，激发出读者的"同理心"，让读者不由自主地沉浸在福贵动荡和苦难同时也是平静和快乐的一生中。

（二）营销推广

1. 市场营销上主打作者品牌策略

三联书店原总编辑李昕认为："畅销书的选题策划应以作者为中心。"因此，以知名度高的作者为品牌推出系列图书，成了很多出版社惯用的选题策划和市场营销策略，即作者品牌策略。作者品牌是指在消费者心目中已经建立起品牌形象的作者本身。它具有较强的风格化、个性化特征，既是出版社打造畅销书的一种重要资源，也是读者选择购买图书的重要影响因素之一。

余华作为新时期先锋文学的开创者之一，在文学创作方面显然已经拥有自己独有的观念、审美姿态和叙述方式，并对传统文学形态构成了巨大的冲击与挑战，培育出一批小说"忠粉"，形成了自己的品牌价值。正因如此，作家出版社在2008年5月获得包括《活着》在内的余华的13种作品授权后，即在选题策划和市场营销方面主打作者品牌策略，相继推出余华百万畅销集、余华经典作品集等作者品牌系列，囊括了余华的《活着》《许三观卖血记》《兄弟》及《在细雨中呼喊》等重要作品。

在市场营销策略方面，作家出版社围绕余华系列图书开展了一系列营销活动。例如，2013年12月，作家出版社官方微博发布余华签名售书活动相关信息，读者可通过微博转发抽奖和当当网这两种方式，领取或购买《活着》《许三观卖血记》《兄弟》等余华签名本。在此活动期间，作家出版社官方微博中该条信息的网友评论量就有500多条，转发次数800多次。

作家出版社通过对作者品牌的全方位打造，不断发掘作者品牌的市场潜力和名人效应，把余华作品系列图书从畅销书转化成长销书，实现了口碑和销量、社会效益和经济效益的双丰收。根据作家出版社相关报道称，从2008年5月至2018年1月，余华系列图书累计销售总量已达866.8万册，其中代表作《活着》的销售量更是达到了惊人的586.9万册。余华凭此荣获了作家出版社颁发的"超级畅销纪念奖杯"。

2. 与影视剧"联姻"，相互推进

余华于1992年6月在《收获》杂志发表中篇小说《活着》，于1994年即第

案例三：《活着》

一次"触电"——由余华担任编剧、张艺谋为导演将它改编成同名电影搬上大银幕。在改编过程中，余华把原本7万字的中篇小说扩编成约12万字的长篇小说，也就是现在行销国内外的版本。

自小说《活着》与电影《活着》问世以来，已有不少研究学者把二者的异同点展开进行比较研究。有研究学者认为："张艺谋改编的电影《活着》比文字更有观赏性、戏剧性和冲击力，更有一种悲剧美。"而另有研究者持相反观点，认为电影《活着》尾声部分福贵携妻子家珍、外孙去上坟，这种相对温和的结局方式，削弱了小说原著的深度和艺术魅力。

笔者认为，从艺术角度来看，小说与电影本身就是两种截然不同的艺术形式，二者在叙事结构、表现手法及人物塑造等方面有各自的特色，不存在孰高孰低的"较量"。可以说，小说《活着》与电影的"联姻"，不论对于当时还是现代文化产业发展来说，都是一个成功的合作范式。电影《活着》把小说中一行行跳动的文字视觉化、写实化，小说《活着》则将电影中的人物和情节文本化、深刻化。从市场营销角度来看，电影《活着》的上映和屡获殊荣——该片获得第47届戛纳国际电影节评审团大奖、最佳男演员奖、人道精神奖以及第48届英国电影学院奖最佳外语片奖，为小说《活着》开辟了更加广阔的驰骋疆域和读者空间，小说《活着》也为电影吸引了一批"小说忠粉"的关注。

2005年12月，余华的小说《活着》又被改编为电视剧《福贵》在各家电视台播出。虽然该剧未取得像电影《活着》那样大的反响，但是它把余华的《活着》再次引入大众的视野，使人民群众重温福贵及其一家的悲欢离合。

从小说《活着》到电影《活着》，再到电视剧《福贵》，这些不同的艺术形式相辅相成、珠联璧合，都为《活着》各版本的畅销打下了一个良好的基础。

3. 明星效应助推图书畅销

现代社会把明星视为一种大工业化时代的产物，其商业属性得到极大的开发和利用，而明星效应也成为商业化运作的结果。明星效应作为广告营销惯用的一种手段，是指通过利用明星的高知名度和民众的情感倾向，以达到产品宣传、品牌建立和培养顾客忠诚度的目的。由于明星效应在广告营销中取得巨大成功，近年来逐渐运用到图书市场营销当中，并且在短期内收效可观。

譬如，在2018年世界读书日到来之际，某演员在微博上晒出了自己正在读的书——《活着》，发起了"18岁读的书"的话题，邀请网友晒出自己18岁时读的书。该条微博信息受到了粉丝们热情的回应，点赞量达25万次，转发71万次，评论多达11万条。很多粉丝在其微博回复中表示，能够与自己喜爱的"爱豆"读同一本书感到非常欣喜，还有很多人在读完书后在评论中交流读后感。余华也与其互动，写了一封信鼓励他和现在所有正值大好年华的青年。

明星效应与图书营销的结合，为余华的《活着》赢得了巨大的曝光度，助推其销量呈现出"井喷式"提升。在开卷2018年4月虚构类畅销书排行榜中，北京十月文艺出版社《活着》精装版，排名由上期的第26名上升到本期的第8名，排名上升了18个名次，成为当期虚构类畅销榜单上升最大的图书；而由作家出版社推出的另一版本的《活着》，不仅成功卫冕开卷虚构类畅销书排行榜月度冠军，还最终登顶年度虚构类畅销书榜榜首。

这两版《活着》的双双登榜，亦反映出我国畅销书市场"冰火两重天"的格局。我国畅销书市场的"火",体现在出版10年以上的经典长销书在排行榜上表现活跃。从宏观角度来观察和分析,2018年4月至2019年1月开卷虚构类畅销书排行榜,可以看到经典长销书在市场中所占比重较大,如《活着》《红岩》《围城》等都曾屡屡上榜且位居前列。余华的《活着》本身是一部经过10多年时间检验的经典之作,余华自身的知名度和口碑经过多年积淀在读者心目中已形成了作者品牌,拥有较大的读者基础,加之年轻"爱豆"的宣传助力,其畅销是水到渠成的事。此次演员和余华以书为媒的互动,是明星效应与图书营销相结合的"双赢"范例,为图书营销探索出一种新的营销模式。而红火的畅销书市场背后的"冰"则表现在:虽然目前出版物零售市场上总码洋规模呈现持续上升态势,据开卷全国图书零售市场观测系统检测,2018年中国图书零售市场码洋规模达894亿元,规模较2017年进一步上升,但是新书占比较少,内容创新方面尤显不足。

这种格局一方面说明随着我国国民文化素质和文化消费水平的不断提升,人们在畅销书选择和购买上减少了盲目跟风,而是日益趋于理性,逐渐向经得起时间检验的经典阅读回归;另一方面,也反映出我国畅销书在选题策划和内容创新方面后劲乏力,一些出版社奉行"二八定律"这一企业经营的"圣经"——20%的图书贡献的销售收入和80%的利润,故此在新书资源开发和投入上较为谨慎和保守。这种格局可能会对未来出版物市场的持续健康发展产生不利的影响,所以出版业内人士应给予足够的重视。

四、精彩阅读

（一）

我是我们徐家的败家子，用我爹的话说，我是他的孽子。

我念过几年私塾，穿长衫的私塾先生叫我念一段书时，是我最高兴的。我站起来，拿着本线装的《千字文》，对私塾先生说：

"好好听着，爹给你念一段。"

年过花甲的私塾先生对我爹说：

"你家少爷长大了准能当个二流子。"

我从小就不可救药，这是我爹的话。私塾先生说我是朽木不可雕也。现在想想他们都说对了，当初我可不这么想，我想我有钱啊，我是徐家仅有的一根香火，我要是灭了，徐家就得断子绝孙。

（选自《活着》第7~8页）

（二）

那天我在青楼里赌了一夜，脑袋昏昏沉沉像是肩膀上扛了一袋米，我想着自己有半个来月没回家了，身上的衣服一股酸臭味，我就把那个胖大妓女从床上拖起来，让她背着我回家，叫了抬轿子跟在后面，我到了家好让她坐轿子回青楼。

那妓女嘟嘟哝哝背着我往城门走，说什么雷公不打睡觉人，才睡下就被我叫醒，说我心肠黑。我把一块银元往她胸口灌进去，就把她的嘴堵上了。走近了城门，一看到两旁站了那么多人，我的精神一下子上来了。我丈人是城里商会的会长，我很远就看到他站在街道中央喊：

案例三:《活着》

"都站好了,都站好了,等国军一到,大家都要拍手,都要喊。"

有人看到了我,就嘻嘻笑着喊:"来啦、来啦。"

我丈人还以为是国军来了,赶紧闪到一旁。我两条腿像是夹马似的夹了夹妓女,对她说:

"跑呀,跑呀。"

在两旁人群的哄笑里,妓女呼哧呼哧背着我小跑起来,嘴里骂道:

"夜里压我,白天骑我,黑心肠的,你是逼我往死里跑。"

我咧着嘴频频向两旁哄笑的人点头致礼,来到丈人近前,我一把扯住妓女的头发:

"站住,站住。"

妓女哎哟叫了一声站住脚。我大声对丈人说:

"岳父大人,女婿给你请个早安。"

那次我实实在在地把我丈人的脸丢尽了,我丈人当时傻站在那里,嘴唇一个劲地哆嗦,半晌才沙哑地说一声:"祖宗,你快走吧。"那声音听上去都不像是他的了。

(选自《活着》第11~12页)

(三)

毙掉龙二后,我往家里走去时脖子上一阵阵冒冷气,我是越想越险,要不是当初我爹和我是两个败家子,没准被毙掉的就是我了。我摸摸自己的脸,又摸摸自己的胳膊,都好好的,我想想自己是该死却没死,我从战场上捡了一条命回来,到了家龙二又成了我的替死鬼,我家的祖坟埋对了地方,我对自己说:

"这下可要好好活了。"

我回到家里时，家珍正在给我纳鞋底，她看到我的脸色吓一跳，以为我病了。当我把自己想的告诉她，她也吓得脸蛋白一阵青一阵，嘴里哇哇地说：

"真险啊。"

后来我就想开了，觉得也用不着自己吓唬自己，这都是命。常言道，大难不死必有后福。我想我的后半截该会越来越好了。我这么对家珍说了，家珍用牙咬断了线，看着我说：

"我也不想要什么福分，只求每年都能给你做一双新鞋。"

我知道家珍的话，我的女人是在求我们从今以后再不分开。看着她老了许多的脸，我心里一阵酸疼。家珍说得对，只要一家人天天在一起，也就不在乎什么福分了。

（选自《活着》第66~67页）

（四）

我睡着以后，家珍一直没睡，不停地往火上加树枝，后来桶里的水快煮干了，她就拿着木桶去池塘打水，她身上没力气，拿着个空桶都累，别说是满满一桶水了，她提起来才走了五六步就倒在地上，她坐在地上歇了一会，又去打了一桶水，这回她走一步歇一下，可刚刚走上池塘人又滑倒了，前后两桶水全泼在她身上，她坐在地上没力气起来了，一直等到我被那声巨响吓醒。看到家珍没伤着，我悬着的心放下了，我把家珍扶到汽油桶前，还有一点火在烧，我一看是桶底煮烂了，心想这下糟了。家珍一看这情形，也傻了，她一个劲地埋怨自己：

"都怪我,都怪我。"

我说:"是我不好,我不该睡着。"

我想着还是快些去报告队长吧,就把家珍扶到那棵树下,让她靠着树坐下。自己往我家从前的宅院,后来是龙二,现在是队长的屋子跑去,跑到队长屋前,我使劲喊:

"队长,队长。"

队长在里面答应:"谁呀?"

我说:"是我,福贵,桶底煮烂啦。"

队长问:"是钢铁煮成啦?"

我说:"没煮成。"

队长骂道:"那你叫个屁。"

我不敢再叫了,在那里站着不知道该怎么办,那时候天都亮了,我想了想还是先送家珍去城里医院吧,家珍的病看样子不轻,这桶底煮烂的事待我从医院回来再去向队长作个交代。我先回家把凤霞叫醒,让她也去,家珍是走不动了,我年纪大了,背着家珍来去走二十多里路看来不行,只能和凤霞轮流着背她。

(选自《活着》第 90~91 页)

(五)

那天晚上我抱着有庆往家走,走走停停,停停走走,抱累了就把儿子放到背脊上,一放到背脊上心里就发慌,又把他重新抱到了前面,我不能不看着儿子。眼看着走到了村口,我就越走越难,想想怎么去对家珍说呢?有庆一死,家珍也活不长，家珍已经病成这样了。我在村口的田埂上坐下来，把有庆放在腿上，一看儿子我就忍不住哭，哭了一阵又想家珍怎么办？想来想去还是先瞒着家珍好。我把有庆放在田埂上，回到家里偷偷拿了把锄头，再抱起有庆走到我娘和我爹的坟前，挖了一个坑。

要埋有庆了，我又舍不得。我坐在爹娘的坟前，把儿子抱着不肯松手，我让他的脸贴在我脖子上，有庆的脸像是冻坏了，冷冰冰地压在我脖子上。夜里的风把头顶的树叶吹得哗啦哗啦响，有庆的身体也被露水打湿了。我一遍遍想着他中午上学时跑去的情形，书包在他背后一甩一甩的。想到有庆再不会说话，再不会拿着鞋子跑去，我心里是一阵阵酸疼，疼得我都哭不出来。我那么坐着，眼看着天要亮了，不埋不行了，我就脱下衣服，把袖管撕下来蒙住他的眼睛，用衣服把他包上，放到了坑里。我对爹娘的坟说：

"有庆要来了，你们待他好一点，他活着时我对他不好，你们就替我多疼疼他。"

（选自《活着》第123~124页）

（六）

牛是通人性的，我拉着它往回走时，它知道是我救了它的命，身体老往我身上靠，亲热得很，我对它说：

"你呀，先别这么高兴，我拉你回去是要你干活，不是把你当爹来养着的。"

我拉着牛回到村里，村里人全围上来看热闹，他们都说我老糊涂了，买了这么一头老牛回来，

有个人说："福贵，我看它年纪比你爹还大。"

会看牛的告诉我,说它最多只能活两年三年的,我想两三年足够了,我自己恐怕还活不到这么久。谁知道我们都活到了今天,村里人又惊又奇,就是前两天,还有人说我们是——

"两个老不死。"

牛到了家,也是我家里的成员了,该给它取个名字,想来想去还是觉得叫它福贵好。定下来叫它福贵,我左看右看都觉得它像我,心里美滋滋的,后来村里人也开始说我们两个很像,我嘿嘿笑,心想我早就知道它像我了。

(选自《活着》第182~183页)

五、相关研究推荐

[1] 赵娟.《活着》的生与死探析[J].信阳农林学院学报,2019(3):94-96.

[2] 张怡.余华《活着》的叙事学解读[J].名作欣赏,2019(3):135-136.

[3] 徐正龙.看不见的障碍——论余华与张艺谋《活着》的差异[J].艺术百家,2006(7):47-49.

[4] 胡焕龙.两种艺术展现两种境界的"活着"——余华小说《活着》与同名电影改编作品比较[J].海南师范大学学报,2018(5):58-64.

[5] 王桂平.余华小说的域外传播与中国形象的建构[J].扬子江评论,2018(4):106-109.

[6] 张文红,孙乐.2018年我国畅销书产业观察与分析[J].出版广角,2019(4):11-15.

[7] 马立荣.余华的小说《活着》与电影[J].求实,2006(12):290-291.

案例四:《嫌疑人 X 的献身》

于 鹤

一、图书基本信息

(一) 图书介绍

书名:《嫌疑人 X 的献身》

作者:[日] 东野圭吾

译者:刘子倩

开本:32 开

字数:150 千字

定价:35.00 元

出版社:南海出版公司

出版时间:2014 年 6 月

（二）作者简介

东野圭吾，日本推理小说作家。1958年2月4日出生于日本大阪。毕业于大阪府立大学电气工学专业，之后在汽车零件供应商担任生产技术工程师，并进行推理小说的创作。

1985年，凭借《放学后》获得第31届江户川乱步奖，从此成为职业作家，开始专职写作。1999年，《秘密》获第52届日本推理作家协会奖。2006年《嫌疑人X的献身》获134届直木奖，东野圭吾从而达成了日本推理小说史上罕见的"三冠王"。2017年4月，第11届中国作家富豪榜子榜单"外国作家富豪榜"重磅发布，东野圭吾以2200万元的年度版税收入，位居外国作家富豪榜首位。

其早期作品以校园本格推理为主，偏重设谜解谜和逻辑推理，作品内容以描写犯罪手法为主，代表作有《放学后》《十一字杀人游戏》等。

中期作品不再拘泥于凶手和手法，尝试较为复杂的结构，这一时期的作品具有"新社会派"的特点，开始关注社会和人性，在叙事技巧上不断创新。代表作有《宿命》《平行世界的爱情故事》等。

后期作品注重写实，将社会生活中真实存在的案件经过艺术处理后融入小说中，反映真实社会。作者淡化谜团，淡化凶手的身份，将重点放在"犯罪动机"上，揭示人性的善与恶。这一时期的作品几乎本本畅销，代表作有《白夜行》《嫌疑人X的献身》《恶意》《湖畔》《圣女的救济》等。

二、畅销盛况

《嫌疑人X的献身》是日本推理小说作家东野圭吾创作的长篇推理小说，2003年起在《ALL读物》的杂志上连载；2005年8月在日本由文艺春秋首次出版；2006年，繁体中文版由我国台湾的独步文化出版；2008年9月，简体中文版由新经典文化有限公司在中国推出，出版以后，创下百万级销量。

此书获得第134届直木奖和第6届本格推理小说大奖，荣登日本亚马逊、纪伊国屋、三省堂畅销排行榜第一名，获得"这本小说了不起"第一名、"本格推理小说Top10"第一名、"周刊文艺推理小说Top10"第一名。直木奖评语称该书："他将骗局写到了极致。"

2017年3月11日，由苏有朋导演的根据小说改编的同名电影在中国上映。

三、畅销攻略

（一）用内容打动读者

1. 主题凸显人性

小说讲述的是百年一遇的数学天才石神（石神哲哉），每天唯一的乐趣便是去固定的便当店买午餐，只为看一眼在便当店做事的邻居靖子（花冈靖子）。靖子与女儿相依为命，失手杀了前来纠缠的前夫。为救靖子，石神提出由他善后。石神以数学家缜密的逻辑思考设了一个匪夷所思的局，为靖子提供了天衣无缝的不在场证据，令警方始终只能在外围敲敲打打。而石神的同级校友汤川（汤川学）不断揭开事情的真相，一次次的推理、一次次的博弈，石神对靖子的爱慕之情被挖出，看似无懈可击的逻辑因为掺杂了感情而变得漏洞百出。最后石神因为爱去自首，而这份爱太过沉重，重到靖子无法承受，她也选择了自首。

石神从出于好心的默默保护，到因为爱而去自首、不惜献出生命的真切；从每天去便利店只为看一眼靖子的无言，到因为爱慕者工藤频繁出现的吃醋。这个看似冷酷无情的科学宅男，默默表达着自己内心最炽热的情感，即使对方并不在意。石神是个偏爱科学实验、逻辑推理的科学怪人，如果没有掺杂人性的感情，也许他的逻辑可以瞒天过海，汤川也不会看破这背后的一切。但再不屑于人情世故的个体，在真挚的情感面前都无法控制自己的理智，再缜密的逻辑思维都会因为人性的存在而变得无法控制。

全文的主线其实就是靖子杀了自己的前夫，而深爱着靖子的石神为了帮她掩盖罪行，不惜让自己犯下罪过。

小说一开头就告诉了我们凶手是谁，等于将谜底直接拿出，再抛出一个新的谜面——杀人动机是什么？这与其他的推理小说是完全不同的。并且小说将故事的重点转移到"人心"上，展示的不是犯罪的手法，而是犯罪的心，石神以令人惊骇的诡计诠释了对花冈靖子无比真挚的爱情，但是他从未把这种感情告诉过任何人，也未奢望能在靖子的生活中占据任何位置，所以读者被这种感情深深震撼。

2. 人物形象丰满

小说中的主要人物有石神、汤川、花冈，虽然小说涉及的人物并不多，但是作者把每个人物形象通过各种细节刻画得非常饱满和丰富。

作者用了很大的篇幅将石神塑造为一个冷静、理性的数学天才的形象,从决定帮助靖子母女,石神一直以一种沉稳甚至是冷酷的态度去处理一切事情,面对警察的盘问也不慌不忙,让人觉得似乎没有事情能动摇和打倒他,甚至是面对自己心爱的女人,他依然显得冷静异常。然而,当他精心设计和准备的计划最终被打乱从而无法再保护自己心爱的人的时候,他内心的感情终于爆发。在小说的最后,石神的失态让读者震撼,也为他的献身精神所折服。例如,当看到富樫的尸体时,作者对石神的描述是:"别急,他告诫自己,急躁不能解决任何问题,这个方程式一定有完美的答案。石神闭上眼,面对数学难题时,他总这么做。一旦隔开来自外界的干扰,数学程式就会在脑中不断变形,然而现在,他脑中出现的并非数学方程。"

汤川是东野圭吾塑造的一个名侦探,是一个具有鲜明个性和超群推理能力的人物。他在生活上非常随意,甚至有时会让一般人无法忍受。比如他爱喝咖啡,却对咖啡要求不高,经常用不干不净的杯子喝速溶咖啡,但是涉及案件推理时却异常得敏锐。

3. 语言简练真实,引入科学知识

在小说中,作者对语言的拿捏恰到好处,需要简练的绝不赘述,需要细致的绝不遗漏。开篇时用短短几句话交代了天气情况和地理环境,而阴冷的天气和石神黯淡的工作、生活情况相呼应,也预示了案件即将发生,交代地理环境则是给之后情节的发展做铺垫。对于作案现场和尸体的描述,有别于其他作家堆砌大量血腥恐怖文字的做法,东野圭吾对富樫尸体的描述也只有寥寥几句:"富樫的脑袋近在眼前。暴睁的双眼一片死灰,仿佛正睨视着屋顶,脸由于瘀血

变成紫黑。勒进脖子的电线，在皮肤留下深色的痕迹。富樫再也不动，口水淌下唇角，鼻子也溢出鼻涕。"文字虽少，却给读者一种非常真实的感觉。

此外，作者还在小说中引入了科学知识，在汤川和石神对话的过程中，"黎曼假说""平面或球面上的任何地图是否都能W四色区分""厄多斯"和"N不等于NP"等数学专业词汇不断出现。两人在思考问题时，也完全离不开数学思维，数学和物理知识似乎已经渗透到他们的血液里，成为他们身体和意识中不可或缺的一部分。从中我们可以看出，东野圭吾对于科学知识，特别是对数学和物理知识的运用，可以说已经做到信手拈来、随心所欲的程度。

（二）设计风格独具一格

该书的设计风格的独特性主要体现在图书的外部装帧设计上，图书包装为精装，护封使用的颜色为黑灰色，护封正面的中上部是作者名字和书名，护封背面用几行字引出该书的故事情节，吸引读者的阅读兴趣。除此之外，护封上并没过多的点缀，非常简洁。图书封面使用的颜色是白色，封面上也只有作者的名字和书名。一黑一白的搭配，极其简单，虽然没有用图片或者其他要素来点缀，但是这种设计与图书的内容是完全相符的，与主人公石神沉稳、冷酷的性格相呼应。

此外，该书的书名也非常具有吸引力，"嫌疑人X的献身"中"X"是一个比较突出的红色字体，"X"本身是一个数学符号，在书中既代表嫌疑人的未知与不确定性，又与主人公石神作为天才数学家的身份暗相呼应，设置悬念，吸引读者的阅读兴趣。当读者看到书名时，可能会产生一些思考，例如，在大多数人看来，嫌疑人都是坏人，那么为什么还要用"献身"一词来形容他？嫌疑人 X 为什么要"献身"……当真正的谜底揭开时，"献身"一词的真正意义就展现出来。因此，该书的书名也会吸引读者的注意力。

（三）作者巨大的影响力

东野圭吾目前已有著作超过 90 种，其中 82 种被翻译成中文，在国内授权的出版公司约有 20 家。2010 年前后可以说是各家机构争抢"东"字头的混战期，当年光新书就增加了 12 种，达到市场高点。虽然版权争夺激烈，但新经典文化股份有限公司（以下简称"新经典"）一家独大的格局一直未变。从 2008 年《嫌疑人 X 的献身》出版到 2018 年《盛夏方程式》的推出，新经典十年来共推出了 55 种东野圭吾作品，销量超过 2300 万册。千万册级销量的东野圭吾以烧脑的文字给国内推理题材燃起一把火，成为最炙手可热的现象级作者。

北京开卷统计的畅销书排行榜中，没有哪位作家能够撼动东野圭吾的霸主地位。比如，从 2017 年以来，他的三部作品《解忧杂货店》《白夜行》《嫌疑人 X 的献身》长时间连续登上虚构类排行榜。东野圭吾连续成为 2017 年、2018 年虚构类图书销量最高的作家，并连续获得 2017 年、2018 年亚马逊中国纸质图书作家榜和 Kindle 付费电子书作家榜两个榜单的冠军。

东野圭吾之所以这么火，绝不仅仅是因为他善于设计引人入胜的写作技巧，更重要的是他懂得穷则思变，饱尝十年冷寂让他懂得要迎合市场需要，紧贴社会热点，将人们感兴趣的话题带入作品当中，使作品具有相当高的可读性和趣味性，既符合大众口味又直入人心，并且在小说的风格上作出多元化改变，不仅仅停留在推理,并且在"治愈""文艺""暖心"等元素的运用上也愈发得心应手,他有能力将自己的作品包装得更优美、更诱人,如大火的《解忧杂货店》。他不断推陈出新,总会让读者保持新鲜感,有想要去阅读的欲望。正如他所说:"小说首先应该是一个好故事,一个让人喜欢听下去的好故事。"而他,就是这么一个会讲故事的人,这也扩大了东野圭吾的读者群体的范围。

(四) 微博、微信等网络平台的推动

2008年至今,新经典出版了50多部东野圭吾的作品,累计销量破2000万册,这与新经典在自己的微博、微信公众号以及豆瓣等平台上对图书进行宣传介绍是分不开的。在微博上策划一系列的图书活动,比如在《嫌疑人X的献身》的同名电影上映期间,新经典在微博上开启了话题互动活动,与读者进行互动,并有丰富奖品回馈读者;利用作者的影响力,策划"东野圭吾读书月",在微博上开展"厉害了东野圭吾"的话题参与活动,读者可参与话题获得抽奖机会;在微信公众号以及豆瓣上对《嫌疑人X的献身》以及同系列的图书的出版进行宣传,不定时推送对小说中的人物和情节进行分析的文章,从而启发读者。

(五) 系列图书营销打造品牌特色

《嫌疑人X的献身》是由新经典出品的。2005年,新经典签下一批东野圭吾作品版权。2008年,新经典推出了东野圭吾的第一本书。这本书既不是

《白夜行》,也不是《解忧杂货店》,而是《嫌疑人X的献身》。原因是这本书比较薄,字数少,定价相对较低,更容易吸引读者,做起来压力会小一点。同时,也通过这本书给东野圭吾贴上了一个"好看的推理小说"的标签。

新经典外国文学总编辑黎遥在接受媒体采访时曾说:"一个作家如果单出一本书,是不太容易持续畅销的,需要多部作品互相依托。"

所以在《嫌疑人X的献身》取得成功之后,新经典又相继出版了东野圭吾的其他作品,如《白夜行》《解忧杂货店》等。

后来,又将《神探伽利略》《伽利略的苦恼》《圣女的救济》《盛夏方程式》《禁断的魔术》《虚像的丑角》《预知梦》《嫌疑人X的献身》归为一种系列——《嫌疑人X的献身》系列,这一系列通过破解奇案讲述了一向理智的"神探伽利略"汤川是如何一步步成长起来的。因为其中涉及的主人公是相同的,所以系列中每一本图书的出版都会带动同系列其他图书的销量。

(六) IP开发促进图书销量

对于许多作家来说,图书IP的影视化对于带动图书销量的影响不言而喻。这在东野圭吾身上也有例证。

2008年,由西谷弘导演的根据同名小说改编的电影《嫌疑人X的献身》在日本上映,并获得第32届日本电影学院奖话题奖"最具话题影片";2012年10月18日,由方银振导演的根据同名小说改编的电影《嫌疑人X的献身》在韩国上映。

由苏有朋执导,光线影业、青春光线、深圳中汇影视文化公司等出品的电影《嫌疑人X的献身》于2017年3月上映。电影曾为图书销量带来大幅增长：2017年4月该图书线下书店的销量同比增长421%（3月同比增速为211%）。

四、精彩阅读

第一章

　　上午七点三十五分，石神像平常一样走出公寓。虽已进入三月，风还是颇冷，他把下巴埋在围巾里。走上马路前，他先瞥了一眼放自行车的地方。那里停着几辆车，不过没有他在意的绿色自行车。

　　往南走大约二十米，就见到大马路，是新大桥路。往左，也就是往东，是去往江户川区的方向。往西走，则能到日本桥。日本桥前就是隅田川，河面上的桥就是新大桥。要去上班的地方，就这样一直往南走最近，只要走几百米，就来到清澄庭园公园。公园前的私立高中便是石神上班的地点，他是个老师，教数学。

　　见信号灯变成红色，石神遂向右转，朝新大桥方向走去。迎面的风掀起他的外套。他将双手插进兜里，微弓着身子前行。

　　厚重的云层覆盖天空，隅田川倒映下的暗沉苍穹，一片污浊，有小船正朝上游划去。石神边望着这幅景象，边走过新大桥。

　　过了桥，他顺着阶梯走下，沿着隅田川漫走。全家出游或情侣散步，多半会走前面的清洲桥，所以即便是节假日，也很少有人走新大桥。来到此处，你立刻就会明白原因何在——这里由近及远，是一整排游民的住处，全部以蓝色塑料布覆盖。上方就是高速公路，用来遮风蔽雨倒最理想不过。河对岸却是一间小屋也没有，这大概是因为，对他们来说，挤在一起更方便。

石神毫不在意地走过蓝色小屋。小屋的高度，顶多只及背部，有些甚至仅仅及腰。与其说是屋子，恐怕称为箱子更贴切。不过要是只用来睡觉，也就够了。小屋或箱子附近，不约而同地挂着晾衣架，显示出这里乃是生活空间。

一个男子正倚着堤防边架设的扶手刷牙。他有六十多岁，花白的头发绑在脑后。估计他今天不想工作了，如果打算做些粗活，不会磨蹭到这个时候。他大概也不打算去职业介绍所，就算给他介绍了工作，以他那头从不修剪的长发，也根本不可能参加面试。而且，他这把年纪，替他介绍工作的可能性也几近于零。

另一名男子正在蜗居的棚子旁将大量空罐踩扁。石神之前见识过这光景多次，私下给此男子取了个绰号——"罐男"。"罐男"五十上下，日常用品一应俱全，连自行车都有，想必在搜集罐头盒时方便不少。他的棚子位于"部落"最尾端隐蔽的位置，算是这当中的头等席。石神猜测，"罐男"八成是只老鸟。

整排蓝色塑料布棚子到此为止。再往前走，石神看见一个人坐在长椅上。原本米色的大衣，已变得肮脏不堪，几近灰色。大衣里面是夹克，夹克底下露出白衬衫。石神给这男子取名"技师"，几天前，他看到过"技师"阅读机械杂志。"技师"一直留着短发，胡子也刮过，应该还没放弃重新就业，说不定一会儿要去职业介绍所。不过，他怕是不容易找到工作。要想找到工作，首先得抛开面子。大约十天前，石神第一次看到"技师"时，他还没习惯游民的生活，想和蓝色塑料棚子划清界线，可又不知道该怎么办，正在犹疑。

石神沿着隅田川继续走。清洲桥前，一个老妇正牵着三只狗散步。狗是迷你德国腊肠,分别戴着红、蓝、粉红的项圈。走近后,老妇也注意到了石神,露出微笑,微微欠身施礼。石神回以一礼。

"您早。"石神先打招呼。

"您早,天很冷啊。"

"是。"他皱起眉头。

经过老妇人身旁时,她出声说:"慢走,路上小心。"

石神点头说好。

石神见过她拎着便利商店的袋子。袋子里装着三明治,应该是早餐。石神猜测,她一个人独居,住处应该离这儿不远。他还见过她穿着拖鞋——穿拖鞋根本无法开车。估计是丧偶后,在这附近的公寓和三只狗相依为命。住处想必也相当宽敞,才能一口气养三只狗。但也因为这三只狗,她无法搬到别处更小的房子。房屋贷款或许已经还清,但物业费仍是个不小的开销,她不得不节俭。整个冬天,她始终没上美容院,也未染发。

石神在清洲桥前走上台阶。要去学校,必须从这里过桥。但石神却朝学校的反方向走去。

面向马路,有个挂着"弁天亭"招牌的店面,是家小小的便当店。石神推开玻璃门。

"欢迎光临,您早。"柜台后面,传来石神听惯的、却总能为他带来新鲜感的声音。戴着白帽的花冈靖子笑靥如花。

店内没有其他客人,这让石神更加欣慰。

"嗯……招牌便当。"

"好,招牌一份。谢谢您每次惠顾。"

她用开朗的声音说道。石神不知道她脸上是什么表情,他不敢正视她,只一直低头盯着皮夹。有缘住在隔壁,除了买便当应该聊点什么,但他实在想不出什么话题。

付钱的时候,他总算挤出一句"天气真冷",但他含糊吞吐的咕哝声,被随后进来的客人拉玻璃门的声音盖下去了。靖子的注意力也已转移到那边。

石神拿着便当走出店门,走向清洲桥。他特地绕远路,就是为了来弁天亭。

过了早上的上班时间,弁天亭就闲下来了,但只是暂时没有客人上门,店里此时正要准备午餐。有几家公司在店里长期订餐,必须在十二点之前送到。没客人时,靖子也得去厨房帮忙。

包括靖子在内,弁天亭共有四名员工。掌厨的是老板米泽和老板娘小代子。金子负责送外卖,店内其他活几乎全由靖子应付。

做这份工作前,靖子在锦系町的酒廊上班,米泽是常去喝酒的客人。直到酒廊领班小代子离职前,靖子才知道,原来她是米泽的妻子。

"酒廊女居然变成了便当店老板娘。人哪,还真是说不准。"客人们纷纷议论。不过据小代子说,开便当店是他们夫妻多年的梦想,她就是为了实现这个梦想,才去酒廊做事。

弁天亭开张后,靖子不时来探望,店里经营得似乎也挺顺利。就在开张整整一年时,夫妻俩问靖子愿不愿意来店里帮忙。光靠他们夫妻两人打点一切,有些吃不消。

"你也不能永远干陪酒那行啊,美里也大了,她面子上怕也抹不开。"

"就当是我多嘴。"小代子又补上这么一句。

美里是靖子的独生女。靖子和丈夫早在五年前就离了婚。用不着小代子说,靖子也想过，这样不是长久之计。美里的事自不用说，考虑到自己的年龄，酒廊还肯雇用她多久也是个问题。

于是，她只考虑了一天，就作出决定。酒廊也没挽留她，只和她说了声"哦"。她这才发现，东家早在暗自担心，人老珠黄的酒女该何去何从？

（选自《嫌疑人 X 的献身》第 1~5 页）

五、相关研究推荐

[1] 吉莹，孙森. 试论东野圭吾代表作《嫌疑人 X 的献身》[J]. 农家参谋，2018（19）：260.

[2] 郭然. 畅销书的营销策略研究 [J]. 科技资讯，2016，14（15）：76-78.

[3] 王旭蕾. 东野圭吾《嫌疑人 X 的献身》艺术特色探析 [D]. 长春：东北师范大学，2016.

[4] 卢秋萍. 畅销书营销组合优化策略刍议 [J]. 出版广角，2015（10）：80-81.

[5] 王彬. 一部关于爱情的悬疑片或一部结构精巧的爱情片——评《嫌疑人 X 的献身》[J]. 世界文化，2013（09）：22-23.

[6] 黄丽琼. 东野圭吾小说魅力探究——以《嫌疑人 X 的献身》为中心 [J]. 科技视界，2013（13）：81-82.

[7] 刘平. 媒体时代的畅销书营销策略探析 [D]. 保定：河北大学，2012.

案例五:《盗墓笔记》

刘婷婷

一、图书基本信息

(一)图书介绍

书名:《盗墓笔记》(六周年完美纪念套装)

《盗墓笔记壹——七星鲁王宫》

《盗墓笔记贰——秦岭神树》

《盗墓笔记叁——云顶天宫》

《盗墓笔记肆——蛇沼鬼城》

《盗墓笔记伍——谜海归巢》

《盗墓笔记陆——阴山古楼》

《盗墓笔记柒——邛笼石影》

《盗墓笔记捌——大结局(上)》

《盗墓笔记捌——大结局（下）》

作者：南派三叔

开本：16 开

字数：1500 千字

定价：295.20 元

出版社：上海文化出版社

出版时间：2013 年 2 月

（二）作者介绍

南派三叔，本名徐磊，1982 年 2 月 20 日出生于浙江省嘉兴市嘉善县，曾就读于嘉善二中，毕业于浙江树人大学，中国作家、编剧、南派投资董事长。曾做过广告美工、软件编程、国际贸易等诸多行业。因为小时候年弱多病，所以尝试用写作的方式构建自己想象中的世界，常常以身边人如家人与同学作为原型进行创作。在一篇《盗墓笔记》的番外里，南派三叔写道，5 岁的自己，窝在外婆怀里时，听到了人生里第一个和尸体有关的故事，讲的是村中大户院子底下挖出的血尸，从此对地底下的神秘世界产生了浓厚的想象。2006 年他开始在网上进行文学创作，写下第一篇《七星鲁王宫》，受到网友热捧，有了自己的固定书粉，粉丝们追着他催更，于是他开始白天上班，晚上更文。他的连载从贴吧转移到起点中文网，半年后，正式整理成书，《盗墓笔记：七星鲁王宫》就是《盗墓笔记》系列的第一本书。

二、畅销盛况

《盗墓笔记》最初是在起点中文网上连载的小说,后由中国友谊、时代文艺、上海文化于 2007—2011 年陆续出版发行,作者南派三叔。

2007 年 1 月,《盗墓笔记》系列第一本出版,《盗墓笔记捌:大结局(上、下)》于 2011 年 12 月 19 日上市,至此《盗墓笔记》系列完结,共出版实体书九本,总销量超过 2000 万册。《盗墓笔记》系列是南派三叔的代表作,堪称近年来中国出版界的经典之作,获得百万读者狂热追捧。南派三叔也凭此作名满天下,跻身中国超级畅销书作家行列。

2009 年,《盗墓笔记伍》在开卷年度虚构类畅销书排行榜中居第 20 位;2012 年,《盗墓笔记捌》(下)、(上)在开卷年度虚构类畅销书排行榜中分别居第 7 位、第 11 位;2015 年,《盗墓笔记壹》(修订版)、《盗墓笔记贰》(修订版)在开卷年度虚构类畅销书排行榜中分别居第 21 位、第 23 位。《盗墓笔记》六周年完美纪念套装在 2015 年、2016 年当当年度图书畅销榜 TOP500 中分别居第 88、276 名。

截至 2019 年 4 月 10 日,《盗墓笔记》六周年完美纪念套装在当当小说畅销榜(近 7 日)排名第 350 位。

截至 2019 年 4 月,单就图书来说《盗墓笔记》有青春版、漫画版、修订版、写真集、纪念画册等各种版本,定价在 11.80~99.00 元。有报道称,在《盗墓笔记捌》2011 年 11 月刚出版时,其前 7 册的累计销量已过千万册,销售码洋以 10 亿元计。

2012 年 11 月,《盗墓笔记》系列获最佳冒险小说奖,南派三叔以 850 万元版税荣登2012年"第七届中国作家富豪榜"第9位;2016年11月,《盗墓笔记》荣登2016年中国泛娱乐指数盛典"中国IP价值榜——网络文学榜top10";2017年7月12日,《2017猫片·胡润原创文学IP价值榜》发布,《盗墓笔记》排名第二。

三、畅销攻略

《盗墓笔记》主要讲述了出身"老九门"世家的吴邪,在爷爷的笔记中发现一张记载着古墓秘密的战国帛书,为赶在不明势力之前解开帛书秘密,保护古墓中文物不受侵害,吴邪按照帛书的指引跟随三叔吴三省、潘子以及神秘小哥张起灵来到鲁殇王墓探究七星鲁王宫的秘密,经过一系列惊险刺激、匪夷所思的事件之后,众人又发现了更多未解的谜团。吴邪等人在和不明势力斗智斗勇的同时又踏上了新的探秘之旅。

(一)内容为王

1. 故事的易读性吸引了大量受众

第一,故事本身具有吸引力,吸引了广泛的受众。《盗梦笔记》故事情节跌宕起伏,悬念重重,但通俗易懂,对读者来说有着巨大的吸引力。并且,相对于传统文学"受众是相对稳定的"且对文化程度、个人爱好、学识等因素有所要求,在网络上进行连载的网络文学拥有更大范围的受众。

第二，盗墓题材具有新颖性，内容创作具有创新性。《盗墓笔记》是继《鬼吹灯》之后盗墓题材的又一力作，当时盗墓类的小说数量极少，这两部小说的出现满足了读者的猎奇心理。《盗墓笔记》中展现的盗墓行业是一个极其隐蔽的"里世界"，这其中的江湖规矩、产业链、黑话……相信极少有读者有过切身经历，但这并不妨碍读者们的阅读，他们完全可以将自己对其他行业的了解"移植"到盗墓上来。并且，对于作者未做呈现的部分，阅读的动力学将会启动——读者们运用自己的知识对这些"空白"作出"脑补"，以达到自我满足。同时，《盗墓笔记》更多的是描写一些惊悚悬疑的情节，这正是投了读者所好。大多数的读者，尤其是网络文学的读者都是想要读一些惊险刺激或简单的故事，而对所谓的盗墓史、风水介绍、盗墓讲究并没有太大的兴趣。也就是这种相比于其他"科普式"盗墓小说更接地气的内容，使其更加受读者欢迎。

第三，作者巧妙设置"陷阱"，以引起读者的阅读欲望。南派三叔写《盗墓笔记》的时候，在文中给读者们留下了很多悬念，也就是网友常说的"挖坑"，比如终极、青铜门等，大家会有一种意犹未尽的感觉，这也是南派三叔最高明的地方。小说完结之后，会在网上引发各种讨论，大家都在寻找答案。本质上来讲，这样的小说是不完整的，但是正是这些不完整，满足了很多人的好奇心，各种话题也纷纷出现，更加刺激了图书的销售。

2. 成熟的叙事风格，增加读者的代入感

第一，将历史真实与玄幻相结合，读者沉浸度高。一方面，《盗墓笔记》所讲述的就是虚实参半，真实与想象相结合的故事。大量奇异的描写，鬼怪横行更是家常便饭，这些内容显然无法用现有的科学知识来解释，且想象力丰富的

程度不输单纯的灵异作品半分。此外，南派三叔常常将虚构和真实巧妙对接，剧情先提一个虚构的传说，再以科学解释之，又将其与风水玄学相连，一系列的虚构之物因得到科学的注解而产生强烈的真实感。这种"化无为有"的叙述方式，使读者产生了近乎"逼真"的阅读体验，代入感强的读者很轻易地便放弃了自己的世界观，踏进一个观念模糊的世界里。另一方面，手稿的重新发现，引起整个故事。罗兰·巴尔特曾指出一种将叙述自然化的方法，即"假装重新发现手稿"，古往今来也有许多作家采用这种方法提高作品的逼真度。《盗墓笔记》就是由"我"发现爷爷的日记手稿，发现了记载的一些秘密，由此而开始的一段惊心动魄的冒险历程。笔记将"我"正式带入到盗墓的世界里，在往后小说的叙述中它也时不时穿插出现，可以说那本笔记是该书的一个重要的线索。这种"假装重新发现手稿"的叙述手法，一方面使得"我"身份确定而非来自一个无法把握的虚空；另一方面显得"爷爷的手稿"来源清晰，可信度高，同时也将真实与玄幻衔接起来。

第二，细节描写丰富，增加故事的真实性。《盗墓笔记》最令人叹为观止的部分除了它的悬疑元素外当属作者对盗墓的详尽描述。比如在《七星鲁王宫》的第七章中有一段对墓穴勘探的详细描述："有装备有有装备的倒法，没装备有没装备的倒法。这战国墓，一般是直土坑，直上直下，没有墓室，不知道这个是不是一样，这我们还得到现场看，这墓有多大，埋的有多深，恐怕和我们以前倒的那些还真不一样。你看那山里塌出的人头，那就是我们老祖宗说的鬼头坑，那里肯定是以前他们人牲的陪葬坑。"又如《七星鲁王宫》里，三叔给吴邪发短信说："九点鸡眼黄沙。"此为暗话，意思是"有新货到了"，还有"龙脊背"指好东西，等等。南派三叔以如此海量的知识给读者架构起了一个能自圆其说的神秘的盗墓世界，给读者带来更佳的阅读体验。

第三，叙述限制视角，提高读者的代入感。一方面，《盗墓笔记》全篇采用第一人称叙述，这种叙述视角无疑给小说带来了强烈的真实感。这一路上，读者与"我"同呼吸共命运，同"我"一起全身心地投入到这一场永生难忘的经历里。这种叙事视角不仅能够让读者有身临其境的感觉，而且能够进一步营造扑朔迷离的氛围，使读者沉浸其中，欲罢不能。另一方面，内容文本的叙事形式最大限度减少作者干预。作者在创作时，从不直接对人、事物进行评价，并且对故事背景以及历史的讲述都是通过某个角色之口；对某些角色的评价也都将其处理为另一角色作出的评价，且大部分为故事的叙述者、亲历者吴邪，即"我"之口。这种叙事方式也使读者尽可能忽略作者的干扰，沉浸在故事之中。

3. 成功的人物形象塑造，提高故事的真实度

《盗墓笔记》能获得如此高的关注和热度，除了其故事本身更加注重悬疑色彩外，更重要的是其成功的人物形象塑造。不同于《鬼吹灯》中人物带有的明显历史感，《盗墓笔记》中人物关系更加复杂，并且穿插了家族门派、神秘小哥等，同时更注重"CP"的打造，抓住了现代年轻人快餐阅读的习惯。

一方面，南派三叔对主角的刻画更加细致、有特点，塑造了一个个有血有肉、全面而深刻的人物形象。比如书中的主角，吴邪、王胖子、张起灵组成的铁三角，他们三个性格不同，经历不同，各有各的特色和人生境遇，因缘巧合下一起探险，在关键时刻相互帮助、相互扶持，共同逃出困境。

另一方面，注重"CP"的打造。该书中最出名的"CP"当属"吴邪 × 张起灵"，

这两人是该书的灵魂,也是一大部分"腐女"读者喜爱该书的重要理由。南派三叔有意将二人的行为暧昧化,给读者留下丰富的想象空间。众所周知,"腐女"群体的创造力和传播力是巨大的,作者也善于利用这种力量,满足其心理需求,从而将作品推向一个新的高度。

4. 文本创作的互动化

《盗墓笔记》最初是在网络上进行连载,而后出版的。区别于传统文学读者阅读的都是已经完结的作品,网络文学的读者可以在作者的创作过程中同步评价作品,甚至参与作品的后续创作,改变作者的既定思路,进而影响作品的结局。

《盗墓笔记》的创作特别能体现出文本创作中读者和作者的互动。书中几个主要人物的塑造,都在一定程度上受到了读者的影响。在故事的开篇,女性角色阿宁,本来是作为故事的女主角出现的,但因为她刚开始表现出的性格不受读者的喜爱,被读者不断吐槽,所以作者接受了读者的反馈,删减了很多阿宁的戏份,甚至被作者安排死在了蛇沼鬼城中,并且其死法突兀、迅速,让人猝不及防。此外,为了"CP"打造,满足读者对"瓶邪CP"的需求,一直到作品的大结局,文中再也没有出现过同等重量的女性人物。另外,作者刚开始在设计张起灵形象时,也在很大程度上受到了读者的影响。张起灵虽然不是主要人物,但是因为他的个性酷帅,受到读者的特别追捧,人气越来越高。作者受到网友评价的影响,就在之后的情节中逐渐增加张起灵的戏份,使得他的人物性格越来越丰满,在作品中的影响力也越来越大。综上,《盗墓笔记》的创作受到了受众的影响,是作者在和读者的互动中共同创作出来的文学作品。

《盗墓笔记》作为一本盗墓小说，除了含有盗墓元素之外，还出现了玄幻、灵异、恐怖等其他的元素，描绘出青铜神树、七星鲁王宫、云顶天宫等各种神秘的建筑、器物，将真实与想象结合。作者以天马行空的想象，按照自己的写作要求对其进行解构、改写和重建，充满着生活的真实和艺术的真实，给虚构元素和读者留出足够的想象空间，构建出一个神秘而广阔的盗墓世界。这种真实与虚幻交构形成的神秘世界，正是吸引读者的关键所在。

（二）灵活多样的营销手段

《盗墓笔记》在网络上进行连载之时，就已经积累了大量的"粉丝"，并且基于网络文学内容创作的互动性，南派三叔在进行图书连载时，注重与读者之间的联系，重视读者的反馈和建议，进一步增强了"粉丝"数量和用户黏性，这也为实体图书出版的营销活动打下了基础。

1. 注重网络营销宣传造势

第一，注重微博营销。比如《盗墓笔记》系列最后的大结局（2011年11月）上市时，首先由磨铁图书官方微博发布相关信息，通过转发抽奖送书，转发、创作周边图片、文字引导读者讨论，有奖竞猜故事内容等方式吸引受众地注意力，以获得更多关注。其次，南派三叔注重经营自己的微博，经常在上面发布相关的内容，吸引"稻米"（《盗墓笔记》"粉丝"的统称）的注意。再次，利用相关人士微博进行宣传造势，即与磨铁图书或南派三叔有关的并且影响力较大、有一定"粉丝"基础的人，他们在微博对《盗墓笔记》进行评论，吸引"粉丝"进行跟帖或转载。最后,利用普通网友的微博对营销活动推波助澜,比如带话题转发、评论等以产生二次影响。

第二,出版方官方网站营销,吸引用户阅读,促进销售。以《盗墓笔记》大结局为例,从 2011 年 8 月开始,磨铁图书官方网站就以试读的形式在其网站对图书进行连载。这部分内容不定期更新,长短不一,但不涉及最后的结局及关键部分,并欢迎读者进行转载和评论。除提供试读之外,磨铁图书官方网站还提供图书的预购,方便读者的购买。

第三,贴吧营销,确保正版图书的销售。《盗墓笔记》的百度贴吧一直是众多盗墓迷的汇集地,各种有关于图书内容的猜测、续写、恶搞都会出现在贴吧。同时贴吧中置顶的帖子强调,提前拿到《盗墓笔记》新书的网友不允许在贴吧内传播扫描版、电子版的新书情节,违反者处以删帖、禁 ID 等惩罚,但允许根据前情进行结局猜测。这种方式既保证了图书内容获取的渠道,又进一步增强了用户黏性,促进了后续图书的出版和销售。

第四,注重网络书店营销。在新书出版时,磨铁图书和南派三叔会在微博进行宣传,并附上网络书店的购买链接,方便读者购买。同时,磨铁图书与各大网络书店达成合作,在图书出版之前实行预购策略,并伴有一定的折扣,这也促进了图书的销售和铺货。

2. 线下活动营销

上文提到,《盗墓笔记》拥有数量巨大的"粉丝"群体,他们对作者所描绘的真假参半的盗墓世界充满了向往和渴望。南派三叔也懂得利用这些特点去做一些营销,比如《盗墓笔记》小说的终极篇《十年》的发布,就再一次将小说推上舆论高潮,而南派三叔也借着此次的舆论高峰,举行了一次名为"2015,长白山下。青铜门开,静候灵归的万人'面基'"活动。这一活动的举办,推动了图书的再次热销。

(三) 出彩的图书设计

这里的设计指的是图书的整体设计,包括图书的书名、开本、封面、纸张、版式等。设计要有亮点和冲击力,尽可能地突出图书的特点,且尽可能在短时间内、在众多的图书中抓住读者的眼球。

首先,书名。在一定程度上,一本书的书名是这本书的核心,书名的好坏有时会直接影响图书的销售和读者的感受。《盗墓笔记》一书,书名简单明了,突出了书的题材,与图书内容十分贴切。

其次,封面设计。一本书在书架上是否醒目,很大程度上取决于图书的封面设计和书名,并且从吸引注意力的角度看,图片的冲击力远远高于文字。《盗墓笔记》的封面设计与其内容是很匹配的,土黄色的底色,封一上的书名为毛笔笔迹,显示出一种历史感;书脊上的书名则铺有红色不规则印迹,会让人联想到血迹。此外还有印章、丝带、历史器物等的仿古设计。这种设计与书中恐怖、玄幻的内容相适应,同时也增加了一种神秘感,让人想一探究竟。另外,此书为套书,整套图书的封面一致,在书架陈列时,能够给受众一种视觉上的冲击。

最后,腰封设计。图书的腰封除一般的装饰、保护封面的作用外,更多时候还兼具广告的功能。腰封上所印制的宣传语往往是图书的亮点、重点,或者是读者最关心、最想了解的内容。《盗墓笔记》系列图书的腰封完美地展示了这一点。比如《盗墓笔记壹》的腰封写着"中国盗墓诡异秘闻：大树中的青铜古棺"，《盗墓笔记肆》则是"闷油瓶归来：寻找西王母国"，等等。这些都是与图书内容密切相关的。

（四）IP打造和产业链开发推动图书的销售

1. 超级IP的打造

截至2019年4月，与《盗墓笔记》内容相关的涵盖实体小说、网络剧、电影、话剧、游戏、动画、广播剧、歌曲等多个领域，基本包含了泛娱乐的所有领域。《盗墓笔记》系列登上2016年中国IP价值榜"网络文学榜top10"，IP价值在胡润2017原创文学IP价值榜上排第二。

南派三叔由《盗墓笔记》构建了一个宏大的世界，不仅包括盗墓，还涉及与其相关的家族门派争斗等，从而催生出了一系列的相关作品。包括《老九门》《新月饭店》《藏海花》《沙海》《盗墓笔记重启》《藏海戏麟》《吴山居事件账》系列等。这一系列的作品不仅完善了南派三叔的"盗墓版图"，也展现了一次IP大裂变，完成了超级IP"盗墓笔记"的产品升级。

除此之外，鉴于《盗墓笔记》系列形成的庞大产业链，为了更好地挖掘《盗墓笔记》的IP价值，2014年年初，南派三叔与友人共同创立了南派泛娱有限公司。

《盗墓笔记》超级IP的打造，使得该书更广泛地进入公众的视野，进而促进了图书的销售。

2. 产业链开发

《盗墓笔记》系列除了注重其后续图书的打造外，还充分挖掘其内涵和价值，将其打造成了一条完整的产业链。除了上文提到的在图书方面所进行的拓展外，《盗墓笔记》系列的衍生产品还涉及网剧、电影、话剧、游戏、漫画、音频等。这些衍生品的出现，进一步推动了图书的销售。

四、精彩阅读

第二十三章　棺　椁

我见他们都安然无恙，想起一件事情，责问道："三叔，在主墓里你们怎么丢下我跑掉了，他娘的把我吓死了，那鬼地方我一个人怎么待得下去啊？"

三叔听了，甩手就给了大奎一个头磕："我他妈的让这个小子不要乱碰东西，他就是不听。"接着他就把他遇到的事情说了一遍，原来他们在那个墓室另一个耳室里，看到了一道墓墙，一般古墓里有墓墙，那后面肯定有个隐蔽的房间，他们自然也没有想到，这个古墓里，任何的暗门都是向下开的，三叔是何等的精明人，一眼就找到了机关，可惜那大奎手快，三叔还没弄清楚呢，那机关已经被他按下去，然后就和我们一样，掉到下一层的西周墓里去了，之后情节似乎非常得曲折离奇，三叔越说越离谱，我看他几乎都说到不着边的地方去了，忙让他打住。

三叔说："你还真别不信，你看看我这些家伙。"他从他背后拿出一只黑色的盒子，喀嚓一弄，那盒子魔术般的变成了一把枪。我对枪有点研究，而且这枪也很有名气，一看便吓了一跳。

这是把阿雷斯折叠冲锋枪，九毫米口径，打的是手枪子弹，就像一条中华香烟那么大小，才六斤不到，很容易上手，当然因为体积太小，这枪也很不稳定。

三叔说，他们在墓道里，也发现了好几具尸体，这把枪还有一些炸药，都是从那尸体上弄下来，不仅如此，那地方全是弹孔，看样子是打了一场恶战。

我仔细检查这把枪，非常疑惑，看来，前一批进来的盗墓贼，装备非常精良，至少比我们精良得多，不知道是什么来头？这些人进来后都没出去，难道已经全部死在这里了？如果没死，他们现在又在什么地方？

我一边想一边靠到那祭祀台，没想到这貌似非常结实的石台竟然会撑不住我，我还没压上全部的重量，这祭祀台就突然一沉，矮下去半截。我们吓了一大跳，还以为触动了什么陷阱，赶紧蹲下身子。只听到一连串机关启动的声音，从我们脚下开始，一路发出，最后远处石台上传来一声巨响，我们探头一看，只见石台后的那棵巨树身上，竟然已经裂开了一个大口子，在裂口里，出现了一只用铁链固定的巨大青铜棺椁。那些铁链已经和树身合在一起，而且还绕了好几圈在青铜棺材的上面。

那三叔看得呆了，啊哦一声，说："原来真正的棺椁在这里。"

大奎高兴地大叫："好家伙，这么大的棺材肯定值老钱吧？这下子总算没白来！"

三叔拍了一下他的头，说："值钱值钱，你别他娘的老惦记着钱，这东西就算值钱你也搬不走，和你说了多少遍了，这叫棺椁，不是棺材！别他娘的老是丢我的脸！"

大奎摸摸头，不敢再说话，我仔细看了几眼，感觉到有点不对劲，对三叔说："奇怪，别人的棺材都是钉上了就没预备再打开，你看这架势，这个石台的机关好像本来就为了让别人找到这只棺椁的，难道这墓主原本就打算有朝一日让别人开自己的棺？而且你看，这几根铁链子，绑得这么结实，不像是用来固定的，反而好像是不让里面的东西出来才绑上去的。"

三叔仔细一看，果然是这个情况，不由面面相觑，我们一路过来，碰到不可思议的事情数不胜数，难道这里面又是什么怪物？那到底是开好还是不开好呢？

三叔一咬牙，说："估计这墓里值点钱的宝贝都在里面了，不过去，岂不是白来？他娘的里面有粽子又怎么样？我们现在有枪有炮，实在不行，就抄家伙和它拼了。"

我点点头，三叔又说："况且我们现在就算原路回去也不太可能，这悬崖上每一个洞，几乎都是通到那石道迷宫里去，要从那里出去，不知道要花多少时间，最好的办法，还是从上面爬出去。"

我们抬头一看，看到了洞顶上的裂缝，月光从那洞顶上照射下来，显得非常凄凉，三叔一指那棵巨树："你们看，这棵巨树的顶端离洞顶非常近了，而且还有很多的藤蔓从树上衍生到洞顶外面去，这简直是一座天然的梯子，而且那整棵树上这么多枝桠，非常好爬，正好有利于我们出去。"

潘子说："三爷，你怎么在这里说胡话，那棵可是食人树，爬那棵树不是去找死？"

三叔大笑："这棵叫九头蛇柏，我早就想到了，你没看到那些个藤蔓怎么样都不敢碰这里的石头吗？这石头叫天心岩，专克九头蛇柏，我们弄点石头灰涂在身上，保准顺顺利利的。"

大奎担心道："能管用吗？"

三叔瞪了他一眼，我知道他又要开骂，忙说："行了，我们去试试不就知道了？"

我们二话不说马上行动，大奎背起胖子，三叔扶起潘子，我收拾了一下装备，回头看了一眼岩洞，心想我们现在都平安，不知道那闷油瓶怎么样了，三叔看出了我的忧虑，说道："他的身手，肯定能保护自己，你就放心吧。"

我点点头，平心而论，我实在没有资格去担心闷油瓶，他的身手不知道在我之上多少，而且似乎拥有奇术，要担心也应该是他担心我。

我端着枪走在前面，他们跟在我后面，慢慢走上那高阶石台，刚才匆匆跑下来，没仔细看，原来这石台都是大块大块的天心岩垒起来的，体积这么大，不知道是怎么运进来的，那台阶上还刻了一些鹿头鹤，这种浮雕很罕见，我不由纳闷，这鲁殇王到底是什么级别的诸侯，怎么墓葬的规格这么离奇。

这个时候我们已经走到了那个树洞前面，这才看清楚，那个洞原来不是自己裂开的，而是被里面的十几根铁链扯开的，那只巨大的青铜棺椁就在面前，最起码有两米五长，我看到上面密密麻麻地刻满了铭文。

（选自《盗墓笔记壹——七星鲁王宫》第62~66页）

五、相关研究推荐

[1] 余海燕，刘凯. 传统出版机构网络营销策略探析——以热门小说《盗墓

笔记8》的网络营销为例[J].出版发行研究，2014（6）：49-51.

[2] 韦宝华.虚构照进现实——论《盗墓笔记》中的真实与虚构[J].辽宁工程技术大学学报（社会科学版），2017，19（3）：328-331.

[3] 李旭."盗墓笔记"IP开发案例分析[J].河南教育学院学报（哲学社会科学版），2019，38（1）：46-51.

[4] 张蓉.南派泛娱：打造多元化的IP产业生态链[J].杭州（周刊），2019（11）：21-23.

[5] 余野.《盗墓笔记》系列的跨媒体叙事研究[D].贵阳：贵州大学，2017.

案例六:《月亮与六便士》

黄　丽

一、图书基本信息

(一)图书介绍

书名:《月亮与六便士》

作者:毛姆

译者:徐淳刚

开本:32 开

字数:205 千字

定价:31.8 元

出版社:浙江文艺出版社

出版时间:2017 年 2 月

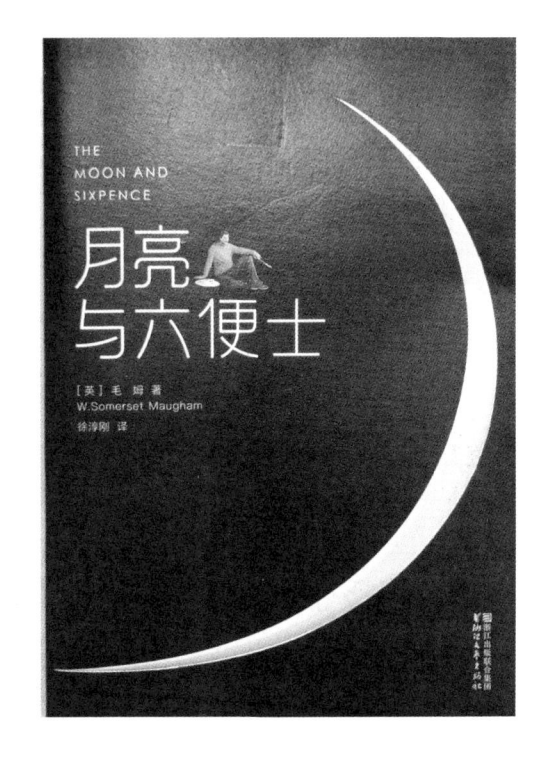

(二) 作者简介

威廉·萨默塞特·毛姆,生于1874年,是英国著名的小说家、剧作家。1997年,在德国海德堡大学肄业,毛姆在伦敦学医期间发表了第一部长篇小说《兰贝斯的丽莎》,此后便陆续有作品问世。第一次世界大战期间,毛姆赴法国参加战地急救队,不久进入英国情报部门,在日内瓦收集敌情,后又出使俄国。1916年,毛姆去南太平洋旅行,此后多次到远东。1920年到中国,并以中国为背景写了一部长篇小说《彩巾》,之后又去了拉丁美洲与印度。1919年,长篇小说《月亮与六便士》问世。这部小说问世后,以情节引人入胜、文字深刻在文坛轰动一时,人们争相传看。1954年,英国女王授予毛姆"荣誉侍从"的称号,他成为皇家文学会的会员。1965年12月16日于法国病逝。

毛姆擅长叙事性描述,常常于个性化语境中批判传统价值观,体现文学的思辨性,引发受众共鸣。幼年的经历对他的世界观和文学创作产生了深刻的影响。优雅又"重口"的毛姆作品,自从引进中国,几乎已经成为文艺青年的指定读本。性格孤僻、敏感、内向的毛姆,其短篇小说的标志就是冷静、客观和深刻地剖析与解读人性的弱点,他笔下的主人公对造成自身孤独的外在世界冷眼相看,对保持孤独的完美刻骨铭心。在西方文化的樊笼中,他们无所适从,惶惶不可终日。在一次次质疑中,毛姆放逐他笔下的主人公自由地寻求灵魂栖息之地。

二、畅销盛况

《月亮与六便士》自出版以来,总销量突破6000万册,风靡美国、法国、德国、意大利等 100 多个国家，被翻译成 60 多种文字。其中 2017 年由波比文化小说奖和水沫诗歌奖得主徐淳刚翻译的版本，更是在一年内狂销 100 万册，并且开创了当当网 24 万名读者全 5 星好评推荐的奇迹，位列 2017 年豆瓣阅读 Top100 排行榜第一名，2018 年亚马逊中国年终图书排行榜纸质版畅销书榜第 7 名，2018 年亚马逊中国年终 Kindle 付费电子书畅销榜第一名，Kindle Unlimited 借阅榜第 1 名。除了漂亮的销量数据和榜单排名外，该书还在 2018 年入选 2018 亚马逊中国年度阅读盛典"40 年·25 部影响力外译作品"。

截至 2019 年 7 月，《月亮与六便士》还雄踞各大畅销榜前列，并且在热播综艺"一本好书"中以话剧形式由当红明星演绎，在各大门户网站的搜索引擎上搜索量达百万，引发讨论狂潮。

三、畅销攻略

（一）文本自身魅力

1919 年《月亮与六便士》问世，那个年代，正是现代派小说风起云涌的时代，它却异军突起，在欧美引起轰动，成为当时红极一时的畅销书，也成为毛姆最负盛名的代表作之一。这绝对不是一件偶然性的事件，为什么在这一百年间，这本书能够持续引起读者的关注和讨论，并在这两年又出现争相阅读的境况，是非常具有探讨价值的。

1. 内容

但凡一本书能真的讲出一个好故事，那么它距离成功就踏出了三分之二的征程。《月亮与六便士》无疑为读者带来了一个极棒的故事。

一位被世俗认为的生活幸福美满、事业小有成功的证券经纪人，一声不响地在一个极其平常的夜晚，抛下此前四十年奋斗的成果，远赴巴黎，去那里画画，在巴黎过着极其困苦不堪的生活，吃尽苦头，他对真诚的朋友冷嘲热讽，将朋友的妻子当作泄欲的工具，间接引起朋友的妻子自杀，可他却丝毫不以为然。尽管对世俗的一切都冷嘲热讽、傲慢不屑，但他对艺术始终有着一种本能的、也不被人理解的追求。最后他在无意中去了南太平洋上的一座小岛，娶妻生子，与世隔绝。在生命的最后几个月里，他创作出了改写现代艺术史的不朽之作，却嘱咐妻子将其付之一炬，化为灰烬。这就是《月亮与六便士》的主要内容。

整个故事读来几乎没有阅读障碍，无论你是十来岁的初具文字水平的青少年，还是已然步入而立之年的中年人，都不会觉得这是一个不适合自己阅读的书籍。正如作者自己说的："作为一个小说家，我却要透过无数年代，回到居住在新石器时代的洞穴里，围在火炉旁的讲故事者身上。"

让每个读者沉浸在巧妙的故事里的同时，还深深地被震撼、被感动，这才是这本书畅销这么多年的终极秘诀。它戳中了当下社会人内心深处的痛点。在这个全球化竞争的时代面临着前所未有的生存压力，太多人终其一生都没有抬起过头去看看那轮一直在的月亮，甚至连作者口中的"满地都是六便士"都没有看见过，而书中的男主人公却在不惑之年抛弃了相对优渥的生活，去寻找人生的意义，这是大部分中国人都不具备的勇气，在书里，那个男主人公帮他们实现了，他们可以附身于主人公短暂地逃离这高压的社会。

2. 叙事技巧

毛姆擅长叙事性描述，常常于个性化语境中批判传统价值观，体现文学的思辨性，引发受众共鸣。在小说《月亮与六便士》中，"月亮"是皎洁美好的，代表了人们内心遥不可及的梦想，"六便士"则代表现实的物质生活。梦想与现实如何选择，历来争议不断。毛姆以法国印象派画家保俗、追求身心自由的艺术家主人公形象，刻画了主人公遵循内心渴望追逐"月亮"、寻找原始精神家园的心路历程。他没有随波逐流地采用时下最流行的现代派文学手法来讲述故事。他说："我已经是老古董了，我会像布雷克一样继续写对仗押韵的道德故事。"在该书里，你会看到他用随意的、轻松的笔调一气呵成地完成整个故事，你会看到他处处对一些东西津津乐道，一提到某人某物，总会荡开一笔，虽然看起来离题万里，实则有着极高的内在联系性。

小说采用的是第一人称夹叙夹议，娓娓道来，在这个纷繁的故事里，只靠着"我"来穿针引线。且在小说中，作者没有明确自己是写实还是写虚，反复表明自己对真实的事件知道得并不多，只是借着他人之口来讲述故事，塑造人物，甚至还会对他人讲的故事报以怀疑的态度，给读者一种极强的代入感。这样看来，这反而成了一种最真实的虚构，增强了小说的权威性、神秘感、立体感，而且打破了主叙述者视角的限制。另外，毛姆巧妙运用的言语反讽和情景反讽也为作品增添了不少色彩。言语反讽强调正话反说、言外之意；而运用情景反讽，不得不承认，这是一种高超的小说技巧。所以即便这是一部主题深刻的小说，却被作者包裹在一个轻松的故事之下，如同坐在你身边和你聊天一般，在这一点上，毛姆的小说技巧可以说是和卡夫卡、普鲁斯特比肩的。

《月亮与六便士》的持续畅销，无疑印证了畅销书也要"内容为王"的特性。碎片化阅读大行其道的当下，渠道竞争也进入了白热化，但是想要打造真正的畅销书，而不是昙花一现，还是应该回归内容。

（二）名人效应

1. 作者的社会影响力

毛姆本人就是一张畅销书界的通行证。毛姆是极负盛名的作家、剧作家，被誉为"全世界最会讲故事的人"，有着极其丰富的人生阅历，写作风格也独树一帜。不同于许多逝后才进入大众视野的作家，毛姆成名相对较早。他年轻时声称写作是为了点燃泰晤士的大火，晚年几乎获得了整个欧洲文学界的一切殊荣。他在有生之年享受着一个伟大作家所能得到的一切舒适与自由，巧妙地度过了完美的一生。他传奇的一生对后人而言极具吸引力，想要探寻毛姆当时的内心，最好的工具无疑就是他创作的一系列作品，而《月亮与六便士》是毛姆的最主要代表作，这就是该书在经历近一个世纪后的今天仍然热销的原因之一。

2. 名人推荐

微博坐拥 4000 万"粉丝"的当代知名音乐家、脱口秀节目主持人在他的节目中不止一次提到《月亮与六便士》。"无关乎有钱没钱，天上那轮永远免费的月亮，就是诗和远方。月亮和六便士伴随我们一生，是人和动物的根本区别。"著名新锐作家蔡崇达也在推荐语里写道："《月亮和六便士》探讨了人生很核心的一个命题，也是现在很多年轻人都会面临的问题：你怎么和你的自我发现、自我期许、自我愿望相处。"

在这个媒体时代，这些用有巨大粉丝量的名人的推荐，无疑将《月亮与六便士》的读者范围推向了最广。你随意问一问周围的人，即使有的人没看过这本书，也听过《月亮与六便士》这个名字。

（三）营销推广

《畅销书营销浅规则》中说到，一本书，没有营销，就不可能畅销。《月亮与六便士》会在畅销榜单盘踞两年之久，自然也离不开一定的宣传策略。

1. 媒体全方位出击

2017年3月20日以来，全国各大主流纸媒、网媒头条报道："一年一度的作家富豪榜放榜前夕，有消息爆料，作家榜将在第11届推出'复活名著计划'"。消息一出，迅速引发热议。《月亮与六便士》就是这批被"复活"名著之一，首先就抓住了原本就关注《月亮与六便士》的读者的注意力。

近年来，国家大力倡导全民阅读，诸如"一本好书"的荐书类文化性质的综艺节目争相涌出。2017年，《月亮与六便士》就在"一本好书"的综艺节目中被改编为舞台剧，由知名实力派演员倾情演绎，突破4000万次播放，推动了《月亮与六便士》阅读狂潮。微博、微信也对其精彩视频片段进行转发，将内容推向更多的读者群体。2018年是短视频大火的一年，在抖音上投放与该书相关的视频，成本低，收效广。另外出版社与一些拥有大量粉丝的优质内容博主合作，最大范围地让读者看到该书的相关信息。这些营销策略都极大地推动了该书销量的提升。

正如李鲆在《畅销书营销浅规则》所说，在这个信息过剩的年代，受众犹如置身喧闹的菜市场，注意力也是生产力。全媒体出击，无疑是全方位抓取注意力的重要手段之一。

2. 强力度的折扣活动

由于毛姆的书在2017年进入公版期，《月亮与六便士》争相被出版社出版。虽然该书一直都在出版，但由于这一契机，使一时间无论是线下实体书店还是电商平台都随处可见《月亮与六便士》的影子。

对一般消费者而言，书不是民生必需品，是闲暇读物，无法用公司或者学校的经费购买。扣除生活所需的费用之外，我们不但要面对这么多的诱惑和自我投资的选择，还得考虑是否值得拨出零用钱来购买。在这个交通便利、网购盛行的时代，人们主要考虑的问题已经不是能否买得到书，而是这本书要多少钱。井狩春男在《这本书要卖100万》中说道："书价便宜，当然是'亲近'的条件之一。"所以《月亮与六便士》在电商平台上经常参与促销活动，有时候甚至低至四折。无论该书是读者的目标书籍还是凑单书籍，这种超低的价格都吸引了读者去购买。且毛姆的书在2017年就进入公版期，单从制作成本来看，即便是经常参与促销活动，也是可以保证出版社的经济效益的。

（四）丛书品牌开发相互促进

《月亮与六便士》是作家榜经典文库·外国经典作品之一。在榜的还有《小王子》《老人与海》《莎士比亚》《了不起的盖茨比》等。这些书都是当下最热销的书籍之一，它们被做成丛书，也体现了出版商对畅销书进行的品牌链开发。

赵英在《畅销书攻略》一书中曾提到要对畅销书进行品牌链开发。作家榜创始人吴怀尧就策划了作家榜启动"复活名著计划"。为此，在活动前两年，作家榜团队内部就成立了一个独立的秘密部门——"作家榜致敬名著小组"，在全球范围内大规模签约杰出的诗人作家，翻译全球经典名著。《月亮与六便士》就是其中之一。经过两年的积累筹备，《月亮与六便士》的翻译者签订了波比小说奖得主徐淳刚，而且这些经典的装帧设计参考了全球范围内各个年代的不同版本，进行全新设计，更邀请国际知名插画师进行插画创作。

按照系列丛书相互促进的原则，可以预见的是，作家榜之后再推出的书籍也会进入畅销榜单，并且赋予《月亮与六便士》更持久的畅销力。

四、精彩阅读

（一）

为了使灵魂安宁，一个人每天至少该做两件他不喜欢的事。说这话的，是个聪明人，对于这一点我始终严格遵守：每天我都早上起床，晚上睡觉。

过去不到四十岁的人物就很了不起，现在二十五岁已显得可笑。我想，在过去的那些日子，我们都羞于表达，因为怕人嘲笑，所以尽量约束自己，不让人觉得骄傲自大。我不相信当年风流不羁的文人会洁身自好，但真想不起，文艺界那时有这么多风流韵事。我们为自己荒诞不经的行为，蒙上一层体面的缄默，并不觉得虚伪。我们讲话得体，直言不讳。女性那时还没有取得自主地位。

（选自《月亮与六便士》第14页）

（二）

就是这么个人，你指望他良心发现，根本没用。这就像不用镜子，却想照出自己一样。我认为，良心，是心灵的守门人，社会要向前发展，就必然制订一套规矩礼仪。它是我们心中的警察，它就在那儿，监视着我们，不能违反。它是自我中心的间谍。人们想让别人认可自己的欲望如此强烈，害怕别人指责自己的恐惧如此剧烈，结果适得其反，引狼入室；而它就在那里监视，高度警惕，保卫着主人的利益，一旦这个人有了半点儿脱离集体的想法，马上就会受到它的斥责。它逼迫每一个人，把社会利益置于个人之上。它把每个人，牢牢系于整体之上。而人，总会说服自己，相信某种集体利益大于个人，结果沦为这个主子的奴隶。他将自己放在荣誉的宝座上。正如弄臣奉迎皇帝按在他肩头的御杖一样，最后，他也为自己有着敏锐的良心而倍感骄傲。于是，对那些违背良心的人，他会觉得，可以任由责骂，因为，他已是集体的一员，他很清楚，已经没有什么能反对他了。当我看到，斯特里克兰对良心的谴责无动于衷，我就像碰见了一个可怖的怪物，吓得毛骨悚然，只能仓皇退缩。

（选自《月亮与六便士》第66页）

（三）

女人心中的爱，往往只是亲昵和安慰，大多数女人都是这种反应。这是一种被动的感情，能够被任何一个人激起，就像藤蔓可以攀爬在任何一棵树上；当一个姑娘嫁给随便哪个男人，总相信日久生情，世俗之见，如此牢固。说到底，这种感情不过是衣食无虞的满足，财产殷实的骄傲，受人爱慕的愉悦，以及家庭圆满的得意；女人赋予这种感情精神层面的价值，只是出于一种无伤大雅的虚荣。但这种感情，在面对激情时往往显得手足无措。

（选自《月亮与六便士》第139页）

（四）

柔情是爱的重要组成部分，但斯特里克兰无论对人对己，都是铁石心肠。爱需要有甘愿示弱的态度，保护他人的愿望，尽心竭力、取悦对方的渴望——总之，爱需要无私，或者至少将自私隐藏得了无痕迹；而且爱也需要矜持。而这些特征，在斯特里克兰身上简直无法想象。爱是全神贯注，它需要一个人全力付出；即使头脑最清醒的人，也可能知道，要让他的爱永不停止，根本没有可能；爱给予的真实是虚幻，而且，明明知道是虚幻，不是别的，却依然爱得义无反顾。爱让一个人比原来的自己更丰富，同时又更贫乏。他不再是他自己。他不是一个人，而是一件东西，一样工具，需要通过某种外在的目的来抵达他的自我。爱情从来免不了多愁善感，而斯特里克兰却是我认识的人中最不吃这一套的人。我不相信，任何时候，他会去忍受爱的痴狂，他永远都受不了外在的枷锁。如果有什么东西阻碍了他那无人理解、怂恿他奔向未知事物的热望，我相信，他会毫不犹豫，将它从心中连根拔除，哪怕让他痛苦，让他遍体鳞伤，鲜血淋淋。如果我对斯特里克兰的复杂印象，总结得还算成功，那么，下面的话也不算离谱：我觉得斯特里克兰在爱情这件事上，既过分，又贫乏。

但是我想，每个人的爱情观，都带着自己的秉性，所以因人而异。像斯特里克兰这样一个人，在爱情中自然会有自己独特的方式。要寻求他的感情分析，简直白费力气。

（选自《月亮与六便士》第 142 页）

（五）

小说的不真实就在这里。一般而言，爱情对男人只是插曲，是许多日常事务中的一件，而小说把它夸大了，事实上，它并没那么重要。虽然也有些男人，把爱情看得生死攸关，但他们往往显得无趣；即使那些相信天长地久的女人，也会瞧不起他们。她们被这种人阿谀奉承，乐得心花怒放，但还是会有不安，感觉他们是可怜虫。即便恋爱的时间非常短，男人也会三心二意，干些别的：赚钱谋生他们在意，体育运动他们专心，艺术创作也有兴趣。在大多数情况下，他们诸事并行，都不耽搁，但也专心致志，要追求这个，就先放下那个。他们可以心无旁骛，如果一个打搅了另一个，他们会大为恼火。同样坠入情网，男人和女人的区别是：女人可以一天到晚谈恋爱，而男人只有几分钟。

（选自《月亮与六便士》第 196 页）

（六）

我觉得，有些人，并未生在他们的理想之所。机缘将他们偶然抛入某种环境，他们却始终对心中的故土满怀乡愁；这故乡在哪里，他们并不知道。在他们的出生地，他们是异乡人，从童年时代就熟悉的林荫小巷，或者曾经玩耍过的拥挤街道，只不过是人生旅途中的驿站。他们仿佛身处异地，举目无亲，孤身一人。也许，正是这种陌生感，才让他们远走他乡，去寻找属于他们的永恒居所。

你知道吗？一个人要是为情所困，就会对世界上的一切听而不闻、视而不见；就像被囚禁在小船上摇桨的奴隶，身不由己。攫住斯特里克兰的那种激情，正如爱情一样蛮横，让他迫不得已。

（选自《月亮与六便士》第 242 页）

五、相关研究推荐

[1] 王艳.《月亮与六便士》的叙事策略 [D]. 重庆：重庆师范大学，2018.

[2] 骆谋贝，陈兵.传统土壤上开出的现代之花——论《月亮与六便士》现代主义叙事技巧 [J]. 中国海洋大学学报（社会科学版），2016（3）：113-119.

[3] 王落茹.放逐与回归——析《月亮与六便士》[J]. 出版广角，2018（20）：94-96.

[4] 李鲆.畅销书营销浅规则 [M]. 北京：金城出版社，2017.

[5] 井狩春男.这本书要卖 100 万 [M]. 桂林：广西师范大学出版社，2005

[6] 赵英.畅销书攻略 [M]. 湖北：华中师范大学出版社，2010.

案例七:《平凡的世界》

陈建红

一、图书基本信息

(一)图书介绍

书名:《平凡的世界》

作者:路遥

开本:32 开

字数:1100 千字

定价:108.00 元

出版社:北京十月文艺出版社

出版时间:2017 年 5 月

（二）作者简介

路遥（1949年12月3日—1992年11月17日），原名王卫国，陕西清涧人，中国当代作家。路遥的小说多为农村题材，描写农村和城市之间发生的人和事。1986年后，推出长篇小说《平凡的世界》第一、二部。1992年积劳成疾，在完成《平凡的世界》第三部后不久英年早逝。其代表作《平凡的世界》以其恢宏的气势和史诗般的品格，全景式地表现了改革时代中国城乡的社会生活和人们思想情感的巨大变迁，该作品获得第三届茅盾文学奖。

由于路遥出生于陕北一个世代农民家庭，他的写作素材基本来自于农村生活，他始终认定自己是一个有"农民血统的儿子"，是"既带着'农村味'又带着'城市味'的人"，他坚信"人生的最大的幸福也许在于创作的过程，而不在于那个结果"。所以他认为"只有在无比沉重的劳动中，人才活得更为充实"。路遥始终以深深纠缠的故乡情结和生命的沉重感去感受生活，以陕北大地作为一个沉浮在他心里的永恒的诗意象征。每当他的创作进入低谷时，他都是一个人独自去陕北故乡的"毛乌素沙漠"，在那里审视自己，观照社会。

二、畅销盛况

《平凡的世界》自1986年出版以来，受到人民大众的广泛喜爱和追捧，甚至在学界形成了"《平凡的世界》励志效应"。自1998年开卷"全国图书零售市场观测系统"建立以来，该书监控销量逐年攀升，仅2012年1—11月，《平凡的世界》监控销量已达到1998年销量的37.9倍，三卷共售90余万册。据北京开卷信息数据显示，自1998年以来，共有78种《平凡的世界》进入开卷观测系统。

再来看看近年来该书的畅销盛况，据不完全统计，该书自出版以来累计印数超过1700万套，近十多年来，每年重印100万套左右。2015年登上当当图书畅销榜第五名，2016年位居当当图书畅销榜第六名，2017年和2018年也都登上当当图书畅销榜榜单。笔者手中的2017年5月第1版截至2019年2月短短不到两年时间里重印29次，同时京东商城评论30多万条，当当网评论90多万条，在亚马逊2018年当代小说排行榜排名第四位，足以见得这套书的畅销盛况。

三、畅销攻略

（一）文风、主题与奖项

1. 现实主义的朴素写作风格

相信大多数人对《平凡的世界》并不陌生，这套书之所以如此畅销，与作者恪守传统现实主义的文风密不可分。路遥在写作该书之前做了大量的准备，深入小说故事发生所在地与当地人民同吃同住，感受当地的一草一木；亲自下矿井体会人物孙少平的真实生活，描写出孙少平平静的外表下一颗鲜活跃动的心……《平凡的世界》的文字也许并不是最优美的，但它一定是富含哲理的。

路遥在写作过程中用心观察现实和实际，对自然和人们当代生活作出准确、现实的描绘，让读者感同身受，唏嘘不已。这部著作摈弃了理想化的想象，用真挚朴实的情感和充满张力的质朴文字娓娓道来，通过细致地观察身边事物，据实摹写，以体现出平凡的世界下不平凡的生活。

当今社会纷繁复杂，物欲横流，人们正需要这样的现实主义作品来洗涤思想，净化灵魂，这也是传统现实主义带给人们的精神力量。我们已经看惯了"鸡汤"式的软文，这些只顾追求理想并未立足当下的文风，不疼不痒地萦绕在我们眼前，而《平凡的世界》之所以30多年以来持续畅销，与作者朴素的现实主义文风是离不开的。

2. 作品主题符合中华民族主流价值观

主题是对内容的凝练，正所谓"内容为王"，对于一本书好坏的评测，图书内容是至关重要的一方面。把生活的苦难、残酷和卑微描写出来，并不是路遥的特色，许多中国作家都能这样做。把平凡世界里年轻人的贫穷和窘迫写得如此无辜和纯洁，才是路遥的高明之处。这部著作通过对孙少安、孙少平等一代年轻人对于苦难的不屈服、对于命运的不认输，深刻地体现出中华民族面对困难无所畏惧、迎难而上、勇往直前的传统美德。

"人们宁愿去关心一个蹩脚电影演员的吃喝拉撒和鸡毛蒜皮，而不愿去了解一个普通人波涛汹涌的内心世界。"路遥在作品中这样写道。平凡并不意味着平庸，它是每个生活在平凡世界中的人的必经之路，平凡的人们也许不像电影演员一样受人追捧、万众瞩目，但他/她一定有着波涛汹涌的内心世界，对知识有极大的渴求，对未来有极高的憧憬。

中华民族的发展历程是在苦难中一步步向前推进的，面对困难我们不会选择退缩与放弃，正如小说中的人物一样，我们在各自平凡的生活中做着不平凡的事，时刻对生活充满信心，坚决抵制逆来顺受的心理。这种主题的传达符合中华民族的主流价值观，弘扬了中华民族优秀传统，因而受到主流意识形态的推崇。

3. 第三届茅盾文学奖："皇冠上的明珠"

《平凡的世界》在1991年获得第三届茅盾文学奖，该奖项是中国长篇小说的最高文学奖项之一。在写这篇畅销书分析之前笔者曾认真思考过，如果想要去阅读一本文学类书籍，除了看排行榜我们还能以什么为准绳，笔者随之想到了该书获得的奖项。茅盾文学奖作为中国长篇小说的最高文学奖项之一，无疑在中国文学界拥有较高的声誉。笔者查阅资料得知，第三届茅盾文学奖获奖作品只有五部。在浩如烟海的书籍中，《平凡的世界》能摘得桂冠，肯定有它非同一般的价值。正如我们看电影时会看豆瓣的评分一样，在阅读书籍时读者会将作品获得的奖项作为衡量作品好坏的因素之一，从而判断其是否值得购买。

4. 平凡的感悟：自我觉醒

平凡在世间上演，世界在平凡中演绎。《平凡的世界》这一书名就是对书中内容最好的总结。在自我觉醒的过程中我们可以看到，平凡贯穿着整部著作，比如故事背景的平凡、人物形象和结局的平凡、写作手法的平凡、价值观的平凡……路遥曾说："我对中国农民的命运充满了焦灼的关切之情，我更多地关注他们在新生活过程中的艰辛与痛苦，而不仅仅是到达彼岸后的大欢乐。"路遥对人性的深度剖析值得我们思考，他对《平凡的世界》的全部构思都贯穿在政治斗争的大背景下，但是他却有意让主人公远离政治漩涡，让他们从更平凡、更广阔的天地里获得生命的真谛，体味到平凡才是最好的答案。

平凡的世界里，每一个人都生活在不同的群体中，但我们不能被群体淹没，要敢于面对群体，勇于释放出自己的光芒，通过克服自身弱点走向自我觉醒。在这个光怪陆离的社会里，很多年轻人过分追求物质甚至利欲熏心，不曾停下来看看自己走过的每一段平凡之路，导致他们常常迷失自我。在社会这个大背景中，个人的奋斗也许微不足道，但通过个人的努力奋斗、正直善良以及常怀恻隐之心等品德最终能让你过上平凡的生活，而这也正是作者想要传达的思想——在平凡的世界中活出不平凡的自己。正因如此，这部著作才能在平凡的世界里持续畅销，经久不衰。

（二）营销策略

1. 线上内容营销

当当网、京东商城及亚马逊是读者购买图书常用的三大线上渠道。截至2019年9月7日，《平凡的世界》这部著作在当当网上评论超过10万条，在京东商城上评论超过48万条，都登上各自商城畅销书排行榜的榜单，读者如果根据榜单选择购书，就会带动这部作品的畅销。

此外，《平凡的世界》的主题符合大众文化，在人们急于追求功名利禄的当今时代，在急速发展的互联网背景下，人们更需沉下心来学习书中人物的坚韧、宽容以及对知识的渴求和对未来的期待等优秀品质，以引发自己对生活的感悟、对生命的思考。线上平台利用该书所要表达的主题，对该书进行内容的营销。该书内容适合下至垂髫孩童，上至黄发老人所有年龄段的人群阅读，线上平台对这一特点进行深度挖掘，努力开发该书的内容价值，使得该书进入空前的畅销盛况。

2. 作者和出版社"人气"沿袭

作者和出版社的"人气"是经过时间的洗礼存留下来的，是衡量作品价值的标杆之一。北京十月文艺出版社是以出版文学艺术类图书为主的专业出版社，主要出版现当代文学艺术等作品。在已出版的600余种图书中，长篇小说《黄河东流去》《穆斯林的葬礼》等也荣获茅盾文学奖。对于注重出版社的读者来说，选择比较有名且具有相关专业的出版社出版的作品，更能凸显作品的价值所在。《平凡的世界》被称为路遥的"生命之作"，路遥通过大量的背景调查并结合自身生活经历写成了这部百万字的巨作，读者在阅读本书之前，也许接触过路遥其他的文学作品，进而产生阅读这部作品的兴趣，这正是作者原本拥有的声誉和"人气"带来的影响。北京十月文艺出版社出版的《平凡的世界》这套书继承了出版社和作者先前积累的关注点，因而成为一部经典长销书。

3. 多重IP开发，反哺图书销量

（1）电视剧上映。《平凡的世界》共翻拍过两个版本的电视剧。第一部拍摄于1990年，由潘欣欣导演。第二部拍摄于2015年，由毛卫宁导演。由于本篇主要分析2013年新版本的销量,这里主要说明新版电视剧的IP开发。新版电视剧选择佟丽娅、袁弘、李小萌等知名度较高的演员分别饰演小说中重要人物进行影视明星"圈粉"的营销策略,将这部伟大的著作搬上荧幕。2015年这部电视剧开播后,同样促进了图书销量的增长。

(2)话剧改编。2017年10月18日,陕西人民艺术剧院推出《平凡的世界》话剧剧目。由中国戏剧家协会副主席、著名剧作家孟冰执笔。孟冰在尊重原著的基础上,最大限度地保留了小说中的主要人物和情节线索,用文学名著舞台化的方法保留住经典,同时让舞台对小说的精神重新梳理,通过不一样的呈现方式,引发人们对现实生活的深刻思考,让这部作品在30年后的今天依然焕发活力。

(3)音频和电子书的推出。如今碎片化阅读的时代里,我们拥有不同的阅读方式,电子书为我们提供了便利,听书App也为我们补充精神食粮提供了重要的平台支撑。多种形式的IP开发,也带动了这部著作的销量。

4. 名人和主流媒体推荐,读者相互分享

(1)名人推荐。许多名人都推荐过《平凡的世界》,如当当网宣传语为"新晋男神朱一龙推荐阅读",清华大学校长邱勇也推荐清华学子"希望你们在来到清华园之前,利用假期认真阅读这本书",甚至马云也说"对我影响最大的人是路遥。是路遥的作品改变了我,让我意识到不放弃总有机会,否则我现在还在蹬三轮车呢"。学界名人陈忠实曾这样评价:"路遥获得了这个世界里数以亿计的普通人的尊敬和崇拜,他沟通了这个世界的人们和地球人类的情感。"贾平凹甚至将路遥比作"夸父",认为路遥的文学就像火一样燃出灿烂的火焰……能

获得如此多的名人推荐，不得不说这部作品之所以畅销至今，是有其自身的社会影响和价值的。

（2）主流媒体的推荐。《平凡的世界》被教育部列为新课标八年级必读课外书，还曾被中央电视台推荐为青年必读书目。经过教育机构的认可，从而形成了广大而持久的市场。

（3）读者相互分享。通过知乎、豆瓣上的书评分析可以看出，很多人读这部书是通过老师、朋友、父母推荐，同时他们也愿意将其推荐给自己的朋友、同学，想必这也是此书销量增长的原因之一。

通过名人和主流媒体的推荐，能快速提高书籍的影响力并通过粉丝效应带动图书的销量，且教育部指定该书为课外读物也为该图书保持了长久的市场。读者之间相互推荐，扩大了图书的社会影响，进而提高了图书的畅销数量。

四、精彩阅读

开门的是个男青年。

少平一惊：这张脸太像晓霞了！

不过，他很快明白，这是晓霞她哥田晓晨。

"你是少平吧？"晓晨在客厅里问他。

他点了点头。

"我父亲在里边等你。"晓晨指了指敞着门的卧室，便垂头不再言语了。

孙少平通过客厅，向里间那个门走去。

案例七:《平凡的世界》

他在门口立住了。

首先映入眼帘的是小桌上那个带黑边的像框。晓霞头稍稍歪着,烂漫的笑容像春天的鲜花和夏日里明媚的太阳。那双美丽的眼睛欣喜地直望着他,似乎说:亲爱的人!你终于来了……

像框上挽结着一绺黑纱。旁边的玻璃瓶内插几朵白色的玫瑰。一位老人罗着腰坐在沙发上,似乎像失去知觉一般没有任何反应。这是晓霞的父亲。

孙少平无声走到小桌前,双膝跪在地板上。他望着那张亲爱的笑脸,泪水汹涌地冲出了眼眶。

他扑倒在地板上,抱住桌腿,失声地痛哭起来。过去,现在,未来,生命中的全部痛苦都凝聚在了这一瞬间。人生最宝贵的一切就这样早早地结束了吗?

只有不尽的泪水祭典那永不再复归的青春之恋……当孙少平的哭声变为呜咽时,田福军从沙发上站起来,静静地立了一会,说:"我从晓霞的日记中知道了你,因此给你发了那封电报……"

他走过来,在他头发上抚摸了一下,然后搂着他的肩头,引他到旁边的沙发里坐下。他自己则走过去立在窗户前,背着他,望着窗外飘落的朦朦细雨,声音哽咽地说:"她是个好孩子……我们都无法相信,她那样充满活力的生命却在这个世界上消失了。她用自己的死换取了另一个更年幼的生命。我们都应该为她骄傲,也应该感到欣慰……"他说着,猛然转过身来,两眼含满泪水,"不过,孩子,我自己更为欣慰的是,在她活着的时候,你曾给过她爱情的满足。我从她的日记里知道了这一点。是的,没有什么比这更能安慰我的痛苦了。孩子,我深深地感激你!"

孙少平站起来,肃立在田福军面前。田福军用手帕抹去脸上的泪水,然后

· 105 ·

从桌子抽斗里拿出三个笔记本，交到少平手里，说："她留给我们的主要纪念就是十几本日记。这三本是记述你们之间感情的，就由你去保存。读她的日记，会感到她还和我们生活在一起。"

孙少平接过这三本彩色塑料皮日记本，随手打开了一本，那熟悉的、像男孩子一样刚健的字便跳入了眼帘——酷暑已至，常去旁边的冶金学院游泳，晒得快成了黑炭头。时时想念我那"掏炭的男人"。这想念像甘甜的美酒一样令人沉醉。爱情对我虽是"初见端倪"，但已使我一洗尘泥，飘飘欲仙了。我放纵我的天性，相信爱情能给予人创造的力量。我为我的"掏炭丈夫"感到骄傲。是的，真正的爱情不应该是利己的，而应该是利他的，是心甘情愿地与爱人一起奋斗并不断地自我更新的过程；是溶合在一起——完全溶合在一起的共同斗争！你有没有决心为他（她）而付出自己的最大牺牲，这是衡量是不是真正爱情的标准，否则就是被自己的感情所欺骗……孙少平的视线被泪水模糊了。他合住日记本，似乎那些话不是他看见的，而是她俯在他耳边亲口说给他听的……当田福军搂着他的肩头来到客厅的时候，晓晨旁边又多了一位穿素淡衣服的姑娘——她不是晓晨的妻子抑或就是他的未婚妻。他们要带他去吃饭。

但少平谢绝了。他说他已经吃过饭，现在就回他住宿的地方去。田福军让晓晨到值班室叫了一辆小车，把他送到了火车站附近的那个旅馆。

孙少平回到旅馆后，立刻又决定他当晚搬到黄原办事处住。他明天要赶回黄原——办事处每天有发往那里的班车。

他明天一定要赶回黄原！因为后天，就是晓霞和他约定在古塔山后面相会的日子。她已经离开了人世，但他还要和她如期地在那地方相会！

……

在离开这里的一天，他就设想了再一次返回这里的那一天。只不过，他做梦也想不到，他是带着如此伤痛的心情而重返这个城市的——应该是两个人同时返回；现在，却是他孤身一人回来了……

孙少平一直在桥上呆到东关的人散尽以后，大街上冷冷清清，一片寂静，像干涸了的河流。干涸了，爱情的河流……不，爱的海洋永不枯竭！听，大海在远方是怎样地澎湃喧吼！她就在大海之中。海会死吗？海不死，她就不死！海的女儿永远的鱼美人光洁如玉的肌肤带着亮闪闪的水珠在遥远的地方忧伤地凝望海洋陆地日月星辰和他的痛苦……哦，我的亲人！

夜已经深了……

不知是哪一根神经引进他回到了住宿的地方。

城市在熟睡，他醒着，眼前不断闪现的永远是那张霞光般灿烂的笑脸。

城市在睡梦中醒了，他进入了睡梦，睡梦中闪现的仍然是那张灿烂的笑脸……笑脸……倏忽间成为一面灿烂的镜面。镜面中映出了他的笑脸，映出了她的笑脸，两张笑脸紧贴在一起，亲吻……

他醒了。阳光从玻璃窗户射进来，映照着他腮边两串晶莹的泪珠。他重新把脸深深地埋进被子，无声地啜泣了许久。梦醒了，在他面前的仍然是残酷无情的事实。

中午十二点刚过，他就走出旅社，从东关大桥拐到小南河那里，开始向古塔山走去——走向那个神圣的地方。

对孙少平来说此行是在进行一次人生最为庄严的仪式。

他沿着弯曲的山路向上攀登。从山下到山上的这段路并不长。过去，他和晓霞常常用不了半个钟头，就立在古塔下面肩并肩眺望脚下的黄原城了。但现在这条路又是如此漫长，似乎那个目的地一直深埋在白云深处而不可企及。

实际中的距离当然没有改变。他很快就到了半山腰的一座亭子间。以前没有这亭子，是这两年才修起的吧？他慢慢发现，山的另外几处还有一些亭子。他这才想起山下立着"古塔山公园"的牌子。这里已经是公园了；而那时还是一片荒野，揽工汉夏天可以赤膊裸体睡在这山上——他就睡过好些夜晚。

他看了看手表，离一点四十五分还有一个小时；而他知道，再用不了二十分钟，就能走到那棵伤心树下。

他要按她说的，准时走到那地方。是的，准时。他于是在亭子间的一块圆石上坐下来。

黄原城一览无余。他的目光依次从东到西，又从北往南眺望着这座城市。这里那里，到处都有他留下的踪迹。

……

这是那片杏树林。树上没有花朵，也没有果实；只有稠密的绿色叶片网成了一个静谧的世界。绿荫深处，少男少女们依偎在一起，发出鸟儿般的喁喁之声。

他开始在路边和荒地里采集野花。

他捧着一束花朵，穿过了杏树林的小路。

心脏开始狂跳起来——上了那个小土梁，就能看见那个小山湾了！

在这一瞬间，他甚至忘记了痛苦，无比的激动使他浑身颤栗不已。他似乎觉得，亲爱的晓霞正在那地方等着他。是啊！不是尤里·纳吉宾式的结局，而应该是欧·亨利式的结局！

案例七：《平凡的世界》

他满头大汗，浑身大汗，眼里噙着泪水，手里举着那束野花，心衰力竭地爬上了那个小土梁。

他在小土梁上呆住了。泪水静静地在脸颊上滑落下来。

小山湾绿草如茵。草丛间点缀着碎金似的小黄花。雪白的蝴蝶在花间草丛安详地翩翩飞舞。那棵杜梨树依然绿荫如伞，没有成熟的青果在树叶间闪着翡翠般的光泽。山后，松涛发出一阵阵深沉的吼喊……他听见远方海在呼啸。在那巨大的呼啸声中，他听见了一串银铃似的笑声。笑声在远去，在消失……朦胧的泪眼中，只有金色的阳光照耀着这个永恒的、静悄悄的小山湾。

他来到杜梨树下，把那束野花放在他们当年坐过的地方，此刻，表上的指针正指向两年前的那个时刻：一点四十五分。

指针没有在那一时刻停留。时间继续走向前去，永远也不再返回到它经过的地方了……孙少平在杜梨树下停立了片刻，便悄然地走下了古塔山。

（选自《平凡的世界第 1078~1084 页》）

后　记

也许人生仅有那么一两个辉煌的瞬间——甚至一生都可能在平淡无奇中度过……不过，细想过来，每个人的生活同样也是一个世界。即使最平凡的人，也得要为他那个世界的存在而战斗。

（选自《平凡的世界》）

五、相关研究推荐

[1] 常智奇．在苦难意识中展示人的内在性——侧评《平凡的世界》的艺术追求．[J]．当代作家评论，1989（5）：14-19.

[2] 周承华．在现代理性和传统情感之间——论《平凡的世界》的审美特征[J]．小说评论，1994（1）：36-40.

[3] 黄平．从"劳动"到"奋斗"——"励志型"读法、改革文学与《平凡的世界》[J]．文艺争鸣（史论版），2010（3）：48-55.

[4] 邵燕君．《平凡的世界》不平凡——"现实主义常销书"生产模式分析[J]．小说评论，2013（1）：58-65.

[5] 张莹．"交叉地带"的人物——《平凡的世界》人物论[D]．上海：华东师范大学，2017.

[6] 路遥．《平凡的世界》（全三册）[M]．北京：北京十月文艺出版社，2017.

案例八：《鬼吹灯》系列

孙铭远

一、图书的基本信息

（一）图书的基本介绍

书名：《鬼吹灯》
《精绝古城》
《龙岭迷窟》
《云南虫谷》
《昆仑神宫》
《黄皮子坟》
《南海归墟》
《怒晴湘西》
《巫峡棺山》

作者：天下霸唱

开本：16开

字数：2000千字

定价：197.10元

出版社：青岛出版社

出版时间：2016年1月1日

（二）作者简介

天下霸唱，向上影业CCO（首席内容官）、股东。本名张牧野，天津人，其代表作《鬼吹灯》系列小说风靡一时，从而引起"盗墓"小说畅销盛行。美国《时代周刊》评论说：《鬼吹灯》丰富饱满的想象力，成为它最让人刮目相看的地方。

2007年，天下霸唱以280万元版税获第二届中国作家富豪榜第十九名；2010年，又以420万元版税荣登第五届中国作家富豪榜第十名；2016年1月27日，向上影业战略发布会在京举行，肖飞现场宣布天下霸唱担任向上影业的首席内容运营官，同时倾力打造"天下霸唱+"模式；2015年6月18日宣布打造继《鬼吹灯》之后又一部震惊中外的原创悬疑探险小说《死亡循环》，天下霸唱担任剧本顾问，徐峥担任监制；2015年10月30日宣布向上影业与爱奇艺联合出品的《鬼吹灯之牧野诡事》，由天下霸唱和黄晓明联合监制；2016年3月29日肖飞宣布软科幻电影《零下37度》组建中韩梦幻团队。

天下霸唱担任首席内容官之后，还将对向上影业陆续启动的IP《鬼吹灯之牧野诡事》番外篇、《崔老道捉妖》《八极拳宗师》《凶冥十杀阵》《我的邻居是妖怪》《守魂符》《灵异游戏》等进行内容上的把控，制作内容精良的佳作。2017年2月，天下霸唱在第二届"网文之王"评选中位列"百强大神"。

二、畅销盛况

《鬼吹灯》是中国作家天下霸唱的代表作。2006年3月，作者天下霸唱在网上发表《鬼吹灯》。2006年4月，起点中文、新浪读书开始大力推广，作品人气攀升。2006年7月，北京某报整版报道并采访作者天下霸唱。2006年9月，新浪网读书频道推出"网友聊《鬼吹灯》"节目。2006年12月，《鬼吹灯》荣登新浪读书风云榜，盗墓小说异军突起。截至今日，鬼吹灯再版重印的数量已有3000多万册，创造了畅销书销量的一个里程碑式的记录。湖南文艺出版社出版的《鬼吹灯》，已经售出2万余套。

三、畅销分析

（一）内容吸引眼球

1. 未曾接触的场景引起巨大的好奇

《鬼吹灯》为读者呈现了一个神秘的、全新的、未知的地下世界，精绝古城、献王墓、昆仑神宫、黄皮子坟……极大地勾起了读者的阅读欲望。而且，作者天下霸唱创造了盗墓探险类小说的行业标准，创造了大量盗墓用语和行内暗语。小说中设定了盗墓四大派系——摸金、发丘、搬山、卸岭，以及"鸡鸣不摸金""灯亮开棺摸金、灯灭则速退"等种种可以营造氛围、凸显盗墓紧张气氛的规则。《鬼吹灯》通过神秘的另类世界、意想不到的民间传说、古老传承的特殊职业和不经意之间的复古语言等元素来顺应这一复古风潮，成功地吸引了众多读者。

2. 人物刻画更加精细

《鬼吹灯》的人物性格、外貌刻画更贴合实际，小说情节的发展要靠人物的活动、语言还有肢体动作来带动，主要人物是《鬼吹灯》的灵魂所在。《鬼吹灯》中的主要人物为"金三角"的第一男主胡八一（胡司令），王胖子王凯旋（王司令）和第一女主Shirley杨（杨参谋长）。他们的关系是平等的，没有强弱之分，在充满磨难和危险的远古墓区中每个人将自己的特点和顽强发挥到了极致。胡八一作为了解"寻龙点穴发丘摸金"的领导人物，负责稳定"军心"，进行常规的理性思维推导；王胖子是团队中的"开心果"和战士，负责在紧张压抑的环境中调节气氛和冲锋陷阵，并且总能想出出其不意的点子帮助胡八一，常在极端情况下给他启发；Shirley杨的分析力和记忆力突出，为团队出谋划策。每个人都能独当一面。从胡司令、王司令、杨参谋长的称呼可以知道他们是一个团队，其实也是朋友间的一种调侃。他们彼此坦诚相待，从不欺瞒。而在《盗墓笔记》中主要人物的设定则不太明显，可以算得上主要人物的有吴邪、吴三省（吴邪的三叔）、闷油瓶（张起灵）、胖子。在一些故事章节中其他人物喧宾夺主假借替吴邪解开谜团，实际各自有各自的想法，取代了文本意义上的第一男主——吴邪，这就造成了小说整体的逻辑性降低和情节质量的降低。

3. 逻辑思维更加缜密

从文学角度来看，《鬼吹灯》的语言更为细腻并且符合理性逻辑思维，贴合时代特征。在《鬼吹灯》的故事大背景下语言风格体现出极强的时代感，主要体现在人物的对话上。《鬼吹灯》的作者也曾表示自己文笔不够，所以就在人物的对话上多下功夫，不喜欢过多描写风景之类。在小说中胡八一说："摸金校尉这行当是不太好，但是毛主席教导我们说，任何事物都有它的两面性，好事可以变坏事，坏事也可以变好事，这就叫辩证唯物主义。""我亲爱的康斯坦丁彼得洛维奇同志，今天是布尔什维克们的节日，快去把党代表请来，只要他一到，尼古拉的大门就可以为咱们无产阶级打开了！"胖子说："我应该说看见英子穿军装拿枪的小造型，就能联想到毛泽东的那首诗来——'飒爽英姿五尺枪，曙光初照演兵场。中华儿女多奇志，不爱红妆爱武装。'""伟大的头脑总是不谋而合。"胡八一和胖子口不离毛泽东语录，使小说真实感大大增强，符合1949年后人们的语言特征，这样就使得社会背景与人物紧密结合，利用语言的力量把人带回了20世纪50年代初期，让读者找到了当时的时代氛围，增强了读者的代入感，使得虚构类小说不再是凭空编造，变得更加真实。这是本作品非常重要的成功之处。

（二）填补了细分市场的空白

这类小说的出现迎合了经济发展下的市场需求。盗墓在我国具有悠久的历史及神秘色彩，墓中发生的奇闻异事也时常成为人们茶余饭后的谈资。而且，因为盗墓在古代是重罪，所以很少有真正的盗墓者将自身经历记录下来，所以此类作品就比较稀有。

此外，这类小说满足了广大读者的需求。读者身处繁忙的城市中，每天面对着千篇一律的工作生活会感到烦躁和无聊。盗墓类小说的出现极大地刺激了读者的神经，可以使读者更专注于文本中自我情感的释放，暂时抛却俗世的烦恼。同时，盗墓文学的特点是将真实与虚幻相结合，牢牢地抓住了读者情绪的弱点并不断放大。与此同时，大部分受众的共同特点就是爱联想，该特点的存在使得小说更具生动性。从深层次上讲，能够让读者自我审视，使读者、作者以及作品联系在一起，产生共鸣。甚至读者也参与到了虚构世界的故事中，通过想象的方式，从中获得乐趣。

（三）《鬼吹灯》的IP成功爆发反哺图书畅销，形成长尾效应

《鬼吹灯》已经创下千万级别的销售量。自被推广后连续10周登顶榜首，成为当时最火的连载小说。2007年6月，《鬼吹灯》第一部《精绝古城》漫画杀青。2007年7月，《鬼吹灯》第二部《黄皮子坟》出版，电影改编也尘埃落定，杜琪峰出任监制。2012年8月，《鬼吹灯》被传抄袭，作者在新浪博客发表声明。2015年9月，根据小说《鬼吹灯之精绝古城》改编的电影《九层妖塔》上映。2015年11月，全新修订版的天下霸唱原著小说《鬼吹灯》八部全集由湖南文艺出版社推出。2015年12月，由天下霸唱担任编剧、乌尔善执导的现实奇幻巨制《鬼吹灯之寻龙诀》公映。后经重新策划内容并且精心拍摄，

成功制作了一部以古墓探险为主题的网络剧并取得成功。该剧一经播出就好评如潮，在豆瓣的评分是 8.1 分，在腾讯平台更是得到了 9.6 的罕见高分，微博主话题"鬼吹灯之精绝古城"等及相关话题覆盖面极大。截至 2017 年 7 月 31 日，该剧已经收获了 43.6 亿的播放量。IP 运营的精细化和成功推送，使得受众对该系列故事的细节和内容更加感兴趣，直接将原版图书重新推回大众视野内，这不仅可以刺激《鬼吹灯》的狂热爱好者继续研读，同时也激起了影视剧观众的强烈好奇心，增加了图书的销量。

四、精彩阅读

"鹧鸪哨"对这只野猫恨得牙根儿都痒痒，但是这时候伸手取"定尸丹"已经晚了，"鹧鸪哨"情急之下，只好故计重施，以天下第一的口技学了两声老鼠叫，那只花纹斑斓的大野猫果然再次中计，稍稍一愣神，瞪着一双大猫眼盯着"鹧鸪哨"，只是没搞明白对面这只大老鼠怎么与平常的老鼠长得不一样，所以没有立即扑上来。

"鹧鸪哨"趁着野猫一怔的时机，用手抄起地上的定尸丸，顺手塞进南宋女尸口中，跟着飞出一脚，把大野猫像个皮球一样，踢了出去，"鹧鸪哨"这一脚何等凌厉，加之无声无息，那野猫猝不及防，只把它踢得一头撞在墓室墙上，骨断筋折，脑袋碎成了数瓣，哼都没哼一声便一命呜呼了。

"鹧鸪哨"踢死了大野猫，心中暗道："非是要取你性命，只是你这馋猫一而再，再而三地坏我大事，留你不得，你成佛吧。"（成佛，道门的人称"死亡"

为成佛，是升天的意思，并不是庙里的那种佛，有解脱之意。）

"鹧鸪哨"有掐心思点儿的功夫（掐心思点儿：能够掌握极精确的生物钟。掐：算。点儿：钟点），凭直觉这么一算，附近村落的大公鸡，不出半支纸烟的时间，就会啼鸣报晓，再也等不得了，当下一扯捆尸索，把南宋女尸拽起，南宋女尸罩在最外边的敛服，已经完全解开，只剩下两只衣袖，女尸身穿九套敛服，衣服套得非常紧，但是只要顺着敛服及身体的走势，使用的手法得当，用不了费太大力气便可全扒下来。

鹧鸪哨扶正南宋女尸的尸体，准备把她的尸身转过去，这样不用抬死尸的胳膊，只要从南宋女尸背后顺势一扯，那就算完活了。

然而还没等鹧鸪哨把南宋女尸转过去，就觉得一阵阵腥风浮动，钻进墓室的其余野猫都听到了刚才老鼠的叫声，而且那老鼠叫是从鹧鸪哨身上发出来的，野猫们都饿得久了，此刻听到老鼠叫声，便纷纷蹿向鹧鸪哨，要在他身上找找老鼠在哪。

十几只大小野猫同时扑了上来，便是有三头六臂也不可能把它们同时解决，鹧鸪哨心中一片冰凉："罢了，看来天意如此，老天不容我学这套摸金校尉的分金定穴秘术。"

但是这气馁的念头，在心中一闪即逝，野猫们来得快，鹧鸪哨的口技更快，鹧鸪哨学着野猫的叫声："喵——嗷——喵——嗷——"

野猫们哪想得到鹧鸪哨有这种本事，本来在他身上有老鼠叫，这会儿又有野猫的叫声，一时搞不清状况，野猫本就生性多疑，一时都停住不前，瞪着猫眼盯住鹧鸪哨。

野猫们的眼睛在漆黑的墓室中如同数十盏明亮的小灯，散发出充满野性而又诡诈的光芒，鹧鸪哨不管野猫们怎么打算，立刻把南宋女尸的尸身转了过去，用捆尸索定住女尸，扯它尸身上的敛服。

几乎在这同时，饥饿的野猫们也打定了主意，好像是事先商量好了一样，不管是老鼠还是死人，都是可以吃的东西，这回不管再有什么声音，也要先咬上一口再说，一只只野猫都像是离弦的快箭，骤然扑至。

"鹧鸪哨"也知道，这个诡异漫长的夜晚，现在已经到了最后的时刻了，最后能不能成功，就要看这最后几秒钟的短暂时间，在这短短的一瞬间，必须同时做到，第一，不能让野猫们碰到南宋女尸，激起尸变，第二，也不能让任何一只野猫碰熄了墓室中的蜡烛，第三要赶在金鸡报晓前扒下南宋女尸的敛服，绝不能打破鸡鸣吹灯不摸金的规矩。

"鹧鸪哨"向后退了一步，踏住脚下的瓦当，用脚把瓦当踢向扑在最前边的野猫，激射而出的瓦当刚好打在那只黑色野猫的鼻梁上，野猫"嗷"的一声惨叫，滚在一边。

这时"鹧鸪哨"也抱着南宋女尸倒地，避过了从半空扑过来的两只野猫，顺手抓起地上的蜡烛，右手擎着蜡烛，用蜡烛的火苗烧断自己胸前的"捆尸索"，左手抓住南宋女尸敛服的后襟，"鹧鸪哨"和南宋女尸都是倒在地上的，此时抬脚把背对着自己的南宋女尸向前一脚蹬出，将女尸身上的敛服扯了下来，这一下动作幅度稍稍大了些，"鹧鸪哨"一手抓着敛服，一手举着的蜡烛也已熄灭，远处的金鸡报晓声同时随着风传进盗洞之中，猫吃死人是很罕见的情形，而这墓室中十数只疯了一般的野猫，同时扑到南宋女尸身上乱咬……

（选自《鬼吹灯》第八十二章　鸡鸣灯灭）

五、相关研究推荐

[1] 张远. 论盗墓类网络小说的电影改编——以《鬼吹灯》《盗墓笔记》为例 [J]. 电影文学，2019（11）：144-147.

[2] 贾宽涛. 网络盗墓小说中的"他者历史"文学书写研究 [D]. 昆明：云南师范大学，2018.

[3] 夏昕. 网络 IP 剧《鬼吹灯之精绝古城》的创新扩散研究 [D]. 成都：四川师范大学，2018.

案例九:《夏洛的网》

程光丰

一、图书基本信息

(一) 图书介绍

书名:《夏洛的网》
作者:[美] E. B. 怀特
译者:任溶溶
开本:32 开
字数:109 千字
定价:26.00 元
出版社:上海译文出版社
出版时间:2014 年 8 月

(二)作者简介

E.B. 怀特（1899—1985），全名埃尔温·布鲁克斯·怀特，是美国当代著名的散文家、评论家、作家。怀特1899年出生于纽约蒙特弗农，1921年毕业于康奈尔大学。1925年怀特在《纽约客》上发表第一篇文章，并在1927年成为该杂志的编辑，从此作为《纽约客》的主要撰稿人奠定了影响深远的"《纽约客》文风"。1938年怀特搬家至缅因州北布鲁克林的农场，以自由作家的身份继续从事写作。1985年因病去世。

怀特在散文、随笔和儿童文学等创作领域著作颇丰，如《这就是纽约》《重游缅湖》《人各有异》等。其中，《精灵鼠小弟》《夏洛的网》和《吹小号的天鹅》三部堪称经典级的儿童文学作品。

基于文学创作上的突出成就，怀特曾获得诸多殊荣：1953年获得纽伯瑞奖，1971年获得美国国家文学奖章，1978年获得普利策特别荣誉奖。此外，被美国7所大学及学院授予名誉学位，被选为美国文学艺术学院50名永久院士之一，被美国白宫网站列为美国儿童文学作家"梦之队"三位成员之一。

二、畅销盛况

《夏洛的网》1952年由哈珀·柯林斯出版社首次出版，迄今已畅销世界近70余年，总发行量超过5000万本，拥有20多种语言的译本。

作为怀特的代表作之一，《夏洛的网》在1953年获得纽伯瑞奖银奖；在1976年美国《出版人周刊》的读者调查中，位居"美国十佳儿童文学名著"中的首位；在亚马逊网上书店，该书获得了读者们五颗星的终极评价。此外，2014年8月上海译文出版社出版、任溶溶翻译的《夏洛的网》，在2015年入围"亚马逊推荐人生必读100本书"名单；在"2018书业年度评选"活动中获得"年度畅销书"的奖项。从这些国内外的荣誉和评价，可见其受欢迎的程度。

从中文译本来看，我国现已公开出版的《夏洛的网》有多种版本，其中上海译文出版社出版、任溶溶翻译的版本，深受读者喜爱，而且多次重印再版。

以2014年8月上海译文出版社出版、任溶溶翻译的《夏洛的网》为样本，截至2019年8月，据当当网数据显示，《夏洛的网》迄今已销售66万本以上；图书畅销总榜方面，2015—2018年度连续入围且年度上榜最好名次为第27名，2019年1—8月也连续在榜且月度上榜最好名次为第8名；图书畅销榜童书类方面，2015—2018年度连续入围且年度上榜最好名次为第5名，2019年1—8月也连续在榜且月度上榜最好名次为第5名。

据京东数据显示，《夏洛的网》迄今已销售28万本以上；图书畅销总榜方面，2017—2018年度连续入围且年度上榜最好名次为第10名，2019年1—8月也连续在榜且月度上榜最好名次为第7名；图书畅销榜童书类方面，2017—2018年度连续入围且年度上榜最好名次为第1名，2019年1—8月也连续在榜且月度上榜最好名次为第4名。

据开卷数据显示，《夏洛的网》在2019年8月份零售渠道畅销书排行榜TOP30中位居少儿类第2名，连续在榜3次，累计上榜52次，上榜最好名次为第1名；在2019年7月份网店畅销书排行榜TOP30中位居少儿类第2名，连续在榜2次，累计上榜21次，上榜最好名次为第1名；在2019年第35周实体书店畅销书榜单中位居少儿类第5名。

三、畅销攻略

（一）目标读者对引进版经典儿童读物、畅销书的青睐和认可

以《夏洛的网》为代表的引进版经典儿童读物之所以能在中国畅销，主要是因为在品种码洋等数量维度、主题内容等质量维度上有所优势的引进版经典儿童读物，得到了儿童及其家长等目标读者的青睐和认可。

具体来讲，一方面，改革开放以来，随着社会经济水平的不断提高、对外文化交流的不断国际化，以及"计划生育""义务教育""二胎"等相关政策的推动，包括家长在内的目标读者群体越来越重视儿童教育，除了在物质层面加大对孩子们的教育投资之外，也在意识层面鼓励孩子们学习多元化的内容知识，如阅读原汁原味的、具有外国文化元素的经典儿童读物、畅销书，以拓展思维与视野。

另一方面，与儿童及其家长等目标读者愿意接受多元化教育这一现状相呼应的是，在国际化的对外文化交流过程中，越来越多的引进版经典儿童读物、畅销书涌现在国内图书出版市场。据开卷数据报告显示，2014年以来，外国作家图书在整体图书零售市场中所占的品种比重持续上升，其中少儿类是外国作家图书码洋和品种占比最高的类别。与虚构类、非虚构类相比，少儿类榜单中外国作家作品数量更多，如《夏洛的网》等经典儿童读物。与此同时，作为儿童教育理念比较先进的引进版儿童读物、畅销书也在质量维度上具有自身的特色，如内容贴合儿童价值观、选题新颖独特、装帧设计精良等。

上述这些在数量、质量维度上的优势或特色，使得儿童及其家长等目标读者在面对本土原创儿童读物、畅销书市场空间较为狭小、原创出版动力不足、质量参差不齐等劣势时，较多地选择、青睐和购买引进版经典儿童读物、畅销书。

（二）多元化的主题思想、娴熟的写作风格和精湛的叙事技巧

《夏洛的网》之所以畅销，主要得益于作品本身多元化的主题内容，以及作者娴熟的写作风格和精湛的叙事技巧。

一方面，《夏洛的网》出版至今，不仅深受儿童的欢迎，而且也吸引了成人的阅读兴趣，究其原因在于作品所呈现出的多元化的主题思想。故事讲述了小猪威尔伯和蜘蛛夏洛之间最真挚的友谊。在威尔伯似乎只能接受任人宰割的命运之际，看似渺小的夏洛承诺拯救威尔伯，并用自己的丝在猪栏上织出了被人类视为奇迹的网络文字，并彻底逆转了威尔伯的命运，终于让它在集市的大赛中赢得了特别奖项和一个安享天年的未来。但这时，蜘蛛夏洛的命运却走到了尽头……

在这个充满童趣又浅显易懂的故事背后，怀特向人们表达了爱、友谊、承诺、奇迹、价值观和生命教育观等多元化的主题思想，如小女孩弗恩对小猪威尔伯的爱、蜘蛛夏洛与小猪威尔伯之间的友谊和承诺，以及蜘蛛夏洛身上体现出的价值观和小猪威尔伯身上体现出的生命教育观，等等。正如《纽约时报》书评所称赞的："这是一本关于友谊的书，更是一本关于爱和保护，冒险与奇迹，生

命与死亡,信任与背叛,快乐与痛苦的书。它几乎是一本完美的、不可思议的杰作。"

另一方面,《夏洛的网》之所以能长久地吸引读者的眼球,成为广为人知的经典儿童文学作品,也与作者娴熟的写作风格和精湛的叙事技巧密不可分。以"篇章简短有力,文风温雅幽默"的散文风格著称的作者,在《夏洛的网》的写作过程中,做到了语句结构简单、语言童趣幽默,而这既继承了其散文的写作风格,又符合儿童读者的阅读要求。同时,在微观的情节设置方面,作者巧设人物形象,灵活运用"暗示"与"反讽"等叙事手段,如选取天生有缺陷的"人物"威尔伯;而在宏观的叙事视角方面,将儿童视角和成人视角相结合、现实世界和幻想世界糅合,如故事在小女孩弗恩的视角和农场主朱克曼的视角中巧妙切换,在以人类为主的现实世界和以动物为主的幻想世界中穿梭自如。

(三)译者的匠心翻译及其名人效应

任溶溶译本之所以在多个中译本中最受欢迎且最畅销,一是因为任溶溶以其翻译经验和翻译技巧倾心倾力地完成了《夏洛的网》的译介工作,二是因为作为名人名家的任溶溶对《夏洛的网》的畅销也发挥了重要的作用。

在翻译《夏洛的网》之前,凭借过硬的文字功底和出色的语言天赋,任溶溶已经翻译了300多部外国经典作品,其中也包括怀特的其他两部儿童文学作品,也就是说,丰富的翻译经验能够让任溶溶适应怀特儿童文学作品的翻译语境。同时,在翻译《夏洛的网》的过程中,任溶溶在忠于作者思想、原著主题的前提下,以儿童的视角描述故事内容,以使用叠词、拟声词、短句和口语化语言等翻译技巧，同时考虑不同文化环境间的跨度转换，成功地将《夏洛的网》原汁原味译介出来，最终使翻译作品吸引了读者的眼球、激发了读者的购买欲。

此外，除儿童文学翻译家的身份之外，任溶溶还是儿童文学作家，著有《没头脑和不高兴》《一个可大可小的人》《我成了个隐身人》等作品，并凭借在儿童文学翻译与创作上的突出成就，曾获陈伯吹儿童文学奖杰出贡献奖、宋庆龄儿童文学奖特殊贡献奖、国际安徒生翻译奖和中国翻译协会"翻译文化终身成就奖"等多项殊荣。这些身份和殊荣，让曾任上海译文出版社副总编辑、如今仍是该社名牌作家的任溶溶，具有强大的名人效应，并借此笼络了一大批读者群体，进而在《夏洛的网》的畅销中发挥了重要的作用。

（四）出版社全方位的宣传营销和强大的品牌效应

儿童文学畅销书的形成需要较长的时间和精心的运作，而对于《夏洛的网》的畅销，上海译文出版社的作用功不可没。

一方面，以翻译出版外国文学作品为主的上海译文出版社，在2004年引进《夏洛的网》版权并将其翻译出版之后，围绕《夏洛的网》作品本身及其作者和译者等方面，展开了全方位的图书宣传营销。

在作品宣传营销方面，举办图书发布会、名师名家宣讲会和"译文杯"世界名著双语朗诵比赛等线下营销活动；利用官方微博、官方公众号、官方电商微店等窗口和平台，在稳定的核心读者群体中精准营销，直接与终端读者和消费者对接；甚至在维护版权、打击盗版的过程中公开发表了《关于〈夏洛的网〉

的版权声明》，间接地保障了作品的销售量。在原著作者和译者宣传营销方面，主要是翻译、出版《夏洛的网》作者和其译者的其他图书作品，如《〈夏洛的网〉的故事：E.B.怀特传奇》《最美的决定：E.B.怀特书信集》，以及任溶溶翻译的《精灵鼠小弟》和《吹小号的天鹅》等，并凭借作品、作者、译者三者的关联效应，提高了作品的知名度，也扩大了作品的销售量。

另一方面，上海译文出版社凭借其市场定位精准、翻译质量上乘、装帧设计精良等优势，在时间和市场的检验下逐渐形成了自己的品牌特色，拥有了良好的读者口碑。而在儿童读者及其家长对名家、名作、名社的忠诚度和信任度高涨的背景下，出版社利用自身的品牌效应，创建了包括"夏洛书屋""译文经典"在内的图书品牌，延长了出版社的产品线，笼络了一大批读者群体，赢得了较大的图书消费市场。

（五）影视等改编作品对原著作品畅销的"反哺"作用

影视等改编作品与图书原著作品在很大程度上有着互补的关系，原著作品的畅销为改编作品提供了文本、人气等资源，而改编作品的成功演绎也拉动了原著作品的销售，这同样适用于《夏洛的网》。

《夏洛的网》自1952年出版以来，被改编成不同类型的作品，如1973年被导演查尔斯·尼科斯改编成音乐动画片，2006年被盖瑞·温尼克改编成真人动画版电影，以及被百老汇音乐剧著名导演Joe Barros改编成舞台剧等。

对于《夏洛的网》在国内的畅销而言，其中发挥作用较大的是电影版改编作品。电影在忠于原著的基础上，一方面保留了小说的叙事风格与故事框架，继承了原著的主题思想；另一方面也打破了小说的情节结构，给予这部作品第二次生命，在儿童与成人观影者中引起强烈的心灵触动。影片上映后赞誉如潮，充分证明了其改编的成功。正如《迈阿密先驱报》所评论道："《夏洛特的网》带给了我们经典童年记忆中鲜活的声画体验。"

此外，与影片相关的导演、演员、主题曲歌手等知名人士，如宣称从小便是原著作品忠实读者的导演盖瑞·温尼克，达科塔·凡宁、朱莉娅·罗伯茨、奥普拉·温弗瑞等主演和配音明星，以及演唱主题曲《平凡的奇迹》的歌手Sarah McLachlan 等，在不同程度上起着宣传原著作品的作用，进而间接地为原著作品的畅销赢得了广阔的读者消费市场。

四、精彩阅读

夏　洛

这一夜好像特别长。威尔伯肚子空空的，可是心满满的，都是心事。一个人肚子空空，心事重重，总是睡不好觉的。

这天夜里威尔伯醒来十几次，看着黑暗，听着响声，想要琢磨出这是什么时间了。一间谷仓是永远不可能十分安静的。连半夜里也总是有动静。

第一次醒来时，它听到坦普尔顿在粮仓里啃洞。坦普尔顿的牙齿很响地啃着木头，发出很大的叽嘎声。"那发疯的老鼠！"威尔伯在心里说，"为什么它一定要整夜醒着，叽嘎叽嘎磨它的牙齿、破坏人家的财产呢？为什么它不能像所有正正经经的动物那样睡觉呢？"

威尔伯第二次醒来，听见母鹅在窝里转来转去，自个儿在咯咯笑。

"这是什么时候了？"威尔伯悄悄地问它。

"大概——大概——大概是十一点了吧，"母鹅说，"你为什么不睡啊，威尔伯？"

"我心里想的东西太多了，"威尔伯说。

"唉，"母鹅说，"我倒不为这个烦。我心里什么东西也没有，可我屁股底下东西太多了。你试过蹲在八个蛋上面睡觉吗？"

"没有，"威尔伯回答，"我想那是很不舒服的。一个鹅蛋孵出来小鹅来要多少时间呢？"

"大家说，大概——大概——大概三十天，"母鹅答道，"不过我也玩点小把戏。下午天气暖和，我拉点麦草把蛋盖上，自己到外面去溜达一会儿。"

威尔伯打了几个哈欠，回头继续睡它的觉。在梦里，它又听到那声音说，"我要做你的朋友。睡觉吧——明天早晨你就看到我了。"

离天亮大约半个钟头，威尔伯醒来竖起耳朵听。谷仓还是黑黑的。羊躺着一动不动。连母鹅也没有声音。头顶上那层也没有一点儿动静：牛在休息，马在打盹。坦普尔顿已经不啃洞，有事上什么地方去了。唯一的声音是屋顶上轻轻的叽嘎声，风标在转来转去。威尔伯喜欢谷仓这个样子——安安静静，等着天亮。

"天就要亮了。"它心里说。

微光透进一扇小窗子。星星一颗接一颗消失。威尔伯已经能看到离它几英尺远的母鹅。它蹲在那里，头塞在翅膀底下。接着威尔伯又认出羊和小羊羔。天空亮起来了。

案例九:《夏洛的网》

"噢,美丽的白天,它终于来了!今天我将找到我的朋友。"

威尔伯到处看。它彻底搜索它的猪圈。它察看了窗台,抬头看天花板。可它没看到新的东西。最后它决定只好开口了。它不想用它的声音打破黎明时分这可爱的寂静,可它想不出别的办法来判断它那位神秘朋友在什么地方,哪儿也看不见他。于是威尔伯清清它的嗓子。

"请注意!"它用坚定的口气大声说,"昨天夜里临睡时对我说话的那位先生或者女士,能够好心地给我点什么指示或者信号,让我知道他或者她是谁吗?"

威尔伯停下来倾听。其他所有牲口都抬起头来看它。威尔伯脸都红了。可它拿定了主意,一定要和它这位不认识的朋友取得联系。

"请注意!"它又说,"我把我的话再说一遍。昨天夜里临睡时对我说话的那位,能够好心开开口吗?如果你是我的朋友,请告诉我你在什么地方!"

那些羊厌恶地你看看我我看看你。

"别乱叫了,威尔伯!"最老的那只羊说,"如果你在这里真的有个新朋友,你这样叫恐怕只会打搅他休息,大清早人家还在睡觉,你却把他吵醒,这最容易伤害感情,破坏友谊了。你怎么能肯定,你那位朋友是早起的呢?"

"我请大家原谅,"威尔伯低声说,"我无意让大家不高兴。"

它乖乖地在肥料堆上躺下来,面对着门。它不知道,其实它那位朋友就在附近。老羊说得对——这位朋友还在睡觉呢。

很快勒维就拿来泔脚给它当早饭吃。威尔伯冲出去,急急忙忙地吃了个精光,舔着食槽。羊群顺着小路走了,公鹅一摇一摆地跟在它们后面,啄着青草吃。接下来,正当威尔伯躺下要打它的早盹时,它又听见了头天夜里叫过它的细小声音。

· 131 ·

"敬礼！"那声音说。

威尔伯一下子跳起来。"敬——什么？"它叫道。

"敬礼！"那声音再说一遍。

"这话是什么意思，你在哪里？"威尔伯尖声大叫，"谢谢你，谢谢你告诉我，你在什么地方。什么是敬礼？"

"敬礼是句问候话，"那声音说，"我说'敬礼'，这只是我喜欢用这种方式来表示'你好'或者'你早'。说实在的，这种方式有点傻，我也奇怪我怎么会说惯了。至于我在什么地方，那很简单。你只要抬头朝门犄角这儿看看！我就在这上面。看，我在挥腿呢！"

威尔伯终于看到了那么好心好意地对它说话的东西。门口上端张着一个大蜘蛛网，从网顶头朝下吊着的是只灰色大蜘蛛。它有一颗橡皮糖大小，八条腿，它正在向威尔伯挥动其中一条腿，友好地打着招呼呢。"现在看见我啦？"它问道。

"噢，看见了，还用说，"威尔伯说，"看见了，一点不错，看见了！你好！你早！敬礼！很高兴看到你。请问你叫什么名字？我可以请问你的名字吗？"

"我的名字嘛，"那蜘蛛说，"叫夏洛。"

"夏洛什么？"威尔伯急着问。

"夏洛·阿·卡瓦蒂卡。不过叫我夏洛就行了。"

"我觉得你很美。"威尔伯说。

"这个嘛，我是美，"夏洛回答说，"这是没说的。几乎所有的蜘蛛都十分美。我还不及有一些蜘蛛耀眼，不过我会做到的。我真希望我看你能跟你看我那样清清楚楚，威尔伯。"

"你为什么不能呢？"小猪问道，"我就在这里。"

"没错,不过我近视眼,"夏洛回答说,"我一向近视得厉害。在某些方面这也很好,可在某些方面就不那么好。看我捆住这只苍蝇吧。"

一只苍蝇本来在威尔伯的食物槽上爬,这会儿飞起来,撞到夏洛那个网的底下部分,给黏性的蜘蛛丝缠住了。苍蝇拼命扑打翅膀,想要挣脱逃走。

"首先,"夏洛说,"我向它潜下去。"它头在前向苍蝇扑下去。它下来时,一根细丝从它后面吐出来。

"接下来,我把它捆住,"它抓住苍蝇,吐出几根丝捆住它,把它翻过来翻过去,捆得它动也不能动。威尔伯惊恐地看着。它简直不能相信它所看到的事,虽然它讨厌苍蝇,可为这一只感到难过。

"好了!"夏洛说,"现在我让它失去知觉,好叫它舒服些。"它咬了苍蝇一口。"它现在什么感觉也没有了,"它说,"它可以当我的美味早餐了。"

"你是说,你吃苍蝇?"威尔伯倒抽一口冷气。

"当然。苍蝇、甲虫、蚱蜢、精选的昆虫、飞蛾、蝴蝶、美味蟑螂、蚊蚋、摇蚊、大蚊、蜈蚣、蚊子、蟋蟀——一切太不小心给我的网捉住了的东西。我得活啊,对吗?"

"当然,当然,"威尔伯说,"它们味道好吗?"

"太美了。自然,我不是真的吃掉它们。我是喝它们——喝它们的血。我喜欢喝血。"夏洛说,它悦耳的细小声音更细了,更悦耳了。

"别这么说!"威尔伯呻吟道,"请别说这样的话!"

"为什么不说?这是真的,我得说实话。我对吃苍蝇和甲虫并不真正感到快活,可我天生就这样。蜘蛛总得想办法活下去啊,碰巧我是一个结网捉虫的。我只是生来就结网捉苍蝇和其他昆虫。在我之前,我妈妈结网捉虫。在它之前,

· 133 ·

它妈妈结网捉虫。我们一家都结网捉虫。再回过去几千几万年，我们蜘蛛一直埋伏着捉苍蝇和甲虫。"

"这真是一种悲惨的遗传，"威尔伯难过地说。它之所以这么难过是因为它这位新朋友那么喜欢喝血。

"不错，是这样，"夏洛同意说，"可我没办法。我不知道开天辟地以来，第一只蜘蛛是怎么会想出结网这个异想天开的主意的，可它做到了，它也真叫聪明。从此以后，我们所有的蜘蛛都得玩同样的把戏。总的说来，这不是个坏点子。"

"这很残忍。"威尔伯回答说，它不打算被说服而放弃自己的立场。

"这个嘛，你没有发言权，"夏洛说，"你是有人用桶子送东西给你吃。可没有人给我东西吃。我得自己谋生。我靠自己的本事过活。我得机智灵活，要不然就挨饿。我得自己想办法，能捉什么捉什么，来什么捉什么。我的朋友，碰巧来的都是苍蝇、昆虫和甲虫。再说，"夏洛抖着它的一条腿说道，"你知道吗，如果我不捉甲虫，不吃掉它们，甲虫就会增加，成倍成倍地增加，多得会破坏地球，把所有的东西一扫而光？"

"真的？"威尔伯说，"我不希望出这样的事。这么说，你的网也许还是个好东西。"

母鹅听到了它们这番对话，在那里咯咯暗笑："生活里有许多事威尔伯还不懂，"它想，"它的确是只非常有趣的小猪。它甚至不知道到了圣诞节有什么事要临头；它一点不知道，朱克曼先生和勒维正在阴谋杀掉它。"母鹅挺起点身子，把身子底下那些蛋拨开一点，好叫它们充分得到它暖和的身体和蓬松的羽毛的温暖。

夏洛静静地站在苍蝇上面，准备去吃它。威尔伯躺下来闭上眼睛。由于一夜没有睡好,又和陌生人第一次相识太兴奋了,它觉得十分疲倦。微风给它送来红花草的香气——它的围栏外面芬芳天地的香气。"好了,"它心里说,"我终于有一个新朋友了,错不了。可这友谊多么冒风险啊!夏洛凶狠、残忍、狡诈、嗜血——样样都不是我喜欢的。我怎么能学会喜欢它呢?哪怕它好看,当然,又聪明?"

找到一个新朋友,在喜悦之外,常常会同时有一些疑惑和恐惧,可威尔伯却只感受到了疑惑和恐惧。不过到时候它就会发现,它这是错看了夏洛。在夏洛凶猛残忍的外表下,有一颗善良的心,到头来,它会显示出自己是个多么忠实的朋友。

(选自《夏洛的网》第33~41页)

五、相关研究推荐

[1] E. B. 怀特. 夏洛的网 [M]. 任溶溶,译. 上海:上海译文出版社,2014.

[2] SCOTT E. E. B. White:A Biography [M]. New York:Norton,1984.

[3] 北京开卷. 2019 上半年外国作家作品在中国市场表现 [EB/OL]. [2019-08-21]. https://mp.weixin.qq.com/s/m2cC5Mx7leM0lh0TaO24Aw.

[4] 张文红,孙乐. 2018 年我国畅销书产业观察与分析 [J]. 出版广角,2019(4):11-15.

[5] 黄昱宁. "写得不坏"——关于怀特的札记(下)[J]. 书城,2007(1):91-97.

[6] 魏雷,邓景春. 从生态翻译学视角看任溶溶对怀特儿童文学的翻译[J]. 新余学院学报,2016,21(4):79-82.

[7] 姚敏. 如何在互联网时代打造精品图书[J]. 编辑学刊,2017(4):75-79.

[8] 谢峤. 由《夏洛的网》看英美儿童文学电影改编[J]. 电影文学,2015(21):88-90.

案例十:"那不勒斯四部曲"

孔繁宇

一、图书基本信息

(一)图书介绍

书名:"那不勒斯四部曲"
《我的天才女友》
《新名字的故事》
《离开的,留下的》
《失踪的孩子》
作者:埃莱娜·费兰特
开本:32开
字数:790千字
定价:225.00元

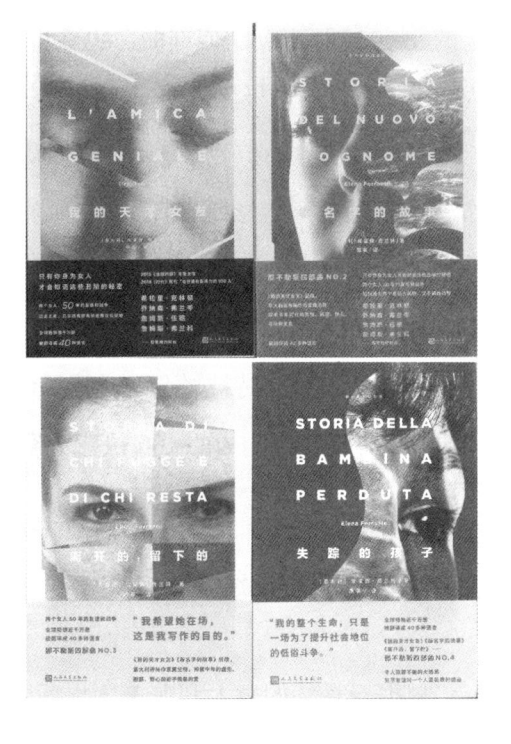

出版社：人民文学出版社

出版时间：2018 年 7 月

（二）作者简介

埃莱娜·费兰特，意大利小说家。从 1992 年出版第一部小说《困扰的爱》开始活跃至今，期间出版了《被抛弃的日子》《迷失的女儿》《夜晚的沙滩》等诸多作品。从 2011—2014 年，她相继出版了《我的天才女友》《新名字的故事》《离开的，留下的》以及《失踪的孩子》4 本小说，被称为"那不勒斯四部曲"，它们以史诗般的体例，讲述了两个在那不勒斯穷困社区出生的女孩持续半个世纪的友谊。"那不勒斯四部曲"也在世界范围内掀起了"费兰特热"，千万读者为书中对女性友谊极度真实、尖锐、毫不粉饰的描述所打动。

费兰特的作品广受赞誉，"那不勒斯四部曲"是费兰特目前最成功的代表作。纽约时报、洛杉矶书评、名利场、BBC 新闻等多家媒体竞相对其作品进行报道，但是这位作家的身份一直是谜一样的存在。她一直低调地隐藏自己，不在公众面前露面。但她依然凭借自己作品的影响力获得了许多奖项与荣誉。

2015 年，费兰特被《金融时报》评为"年度女性"；2016 年，《时代》周刊将她选入"最具影响力的 100 位艺术家"。

二、畅销概况

根据费兰特的意大利兼美国出版人桑德罗·费里给出的销售数据，"那不勒斯四部曲"德国版问世 3 个月便销售 30 万册，在美国卖出 120 万册。这套书被引进中国不到两年的时间内，第 1 册书发售后很快收到了来自市场的正向反馈，上市 3 个月内就加印了 4 次。纸质版与电子书累计卖了约 130 万册。"那不勒斯四部曲"被翻译成 40 多种语言，在全世界已累计卖出 1000 万册。

2015 年，《我的天才女友》入围国际 IMPAC 都柏林文学奖；同年"那不勒斯四部曲"第四部《失踪的孩子》被《纽约时报》评为该年十大最佳图书之一；2016 年《失踪的孩子》入围曼布克国际奖；同年，《失踪的孩子》获得了独立出版商图书奖——金奖（文学小说）。

此外，这 4 本书全部登上《纽约时报》的畅销书排行榜；《新名字的故事》《离开的，留下的》分别排在豆瓣 2017 年高分榜外国文学第一位与第二位。第四部《失踪的孩子》以 9.2 分的成绩排在豆瓣 2018 年高分图书榜的榜首；在网易蜗牛读书 App 的第一届十大好书榜上，"那不勒斯四部曲"排名第五，有 19.1 万人阅读。

三、畅销攻略

（一）内容优质

1. 作者文笔风格独特

费兰特是一个优秀的作家，她的作品风格是现实主义，节制，老实，回避现代华丽的手法，作品中充满了来自历史的细节。她擅长塑造人物，书中的每个人物都是立体的。费兰特笔下的那不勒斯真实鲜活,具有独特的气味、颜色和声音,有很强的艺术感染力。

在开始那不勒斯系列故事之前,她在意大利甚至整个欧洲范围内已经具有一定名气。桑德罗·费里在接受腾讯文化采访时曾透露,费兰特的前期作品《困扰的爱》和《被抛弃的日子》出版后,就受到大众的喜爱,《被抛弃的日子》卖出了十万册,在意大利是非常高的销量,成为意大利当年的畅销书。后来这两本书都被拍成了电影,这无疑是对于她小说的肯定。埃莱娜·费兰特高质量的写作水准,使这部小说通俗动人的同时兼具了严肃阅读领域耐人思考的文学性。这是该系列图书不仅受到大众读者的欢迎,还广泛引起各类文化媒体关注的重要原因之一。

2. 异域故事元素引人入胜

"那不勒斯四部曲"能够在世界范围内畅销,掀起阅读热潮,其中最关键的原因是小说故事本身足够精彩动人。费兰特那不勒斯系列故事受到了主流文学奖的广泛认可。

费兰特以独特的笔调描绘了两个女孩间的友谊,这是一部长达1600页的女性成长小说,它体例宏大,故事中的元素丰富。它以20世纪四五十年代的意大利那不勒斯市为背景,非常细腻地讲述两个出生在贫民窟的女孩的友谊。两位主人公都要面对糟糕的家庭状况、破败的城区,以及没有保障的未来。虽然她们经历了不同的人生轨迹,但她们的命运始终紧密相连。整个故事中掺杂着爱、嫉妒与暴力。但重要的是,这种爱、这种嫉妒最后变成了一种积极的力量,促使两位主人公不停地去改变自己的命运。小说中牵扯到一种亲密关系里面的占有和依附，书中两个核心的女性角色在彼此身上汲取了很多情感、力量与灵感。因为这个故事的跨度长达半个世纪，所以几乎全年龄段的女性读者都能在书中找到自己的影子。

这套书之所以畅销，除了深刻地剖析了女性心理，唤起广泛的女性群体的共鸣，还因为这部小说中展现了独特的意大利文化风貌。目前，中国图书市场上的外国文学更多的是英美文学、日本文学，随着物质生活的提高，中国读者的阅读口味日渐多元，阅读视野逐渐广阔。虽然这不是第一部走进中国的意大利文学，但是故事中展现的躁动残破的那不勒斯市区、充满传奇的黑手党、后"二战"时代的背景、20世纪70年代的女权运动……在我国当下外国文学市场上显得独树一帜，正是这些元素吸引了众多读者。

3. 翻译地道精准

一部外国文学作品要被本土读者接受除了文本本身的质量以外，翻译质量也尤为关键。该书的翻译作者陈英，拥有意大利马切拉塔大学语言学博士学位。她是四川外国语大学副教授，意大利文学研究者，翻译家，译有《愤怒的城堡》《一个人消失在世上》《迫害》《拳头》《威尼斯是一条鱼》等。

陈英表示，在翻译这套书之初经历了一段困难时期，她用了一些时间才找到翻译这个故事的语感，最终完美地向中国读者呈现了费兰特小说中独特迷人的叙述语气。另外，在小说中交错出现意大利语和那不勒斯方言，这也为翻译带来了困难。费兰特在作品中的方言，既是她独特文学语言的表达，同时也是为了表现当时社会的阶级差距，赋予两种语言社会属性。面对这种考验，陈英找到了合适的中国方言替代，恰当地转换了表达，使得整个文本非常顺畅。

这套书的翻译不仅还原了作者的文笔韵味，对于节奏的掌控、语境的还原都恰到好处。

（二） 图书设计风格准确

图书的整体设计涉及开本、封面、版式、纸张、文案等诸多方面。一本书的整体设计尤为关键，是能否吸引到读者的重要因素。这套书在整体上做到了风格上的统一，在细节处做到了差异化的处理，给足了读者充分的空间与信息点去想象、理解这套书。

1. 封面吸睛

一个优秀的封面设计需要和图书的主题与内容呼应，并且同时要做到在众多的图书中抓住读者眼球。"那不勒斯四部曲"的封面设计采用的是同一种风格，每本书都用一种纯色作为底色。四本书的底色分别为：粉、绿、黄、红，鲜亮醒目，在书架上的辨识度很高。底色上面放置了不同艺术处理的黑白欧美女性照片，照片或用图形切割或用不规则的色块遮盖，以此预示书中主角处于不同的人生阶段以及命运遭遇。在封面的中心位置，是小说的意大利与中文书名。书名用与底色相呼应的颜色写成，整本书形成了一种非常简约、醒目、厚重的设计感。

2. 文案卖点丰富

该系列书的封面除了书名、作者名、译者名和出版社名外没有多余的文字，最大限度地保持了图书作为一件精神文化产品在视觉艺术表达上的完整性。而图书的腰封及图书的封底则承担了卖点信息传达的功能。每部书的腰封文案都有细微的不同，上面分别印着图书的销售成绩、名人推荐与费兰特本人的金句。每本书的封底则是摘取了知名的国际文化媒体对该书的评价。

3. 附加产品

受到德国苏尔坎普出版社旗下笔记本的启发，该书的责任编辑索马里决定为这次首发的图书制作一批9.5厘米×15.5厘米的笔记本，封面是每本书的意大利书名，封底放上了中文名以及费兰特在接受《纽约时报》采访时说的一句话："即使我们无数次被诱惑卸下我们的防卫，出于爱，出于疲惫，出于同情或好意，我们女性都不应该这么做，我们会一寸寸地失去我们已经争取到的东西。"同时，这个系列的第一本《我的天才女友》在豆瓣首发时还附赠了一本小册子，小册子记载了一篇对费兰特作品评论的《纽约书评》的翻译，这篇文章对费兰特作品进行了深刻的解读，但是文章本身又很容易被大众接受。随书附赠的小册子和笔记本增加了图书的附加值，提升了读者对于该书的整体印象。

（三）保持作品的话题热度

1. 作者的话题性

事实上，"埃莱娜·费兰特"只是那不勒斯系列故事作者的笔名，四部曲作者的真实身份一直是个谜，除了作者的版权代理人以外，至今没有人能够确定作者的真实姓名、身份，甚至是性别。作者从最初的写作开始就藏匿自己的身份，不参加签售会、不出席颁奖礼、不现身采访，只接受邮件通函，扉页上不印头像、不发 Twitter。费兰特对出版业的过度营销持消极的态度，她希望通过自己的作品打动读者而不是过多的噱头。但作者的神秘低调更加激发了读者对于费兰特的好奇，无心插柳，形成了逆向营销的效果。网络上，读者们一度在猜测费兰特的身份，这一话题形成了众多的讨论。2016 年 10 月，意大利媒体《24 小时太阳报》记者似乎揭开了她一直小心隐藏着的匿名身份，这一新闻迅速登上全球各大报纸头条。

2. 社交媒体热潮

在"那不勒斯四部曲"还未引进中国时，这个系列作品就已经在外网广泛地引起了阅读热潮。从主流媒体到社交网络，所有人都在谈论她。在 Twitter 上，"费兰特热"已经成为热门标签；在 Instagram，晒费兰特小说封面的照片，已经超过了 6 万张。社交媒体上的热门话题也将这套书的传播推向更广的范围。

当索马里获得了这套书的版权后，决定用 4~6 个月的时间来进行第一本书的营销。这个营销周期较长，一个原因是大多数的中国读者对于该书的作者并不熟悉，另外是因为该书的内容跨度从主角的童年到老年。第一本书讲述的是主角的童年时代，如果前期没有让读者充分了解这个故事的主题，很可能造成这是一本"童年小说"的刻板印象。对此，索马里进行了缜密的营销策划。由于"那不勒斯四部曲"在海外社交平台上形成的效应颇为成功，在第一本书问世前，索马里就在新浪微博开通了"那不勒斯四部曲"的官方微博，有频率地发布、更新与作者有关的新闻、图书书评、电商活动等各种信息，此外还将小说中个别精彩段落发到微博上或与该书的读者进行互动。在此期间,电影人麦子、作家荞麦、媒体人乌云装扮者、编辑彭伦等微博大V都在微博上发表了关于该书的读后感。

在这样不间断的更新中这套书在市场上持续地发酵,以"那不勒斯四部曲"为标签的话题在微博上达到了715.8万的阅读量,即使四部曲的最后一本书已经问世一年了,该微博账号依然没有停止运营,关于"那不勒斯四部曲"的话题量还在持续增加。善用社交媒体有利于形成从宣传到营销再到售后的闭环。

3. 主流媒体传播

《纽约客》评论家詹姆斯·伍德称费兰特是"当代意大利最著名的非著名作家";《大西洋月刊》评价这个故事是"和索福克勒斯或者奥维德一样,费兰特处理的也是命运的问题。莉拉是一个造物主,一个神话般的人物";《卫报》评论这部小说"和卡夫卡一样,费兰特将她的主人公的内心世界揭露得一览无余"。《纽约书评》认为"那不勒斯四部曲"精彩而持久地探索了嫉妒——这种最为致命的情感,因它有时候会将自己伪装成爱。

几乎所有知名的媒体都对费兰特进行过报道。费兰特的经纪人将所有与其相关的报道整理成文档,这份文档长达400页。由此,可以想象这些报道对于费兰特及其作品的传播有多大的影响力。

索马里担心这样一部非中国大众主流阅读口味的女性题材小说在中国市场的图书推广过程中会很容易被读者忽视掉,但这套书在其他国家已有较好的市场表现,所以她笃定书中的故事与情感会引起中国读者的共鸣。作为编辑,她的应对方法就是要尽量借用媒体的话筒将图书的内在信息传播出去，并且她将书籍的定调和评论牢牢掌握在自己的手中，以避免后期读者和自媒体用"玛丽苏"等说辞来错误阐释这个小说的可能性。

索马里在成为一名图书编辑之前，曾在《GQ》杂志做过四五年的编辑，这段经历为她积累了大量的媒体资源。如何最大化地利用媒体传播资源，是媒体出身的索马里的强项，利用在媒体行业积累下来的人脉资源，索马里常常在朋友中"强势安利"这套书。她深知如果有男性媒体人能为书籍发声，女性题材的壁垒则不攻自破。于是在第一册上市前，她有意识地将试读版发给一些男性读者。她希望在书上市前，就有读者加入讨论，而男性读者的发言往往能够消除某种偏见，证明这部小说的受众并不仅限于女性。

从媒体名单中，她筛选出20几家需要重点维护的媒体，将自己整理的所有宣传素材提前发给它们，包括花一个月时间写的编辑手记、翻译的评论等。"在传达信息时，需要仔细地将图书的定位和意义传达清楚，准备足够多的素材也是为了将所有主动权掌握在自己手里。"索马里在后期采访中说道。

经过一系列的口碑维护与评论引导，该书给读者留下了很好的印象，4本书在豆瓣上得到了8.5分以上的高分。国内的很多一线文化媒体，如《新京报书评周刊》《界面文化》《澎湃新闻》《每日人物》《文汇报》等都对这套书进行了评论与报道。在全套出版落幕时，《三联生活周刊》争取到了费兰特面向亚洲读者的首次专访。

复盘整个宣传营销过程，可以看出编辑团队充分利用了媒体资源，并且循序渐进形成了宣传的层次感，而非急于将所有信息一口气传达给读者。尤其是最后的对于费兰特本人的专访，这是一次非常难得的机会，只有当读者群体对费兰特本人及其作品有一定认知后,才会将深入采访的价值最大化,也对整个中国的阅读群体接触到意大利当代的纯文学作品具有一定意义。

(四) 图书的营销活动

1. 线上活动营销

图书的线上宣传充分地激发了读者的热情,这为接下来的线上营销做好了铺垫。编辑面临的第一个问题就是选择哪个平台首发。索马里经过反复考量,最终放弃了亚马逊等三大售书网站,而选择了豆瓣读书。豆瓣入口视频配合图文宣传吸引了她,她表示,"我能在这个页面上,通过一个视频将这本书说清楚,给小说一个立体展示的空间,尤其是以编辑的身份,这点也特别重要"。此外,考虑到小说本身调性是偏严肃文学,所以在具备深度阅读用户基础的豆瓣做推广更为合适。

官微还会根据一些特定的时机进行一系列的营销活动,比如在"三八妇女节"策划与图书主题相契合的话题,让读者参与留言、转发之后抽奖赠书。

2. 线下活动营销

在中国,对于"那不勒斯四部曲"的线下推广活动并未因为费兰特本人无法参与的情况而搁置。大量的图书分享、签售活动由编辑索马里和这套书的翻译作者陈英完成。

在配合图书的宣传过程中,索马里又加入了一些线下活动,比如邀请在年轻人中颇有影响力的《单读》主编吴琦、自媒体人乌云装扮者等受年轻人欢迎的公众人物作为论坛主讲人，进一步解读小说的深度内容并传播。此外，索马里还邀请到青年作家周嘉宁、荞麦在上海同济书店进行一场关于"埃莱娜·费兰特：女性书写自我赋形"的探讨。类似的图书线下讨论分享沙龙，自 2018 年 7 月 14 日至 2019 年 4 月分别在北京、上海、苏州等城市中的书店与大学一共举行了不下 5 场。

为了突破线下场地的局限，让更多不能来到现场参与分享的读者以及对这套书不是很熟悉的读者同样可以获取该书编辑与译者关于这个故事与主题的探讨，主办方也是这套书的版权引进方上海九久读书人文化实业有限公司（以下简称"99 读书人"）会在直播平台进行同步直播。利用先进的技术与大众传播媒介可以更加有效地提高这套书的知名度。

四、精彩阅读

青　年

一九六六年春天，莉拉交给我一个金属盒子，里面有八本笔记本。她当时非常紧张，说她不能再把盒子留在家里了，她害怕丈夫有一天会偷看她写的东西。我二话没说就拿走了盒子，只用开玩笑的语气说盒子上捆了太多绳子。那段时期我们的关系很糟糕，但似乎只有我这样认为。我们见面次数极少，见面时她没有一丁点的尴尬，还是对我充满感情，从不说一句带刺的话。

她要求我发誓：在任何时候都绝不打开盒子。我发了誓，但一上火车我就解开了绳子，把笔记本拿出来看。笔记里详细描述了发生在她生活中的事情，从小学的最后几年开始,一直到她把盒子交给我为止,但那并不是日记。我觉得这些笔记特别像是一个热衷于写作的人自我训练留下的痕迹。笔记里有大量丰富、细致的描写:一根树枝、一洼池塘、一块石头、一片有着白色叶脉的叶子、家里的锅、咖啡壶的每个部分、炭火盆、煤块、煤渣、庭院的详细布局、大路、池塘边上生锈的铁架、小花园和教堂,还有铁路边上被砍伐的树木、新楼房、父母的房子、她父亲和哥哥用于修鞋的工具、他们工作时的动作,尤其是对色彩的描写,在一天的不同时刻,每种东西的颜色。但笔记里不仅有描述性的文字,也出现了一些方言和书面词汇,有时候是被圈出来的,但没有解释;还有拉丁语和希腊语的翻译练习;此外还有大段的用英语描写的城区里的作坊、货物,以及恩佐·斯卡诺每天都驾着驴拉车走街串巷,装满蔬菜和水果的小推车,也有许多她对自己读过的书的评价、在教堂影院看过的电影的影评、她和帕斯卡莱的对话、她和我聊天时坚持的想法,虽然文字的内容并不是很连贯,但任何事在莉拉笔下都变得栩栩如生,她十一二岁时所写下的文字,丝毫不让人觉得幼稚。

大体上讲,她的句子很缜密,非常注意标点符号的使用,书写也很优美,就像奥利维耶罗老师曾教给我们的那样。但有时候,莉拉就像血液里充满了某种毒品,让人感觉失去了分寸——一切都变得很仓促,语句的节奏变得非常紧张,标点符号也消失了,但她很快就能恢复轻松明快的笔法。有时候她的文字会突然中断,在一些页面里,她画满了扭曲的树木、云雾笼罩的起伏的山脉,还有狰狞的面孔。无论是清晰有序的语言,还是混乱的文字,我都被她深深地吸引。我越读就越觉得自己被骗了,几年前我在伊斯基亚时,她寄给我的那封信肯定是经过长期写作训练的结果:所以才写得非常好!我把那些笔记本都重新放回盒子里，告诉自己：不要再窥探了！

　　但很快我又无法抵抗那些笔记本的诱惑力，那就像莉拉从小就散发出的魅力一样吸引着我。她谈到了城区里的人、她的家人、索拉拉兄弟、斯特凡诺，她描写每件事、每个人时，用的都是一种精确、无情的笔触，比如说她非常直率地描述了她对我——对我所说的、对我所想的、对我所爱的，还有对我的外貌——的看法。那些对于她来说决定性的时刻，她都一一记录下来，丝毫不顾虑其他人和事。我看到她十岁那年写《蓝色仙女》时感受到的最纯粹的快乐；她遭受的痛苦和她体味的快乐一样强烈，对她写的故事，奥利维耶罗老师不但不屑于发表看法，而且完全无视它；我看到她的痛楚和愤怒，我上了初中，不再关心她，疏远了她；我看到她对做鞋的热情，是强烈的报复心推动她设计了那些新鞋，当她和哥哥里诺一起完成了第一双鞋时，我看到她的喜悦之情，当她的父亲费尔南多说他们做的鞋子不好时，她感受到的痛苦。在这些本子里，她记下了所有事情，特别是对索拉拉兄弟的厌恶之情。她坚决地回绝了马尔切洛的求爱，马尔切洛是索拉拉兄弟中的老大。她也记下了自己的决心，还有她与温和的斯特凡诺·卡拉奇订婚的那一刻。斯特凡诺是一个肉食店老板，为了追求莉拉，他买了她做的第一双鞋子，并发誓说会一辈子好好保存。她记下了她十五岁时那段美好的时光，那时候，她觉得自己就像一个贵妇，在未婚夫的呵护下生活，富裕而高贵。出于对她的爱，斯特凡诺投资了莉拉父亲和哥哥修鞋的铺子，把铺子扩建成了"赛鲁罗"鞋作坊。莉拉当时多么满足啊！她关于鞋子的梦想基本已经实现了。她十六岁结了婚，在新城区有一套房子，那场婚礼十分奢华排场，她非常幸福。然而这时候，马尔切洛·索拉拉和他的弟弟米凯莱一起出现在了婚礼上，马尔切洛脚上穿着的正是她丈夫斯特凡诺说要一生珍爱的那双鞋。她到底嫁给了一个什么样的人？！但木已成舟，能撕破脸皮，把他可憎的真面目揭示出来吗？问题和真相都是赤裸裸的，她可悲的处境一目了然。有很多天，甚至是很多个星期，我都沉迷在她的文字里，我钻研这些笔记，甚至背下了我喜欢的段落，那些能激发我、让我沉醉或者让我感到羞愧的段落。在这些看似真实自然的文字背后，一定也有虚假之处，只是我没有察觉到。

在十一月的一个晚上，我无法控制自己，我拿起盒子出了门。那时候我已经离开了那不勒斯，成了一个受人尊敬的大学生，我再也受不了莉拉对我的影响了。我在索尔费利诺桥上停了下来，凝视着从寒冷的薄雾里渗透出的光芒。我将盒子放在栏杆上，用手慢慢地把铁盒向前推，直到盒子落入河里。我感觉那就像是莉拉本人带着她的思想、语言，还有那种与任何人都会针锋相对的恶毒态度一起落入河里；她影响我的方式，她拥有的每个人、每样东西和知识都落入了河里；那些和她相关的任何事情——书和鞋子，温柔和暴力，婚礼和新婚之夜，以拉法埃拉·卡拉奇夫人这个新身份回到城区——所有这些似乎都被我推入了河里。

斯特凡诺看起来如此善良，如此深爱莉拉，我不能相信他把莉拉小时候辛辛苦苦做出来的那双鞋，那双沾满莉拉的手印，也包含着她所有心血的鞋子送给了马尔切洛·索拉拉。

当时在婚礼现场，我忘记了阿方索和玛丽莎的存在，他们眼眸闪烁，神采飞扬，坐在桌边交谈着；我也没注意我母亲那带着醉意的笑声；音乐、歌声、起舞的人，一切都黯然失色；安东尼出现在阳台上，他醋意大发，站在玻璃窗边望着紫色的城市和大海；尼诺如同大天使，一言不发默默离开了大堂的画面也都渐渐模糊了。我只看到莉拉很激动，在和斯特凡诺耳语。她穿着婚纱，脸色非常苍白，斯特凡诺脸上没有笑容，他满脸困窘，他的额头和眼睛上方那块有些发白，就像通红的脸上戴着一张面具。发生了什么事情？还会发生什么事情？我的朋友用两只手把她丈夫的手臂拉了过来，她用了很大的力气。我很了解她，我觉得如果可以的话，她会把他的手臂撕下来，她会将撕下的手臂高举过头顶，穿过大厅，手臂会不断滴血，她会把这滴血的手臂当成一根棍棒，或是驴腮骨，狠狠劈在马尔切洛的脸上，瞄准他打下去。是啊！她本应该这样做，一想到这个情景我就心跳加速，喉咙发干。她本该将两个男人的眼珠都挖出来，撕咬他们，将他们脸上的肉从骨头上撕下来。是的，是的，我想看到这样的情景，我希望会发生这样的事情。让他们的爱情收场，让这场令人无法忍受的婚礼中断。在阿马尔菲海滩那张蜜月的床上，不会再有拥抱，让城区里的每件事、每个人突然间都粉碎。让一切都毁灭吧！我会和莉拉逃走，去远方生活，就我们俩，我们带着那种破坏性的快乐，在那些陌生的城市堕落下去。我认为那天这样结束才是最合适的。假如没有什么能够拯救我们——金钱不行，男人不行，学业也不行，那还不如马上毁掉所有一切。她的怒火在我的胸中燃烧，一种属于我的力量，或者说不属于我的力量，自我迷失的快感将我淹没了。我希望这种力量能得到蔓延，但我又意识到我对这种力量的恐惧。后来，我才慢慢明白，我只能无声无息地体味不幸，因为我没有能力让怒火爆发，我害怕暴力，我对那些暴力反应感到害怕。我更愿意一动不动，让憎恨不断滋生。但莉拉却不是这样，她离开座位时，动作非常果断。她站了起来，桌子在晃动，脏盘子里的餐具也在晃动，一个玻璃杯被碰倒了。斯特凡诺动作有些机械，他急忙伸手扶住酒杯，防止酒洒向索拉拉太太的衣服。莉拉快步从侧门出去了，每次婚纱被什么东西挂住，她都会奋力扯开。

我想过追上她，抓住她的手，低声告诉她：离开，我们离开这里！但我没有动。斯特凡诺犹豫了一下，从那些跳舞的人中间穿过，去追莉拉了。

我看着周围，人们也意识到新娘在抗议着什么。马尔切洛依然若无其事，亲切地和里诺聊天，就好像他穿着那双鞋很正常。那个古董商的祝酒词继续进行着，而且越来越不堪入耳。那些等级最低的宾客，只能继续强颜欢笑。除了我，没有任何人意识到刚才举行的婚礼已经结束了。这场婚姻本应该持续到这对夫妇去世，直到他们子孙满堂，一起经历快乐和痛苦，银婚和金婚，但对莉拉来说，不论丈夫怎么乞求她的原谅都无济于事了，这场婚姻，这时候，结束了！

（选自《新名字的故事》第3~8页）

五、相关研究推荐

[1] 界面文化."隐身作家"埃莱娜·费兰特：书本一旦写就，便不再需要它们的作者[EB/OL].（2016-11-09）https：//www.jiemian.com/article/947499.html.

[2] 腾讯文化.出版人：埃莱娜·费兰特走红不是因为"神秘"[EB/OL].（2017-04-27）https：//cul.qq.com/a/20170427/016554.htm.

[3] 澎湃新闻.全世界都在寻找这位隐身的作家——埃伦娜·费兰特[EB/OL].（2016-03-18）https：//www.thepaper.cn/newsDetail_forward_1445292.

[4] 孙若茜.生长在那不勒斯的女性史诗——专访意大利作家埃莱娜·费兰特[J].三联生活周刊，2018（34）：146-150.

[5] 王红玲.浅析埃莱娜·费兰特的"那不勒斯四部曲"中女性成长主题[J].作家天地，2020（14）：5-6.

案例十一:"金庸作品集"

陈天宇

一、图书基本信息

(一)图书介绍

书名:"金庸作品集"

1.《飞狐外传》
2.《雪山飞狐》
3.《连城诀》
4.《天龙八部》
5.《射雕英雄传》
6.《白马啸西风》
7.《鹿鼎记》
8.《笑傲江湖》

9.《书剑恩仇录》

10.《神雕侠侣》

11.《侠客行》

12.《倚天屠龙记》

13.《碧血剑》

14.《鸳鸯刀》

15.《越女剑》

作者：金庸

开本：32开

字数：855.3万字

定价：610.00元

出版社：广州出版社

出版时间：2008年3月

（二）作者简介

金庸（1924年3月10日—2018年10月30日），本名查良镛，生于浙江省嘉兴市海宁市，1948年移居中国香港，当代武侠小说作家、新闻学家、企业家、政治评论家、社会活动家，"香港四大才子"之一。1944年考入重庆中央政治大学外交系。1946年秋，金庸进入上海《大公报》任国际电讯翻译。1948年，毕业于上海东吴大学法学院，并被调往《大公报》香港分社。1952年调入《新晚报》编辑副刊，并写出《绝代佳人》《兰花花》等电影剧本。1959年，金庸等人于香港创办《明报》。2010 年,获得剑桥大学哲学博士学位。2018 年 10 月 30 日,金庸在中国香港逝世,享年 94 岁。

二、畅销盛况

"金庸作品全集"入选改革开放 30 年最具影响力的 300 本书。第四次中国国民阅读调查结果显示,金庸名列读者最喜爱的作家首位。"金庸作品全集"在当当网畅销小说排行榜中排名第 170 位,在京东图书小说销量排行榜排名第 85 位,在武侠小说里排名第 71 位(截至 2019 年 4 月)。需要说明的是,由于此次研究对象为丛书,因此在排名上不能说明其单本的销售量,比如在 2019 年 4 月,亚马逊网的《倚天屠龙记》在武侠小说排行榜上就冲到了第 8 位。自然也不包括其他版本的"金庸作品集"。

"金庸热"在最近一次产生是金庸去世后的一周左右,据京东大数据显示,从 2018 年 10 月 30 日 19 点开始,金庸作品销量一路直上,到 20 点时,较 29 日增长超过 120 倍。当当数据表明,售价 650 元(原价 968 元)的 36 册"金庸全集(朗声旧版)"19 点开始下单量大幅上涨,到 31 日零时环比前一日增长超过 350 倍。目前这套书供不应求,在京东、当当都处于预售状态。京东大数据显示,10 月 30 日傍晚传来金庸先生去世消息后,19 点起,京东平台"金庸"相关搜索量环比暴涨超过 60 倍,于 21 点达到搜索顶峰。当当网数据显示,10 月 30 日开始,当当网平台"金庸全集"相关词搜索量增长 80 倍,独立访客增长相比 30 日前高达 55 倍。

三、畅销攻略

(一) 畅销原因分析

1. 文学作品与影视剧的完美结合

作为小说家的金庸，出手的第一部作品是《书剑恩仇录》，报纸连载于1955年。紧接着他写了《碧血剑》，1956年在报纸连载。第三部《射雕英雄传》，在《香港商报》从1957年连载到1959年，为他带来巨大声誉，一举奠定他在武侠小说界泰山北斗的地位。

但真正让金庸的作品家喻户晓、进入公众视野的却是其作品相关影视剧的创造。1958年《碧血剑》被制成电影，这是金庸小说被正式改编为影视作品的开始。进入19世纪60年代，其作品改编的更是多如牛毛，像《书剑恩仇录》《神雕侠侣》《鸳鸯刀》《倚天屠龙记》《雪山飞狐》都是摄制于20世纪60年代，其他小说也都在七八十年代拍成。

由于金庸小说包容了海量的矛盾、悬念、故事与人物，能够组合成无穷无尽的情节链，所以可以永远拍下去。每一部的选材和角度不一，都会让人耳目一新。当内地的电视机还是奢侈品，寻常百姓还很难看到时，得风气之先的中国香港，已经把金庸武侠搬上电视屏幕，走进千家万户了。

金庸武侠剧进入内地是1999年，他把《笑傲江湖》的电视剧版权卖给中央电视台，仅仅象征性地收了一元钱。中国电视剧制作中心文学部负责人介绍说："两个月前，中央电视台的记者在杭州采访了正在浙江大学讲学的金庸先生，提到现在改拍成风的'港台金庸剧'时，金庸颇为遗憾，并'戏言'让中央电视台拍的话可能会有不同的效果。我们立即试着和金庸先生在香港的办公室联系，没想到金庸先生对我们提出的合作意愿感到非常高兴。"这也是金庸剧与内地合作的开端。

经过几十年的演变，金庸小说反复再拍，中国与新加坡各展所长。到2014年，根据《天龙八部》拍成的电视剧已有9版。《神雕侠侣》次之，有8版。《笑傲江湖》《鹿鼎记》《倚天屠龙记》《书剑恩仇录》也都是7版。金庸最具商业、营销意识的举措，正是把自己的作品密切地和影视结合，使其创造的诸多人物形象深入人心，才得到最为广泛的传播，口碑所在，其小说作品自然也得到越来越多读者的关注和喜爱，一本本出来，无疑都是畅销书。所有这些，恰恰都是建立在纸质产品，一套"金庸作品集"的基础之上。

2. 金庸人物塑造语言出众

金庸作品的成功更重要的还是取决于其自身的语言风格，特别是其人物塑造极为传神，丝丝入扣。

金庸小说中数得上名字的人物有成百上千，这些人物的个性各不相同，很少有雷同或者面目模糊的情况。比如金庸对杨过和韦小宝出场方式的描写：

就在这时，一个衣衫褴褛的少年左手提着一只公鸡，口中唱着俚曲，跳跳跃跃地过来……笑道："啧啧，大美人儿好美貌，小美人儿也挺秀气，两位姑娘是来找我的吗？姓杨的可没有这般美人儿朋友啊。"

蓦地里大堂旁钻出一个十二三岁的小孩，大声骂道："你敢打我妈！你这死乌龟，烂王八。你出门便给天打雷劈，你手背上掌上马上便生烂疔疮，烂穿你手，烂穿舌头，脓血吞下肚去，烂断你肚肠。"……那孩子甚是滑溜，一矮身，便从那盐枭胯下钻了过去,伸手抓出,正好抓住他的阴囊,使劲猛捏,只痛得那大汉哇哇怪叫。那孩子却已逃了开去。

同样是市井之中的小混混,在金庸的笔下却有天壤之别。杨过的言行举止轻佻却不下流,他对"大美人、小美人"的调侃显露出他年少的轻浮,而他"唱着俚曲""跳跳跃跃"显得颇有童真;而韦小宝的咒骂粗俗恶毒,举动下流阴毒,可一个小小孩童却敢和盐枭作对,又能从盐枭手中逃脱,也展现了他的机智和灵活。仅仅凭借人物的语言和几个动作,杨过和韦小宝给读者的第一印象就跃然于纸上。

3. 金庸对于感情的描写细腻

很多人对于武侠小说的看法就是"侠义""武打",其实并不是这样的。特别是金庸的武侠小说,对于人和人感情的描写篇幅是相当之多,也是相当精彩的。金庸笔下的感情描写种类繁多,其中最引人注目的是爱情以及师徒父子之情。关于爱情,金庸刻画得最生动形象的一部作品当属《神雕侠侣》,杨过与小龙女的那种突破礼教的爱情观、李莫愁对于自己心爱的男人娶了别人为妻之后的心理扭曲、裘千尺以及公孙止这对夫妻的占有欲的刻画,都使其成为金迷们口中的"金庸情书"。像接下来这段杨过在武林大会上对于爱情的坚贞不动摇,成了经典片段:

杨过给他一把抓住,全身劲力全失,心中却丝毫不惧,朗声说道:"姑姑全心全意地爱我,我对她也是这般。郭伯伯,你要杀我便下手,我这主意是永生永世不改的。"郭靖道:"我当你是我亲生儿子一般,决不许你做了错事,却不悔改。"杨过昂然道:"我没错!我没做坏事!我没害人!"

这三句话说得斩钉截铁，铿然有声。

除了爱情，金庸对于师徒之情的描写也是相当精彩的。在《倚天屠龙记》里，张三丰在自己的五弟子张翠山自尽以后的伤心，武当诸侠看到张无忌在光明顶上依旧活在人世间的时候，这里的描写是十分震撼的。金庸本人也在《倚天屠龙记》的后记里这样写道："事实上，这部书情感的重点不在男女之间的爱情，而是男子与男子间的情义，武当七侠兄弟般的感情，张三丰对张翠山、谢逊对张无忌父子般的挚爱。然而，张三丰见到张翠山自刎时的悲痛，谢逊听到张无忌死讯时的伤心，书中写得也太肤浅了，真实人生中不是这样的。因为那时候我还不明白。"可以说，金庸对于武侠小说中感情的描写，是突破常规、种类齐全的。

4. 版本的更迭完善

本篇研究的"金庸作品集"是由广州出版社出版的图书。需要注意的是，金庸的武侠小说版本众多，甚至研究其脉络变化可以成为一门单独的学科。但是总的来说，金庸的小说经历了两次修订，总共3个版本，也就是大家常说的旧版、三联版、新修版。其中三联版的"金庸作品全集"流传最广，在读者中印象最深。在改编成影视剧的过程中，影视剧素材也多取材于三联版。三联书店从1994年开始发行"金庸作品全集"，到2001年合约到期，并于同年11月在中国大陆停止发行；同年12月，金庸与广州出版社签订新的合约。实际上，三联版的内容与广州出版社的内容一致，但是在市面上已经停止流通。

在21世纪初，金庸第三次修改自己的小说，这一版称为新修版。有趣的是，在金庸将新版修订为新修版时，读者发出的反对意见几乎都是批评金庸改变了共同回忆。回想当年，在旧版修订为新版时，倪匡等旧版读者也对金庸提出过类似意见。历经 7 年的改版工程，新修版金庸小说终于在 2006 年 7 月全部面世。

综上所述，考虑到版本流通的时间、版本流传的影响力，我们选择了广州出版社出版的"金庸作品全集"；而故事的不断完善，人物形象的不断丰富，也成为金庸作品畅销的又一原因。

（二）畅销启示

1. 充分利用已有手段进行营销

金庸在写武侠小说的时候是一名报社的编辑，因此他有充分的舞台去展示他的才华。在他所处的年代，报纸和电影就是最有力量的媒介，而正是因为金庸充分利用了这些媒介，他的作品才能够耳熟能详。读者们更多的是先接触到相关的影视剧，再去读原著。这对我们今天的畅销书策划有一定的启示意义。我们的题材可以选取大众喜闻乐见的文化，利用新兴的媒介方式进行宣传。很多优秀的小说成型于网络，只要这种网络文学的实质与核心不违反法律，不违反中华民族的传统文化和价值观，我们都可以将其转化成线下的实体书。

2. 作品本身具有"神性"

这里的"神性"是指作品本身一定要有一个中华民族的主流价值观。金庸作品成功的最根本的原因是他的内容好。他的武侠小说最根本的精神就是"侠义精神"，这种精神概括来说就是舍己为人、先公后私，这些品质在他笔下的侠客上都有印证，而这些侠客的身上也都凝聚了中华民族几千年的优秀品德。即便是不入流的韦小宝，身上的那种小人物的性格，那种坚韧的毅力，也是中国人性格的缩影。正是这种主流价值观的正确引导，才能使这种看似在迎合读者心中的武打、情爱的私欲的畅销书，变成经久不衰的长销书。

四、精彩阅读

（一）

成吉思汗意兴索然，回入金帐。黄昏时分，他命郭靖单独陪同，在草原上闲逛。两人纵马而行，驰出十余里，猛听得头顶雕唳数声，抬起头来，只见那对白雕在半空中盘旋翱翔。成吉思汗取下铁胎画弓，扣上长箭，对着雌雕射去。郭靖惊叫："大汗，别射！"成吉思汗虽然衰迈，出手仍是极快，听到郭靖叫声，长箭早已射出。

郭靖暗暗叫苦，他素知成吉思汗臂力过人，箭无虚发，这一箭上去，爱雕必致毙命，岂知那雌雕侧过身子，左翼一扫，竟将长箭扑落。雄雕大怒，一声长唳，向成吉思汗头顶扑击下来。郭靖喝道："畜生，作死么？"扬鞭向雄雕打去。雄雕见主人出手，回翼凌空，急鸣数声，与雌雕双双飞远。

成吉思汗神色黯然，将弓箭抛在地下，说道："数十年来，今日第一次射雕不中，想来确是死期到了。"郭靖待要劝慰，却不知说甚么好。成吉思汗突然双腿一夹，纵马向北急驰。郭靖怕他有失，催马赶上，小红马行走如风，一瞬眼间已追在前头。

成吉思汗勒马四顾，忽道："靖儿，我所建大国，历代莫可与比。自国土中心达于诸方极边之地，东南西北皆有一年行程。你说古今英雄，有谁及得上我？"郭靖沉吟片刻，说道："大汗武功之盛，古来无人能及。只是大汗一人威风赫赫，天下却不知积了多少白骨，流了多少孤儿寡妇之泪。"成吉思汗双眉竖起，举起马鞭就要往郭靖头顶劈将下去，但见他凛然不惧的望着自己，马鞭扬在半空却不落下，喝道："你说甚么？"

郭靖心想："自今而后，与大汗未必有再见之日，纵然惹他恼怒，心中言语终须说个明白。"当下昂然说道："大汗，你养我教我，逼死我母，这些私人恩怨，此刻也不必说了。我只想问你一句：人死之后，葬在地下，占得多少土地？"成吉思汗一怔，马鞭打个圈儿，道："那也不过这般大小。"

郭靖道："是啊，那你杀这么多人，流这么多血，占了这么多国土，到头来又有何用？"成吉思汗默然不语。

郭靖又道："自来英雄而为当世钦仰、后人追慕，必是为民造福、爱护百姓之人。以我之见，杀得人多却未必算是英雄。"成吉思汗道："难道我一生就没做过甚么好事？"郭靖道："好事自然是有，而且也很大，只是你南征西伐，积尸如山，那功罪是非，可就难说得很了。"他生性戆直，心中想到甚么就说甚么。

成吉思汗一生自负，此际被他这么一顿数说，竟然难以辩驳，回首前尘，勒马回顾，不禁茫然若失，过了半晌，哇的一声，一大口鲜血喷在地下。

郭靖吓了一跳，才知自己把话说重了，忙伸手扶住，说道："大汗，你回去歇歇。我言语多有冒犯，请你恕罪。"

成吉思汗淡淡一笑，一张脸全成蜡黄，叹道："我左右之人，没一个如你这般大胆，敢跟我说几句真心话。"随即眉毛一扬，脸现傲色，朗声道："我一生纵横天下，灭国无数，依你说竟算不得英雄？嘿，真是孩子话！"在马臀上猛抽一鞭，急驰而回。

当晚成吉思汗崩于金帐之中，临死之际，口里喃喃念着："英雄，英雄……"想是心中一直琢磨着郭靖的那番言语。

（选自《射雕英雄传》第 1377~1379 页）

（二）

汝阳王道："敏敏，你既已受伤，快跟我回去调治。"赵敏指着张无忌道："这位张公子见鹿杖客欺侮我，路见不平，出手相助，哥哥不明就里，反说他是甚么叛逆反贼。爹爹，我有一件大事要跟张公子去办，事成之后，再同他来一起叩见爹爹。"

汝阳王听她言中之意，竟是要委身下嫁此人，听儿子说这人竟是明教教主，他这次离京南下，便是为了要调兵遣将，对付淮泗和豫鄂一带的明教反贼，如何能让女儿随此人而去？

问道："你哥哥说，这人是魔教的教主，这没假罢？"

赵敏道："哥哥就爱说笑。爹爹，你瞧他有多大年纪，怎能做反叛的头脑？"

汝阳王打量张无忌，见他不过二十一二岁年纪，受伤后脸色憔悴，失去英挺秀拔之气，更加不像是个统率数十万大军的大首领。但他素知女儿狡谲多智，又想明教为祸邦国，此人就算不是教主，只怕也是魔教中的要紧人物，须纵他不得，便道："将他带到城里，细细盘问。只要不是魔教中人，我自有升赏。"他这样说，已是顾到了女儿的面子，免得她当着这许多人面前恃宠撒娇。

四名武士答应了,便走近身来。赵敏哭道:"爹爹,你真要逼死女儿么?"匕首向胸口刺进半寸,鲜血登时染红衣衫。

汝阳王惊道:"敏敏,千万不可胡闹。"赵敏哭道:"爹爹,女儿不孝,已私下和张公子结成夫妇。你就算少生了女儿这个人。放女儿去罢。否则我立时便死在你面前。"汝阳王左手不住拉扯自己胡子,满额都是冷汗。他命将统兵、交锋破敌,都是一言立决,但今日遇上了爱女这等尴尬事,竟是束手无策。

王保保道:"妹子,你和张公子都已受伤,且暂同爹爹回去,请名医调理,然后由爹爹主持婚配。爹爹得了个乘龙快婿,我也有一位英雄妹夫,岂不是好?"他这番话说得好听,赵敏却早知是缓兵之计,张无忌一落入他们手中,焉有命在?

一时三刻之间便处死了,便道:"爹爹,事已如此,女儿嫁鸡随鸡、嫁犬随犬,是死是活,我都随定张公子了。你和哥哥有甚计谋,那也瞒不过我,终是枉费心机。眼下只有两条路,你肯饶女儿一命,就此罢休。你要女儿死,原也不费吹灰之力。"

汝阳王怒道:"敏敏,你可要想明白。你跟了这反贼去,从此不能再是我女儿了。"

赵敏柔肠百转,原也舍不得爹爹哥哥,想起平时父兄对自己的疼爱怜惜,心中有如刀割,但自己只要稍一迟疑,登时便送了张无忌性命,眼下只有先救情郎,日后再求父兄原谅,便道:"爹爹,哥哥,这都是敏敏不好,你……你们饶了我罢。"

汝阳王见女儿意不可回,深悔平日溺爱太过,放纵她行走江湖,以致做出这等事来,素知她从小任性,倘加威逼,她定然刺胸自杀,不由得长叹一声,

· 165 ·

泪水潸潸而下，呜咽道："敏敏，你多加保重。爹爹去了……你……你一切小心。"

赵敏点了点头，不敢再向父亲多望一眼。

汝阳王转身缓缓走下山去，左右牵过坐骑，他恍如不闻不见，并不上马，走出十余丈，他突然回过身来，说道："敏敏，你的伤势不碍么？身上带得有钱么？"赵敏含泪点了点头。

汝阳王对左右道："把我的两匹马牵给郡主。"左右卫士答应了，将马牵到赵敏身旁，拥着汝阳王走下山去。六名番僧委顿在地，无法站起，余下的番僧两个服侍一个，扶着跟在后面。

过不多时，众人走得干干净净，只剩下张无忌和赵敏两人。

（选自《倚天屠龙记》第 1197~1199 页）

五、相关研究推荐

[1] 郑晨. 媒介文化语境下"金庸热"的社会心理与文化消费 [J]. 武汉交通职业学院学报，2019，21（1）：53-57.

[2] 战玉冰. 金庸小说中的"武侠"与"言情" [J]. 书屋，2019（3）：69-72.

[3] 刘航. 金庸小说版本研究之一——金庸小说版本研究综述 [J]. 濮阳职业技术学院学报，2014，27（2）：84-87.

[4] 高玉. 金庸武侠小说版本考论 [J]. 武汉理工大学学报（社会科学版），2010，23（1）：133-137.

[5] 王开银. 金庸、古龙武侠小说语言风格比较研究 [D]. 乌鲁木齐:新疆大学，2008.

[6] 宋沁潞. 金庸小说语言研究 [D]. 济南：山东大学，2008.

[7] 姜珍婷. 文白融合、多语混成的金庸侠语 [J]. 语文学刊，2008（1）：132-135.

[8] 田梅林.《鹿鼎记》韦小宝语言艺术探析 [D]. 呼和浩特：内蒙古大学，2007.

案例十二：《夏目友人帐》

王博雅

一、图书基本信息

（一）图书介绍

书名：《夏目友人帐》
作者：村井贞之
开本：32开
字数：100千字
定价：32.80元
出版社：百花洲文艺出版社
出版时间：2016年9月

（二）作者简介

村井贞之，日本脚本家，出生于奈良县，1993 年其作品在第六届富士电视台青年脚本家大赏中获奖，之后以 SF（科幻）、幻想风格的作品为主。作品如下。

TV 动画：《星际牛仔》《亚历山大战记》《铁臂阿童木》《无头骑士异闻录》《六翼天使之声》等。

剧场版动画：《亚历山大战记剧场版》《PERFECT BLUE 未麻之部屋剧场版动画》《千年女优》。

OVA：《异型特攻学园》。

著作：《河童杀人》《幻影死神》《蒸汽男孩》《夏目友人帐》。

二、畅销盛况

截至 2019 年 9 月，《夏目友人帐》在当当文学网青春文学畅销榜排名第 4 位，共 138 994 条评论，推荐率更达到 99.9%。不只是当当文学网，在其他购物网站，小说《夏目友人帐》也受到了一致好评，例如，在京东图书商城的动漫销量榜中为第 3 名，累计评论 2.7 万以上。在亚马逊网上书店，在青春文学类排第 44 位。

《夏目友人帐》初版小说在 2016 年由百花洲文艺出版社出版。《夏目友人帐》知名度很高，属于漫迷必看型，当你问起治愈类动漫的时候，答案或许不同，但是《夏目友人帐》一定会有，且会占很大比例。夏目友人帐是治愈类动漫必提作品，是欧美动漫排行榜综合排名第一的治愈类动漫，它是治愈类动漫里把艺术性、娱乐性、商业性融合得最好的作品之一。例如，2019年新上映的《夏目友人帐》大电影又一次印证了《夏目友人帐》较高的知名度。2019年3月7日全国电影总排片约320 730场，较昨日增加14 248场。《夏目友人帐》排片占比19.84%。截至3月7日下午5点，《夏目友人帐》票房1487万元人民币。

三、畅销攻略

（一）知名IP的继承与发展

《夏目友人帐》是日本殿堂级漫画家绿川幸感动千万网友的治愈系漫画神作。这部漫画和改编的动漫在漫迷心中是一部经典之作，读者通过主人公夏目进入了一个新的世界，温馨、温暖、温情。《夏目友人帐》画风清新明丽，故事内容丰富细腻。它让忙碌疲惫的人群找到一个新的方向。看了《夏目友人帐》以后，会爱上治愈系。不得不承认，《夏目友人帐》还吸引了一部分爱猫人士。里面的斑是典型日本猫扮相，很是可爱，且与它强大的能力产生奇特的反差萌，这也加强了《夏目友人帐》故事的幽默感。

而《夏目友人帐》小说版就是对这一知名IP的继承与发展，小说的形式是对这一故事的一种全新的展现方式，但它是独立的却不是孤立的，它的前期宣传与后期销售都离不开《夏目友人帐》IP的影响力。10年的经典，10年的温馨陪伴，10年的质量保证，只要一提到《夏目友人帐》人们心中多是给予肯定，处于对新形式、新故事的好奇或是对《夏目友人帐》IP的忠心追逐，《夏目友人帐》的广大粉丝，都会对初次小说化的《夏目友人帐》倍加关注。一提到治愈系动漫，人们都会想起《夏目友人帐》。《夏目友人帐》的动画版、动画剧场版都在不停更新，并且拥有很高的关注度。这也说明了《夏目友人帐》的影响力经久不衰。粉丝的人数越来越多，这些人都会成为新书的潜在消费者。《夏目友人帐》的漫画及动漫对《夏目友人帐》小说版的销售起到了不可忽视的推动作用。

动画大电影《夏目友人帐：缘结空蝉》改编自绿川幸原作的漫画作品《夏目友人帐》。该电影在2018年9月于日本上映，同年12月在中国台湾地区上映，次年3月在中国内地上映，豆瓣评分8.6。大电影的播出又唤醒了大批夏目迷十年的温暖记忆，同时又吸引了更多新的夏目迷的关注，借此良机，《夏目友人帐》小说大力推出。大电影和小说的相辅相成，使得《夏目友人帐》小说的销量一路飙升。

无论是单纯作为一本温馨的青春文学读物，还是为了漫画原著者绿川幸亲自手绘的封面及内页插图，或是作为《夏目友人帐》的周边，小说《夏目友人帐》都会有大批的读者为其买单。

（二）主题温馨治愈

如果说强大的IP影响力是小说销量的外部助力，那么内部因素就是小说的内容。《夏目友人帐》的主题就让人觉得温暖。因为每个人在成长的过程中都会有一些孤独感，因此任何一点温暖都会让人加倍珍惜。这里的每个故事都藏着治愈人心的力量。

世界观的树立方面。《夏目友人帐》的世界观是一个很理想化的世界观，让人陶醉，感动甚至羡慕。很多人想成为夏目一样温暖澄澈的人，但这很难做到。成为那样的人就要拥有爱人的勇气，因此观众和读者也渴求能从《夏目友人帐》中得到这种勇气，所以对夏目的世界会有一种向往。故事把主角的能力作为眼睛，透过这双眼睛来观察这个有着各种妖怪的怪异世界。故事尝试着构造一个理想的世界，在这个世界里，每个人都是独立的，但一旦有了交集，他们之间的感情就会变得持久而永恒。像玲子和妖怪之间的友人帐契约，夏目和猫咪老师之间的牵绊，这些都建立在他们相互关心，却不相互打扰的感情基础上。可以说，《夏目友人帐》和以往的以妖怪为背景的动画完全不同，它是从另一个角度写妖怪的世界，在这里，妖怪不再面目可憎，也有可爱的一面。

动画色调选择方面。整体的色调为清淡、朦胧、温馨，不论白天黑夜都营造出淡淡的暖色调。动画中没有夸张艳丽的色彩搭配和剧烈的明暗色彩对比，对人视觉刺激少，扑面而来的满满的柔和饱满的色调，使整个画面有一种温馨的风格，让人觉得温暖舒服。

动画人物设计方面。用笔简洁不夸张，寥寥几笔勾勒出人物的面庞，寻常男女的简单发型配着温暖的发色。日常的休闲服饰，没有多余的点缀，很少有华丽的配饰。所有的人物，像极了邻家大哥邻家小妹，像活在我们身边的人物一样。

（三）语言画面感强，易与读者产生情感共鸣

因为该书是在漫画及动画作品大火后的初次小说化，人物形象深入人心，小说在表达上很轻易就能和读者产生情感共鸣。例如，书中第 28 页提到："如

果我丧失了感知妖怪存在的能力，它们就不会再为这样的我费心了吧？猫咪老师也许会从我这里夺走友人帐，然后不知消失到哪儿去吧？因为对那些前来拜访的妖怪，我再也无法归还它们的名字。不会被妖怪所累的日子，本是我从小时候起就不停渴求之事，然而为什么，现在想起这个或许就要实现的心愿，胸口会寂寞得发痛呢？"这段文字描写得很简单，但是深爱这部漫画的人看到这一段就会有种难以言喻的伤感及无奈，因为看过漫画或者动画的人都会知道如果夏目感知不到妖怪，这个美好的故事也必然走向终点。读者在看到这里的时候胸口也会寂寞得发痛。《夏目友人帐》的语言魅力就在于它的平缓温暖又深入人心，它的文风就像鸣蝉夏日里偶有的清风，清凉又充满活力，让人心生向往。小说不需要过分地去刻画人物，人物的形象就已经非常丰满、立体。不会产生一千个人心中有一千个夏目的情况。这样便于让读者更好地代入情节，进入作者为读者编织的美好世界。

四、精彩阅读

那天夜里，我做了一个奇怪的梦。光线微暗的房间里——有壶和盘子、挂画、陶瓷人偶挂钟，还有古物散发的无处不在的霉味。不可思议的是，整个店铺都被七彩颜色包裹着，最深处摆着一张收款桌。一位老婆婆正专心致志地凝视着刚写好的书信，也许就是那封寄宿了文字妖怪的信。老婆婆似乎下定了某种决心把信装进写有收信人地址的信封，就在她准备用糨糊把口封上时，手却一顿。老婆婆叹了口气，把没有封口的信封塞进了抽屉里。

突然，不知从何处而来的奇异光线洒满了店铺，周围的古董器具仿佛对老婆婆的叹息有所感应，纷纷骚动起来。没有通电的煤油灯散溢着温馨的光辉，人偶的影子轻轻起舞，像在安慰老婆婆一般，古董器具们开始举办属于它们的舞会。然而老婆婆对此并无所觉，闭上眼沉浸在回忆中，不多时便浅浅地睡去。

已经持续三天看不见妖怪了。八原的妖怪似乎很好地为我保守了秘密，河童也心领神会，并未对任何妖怪提起此事，因此我没有遭到其他妖怪的袭击。幸运的是，文字妖怪尚未在眼睛里繁殖，且没有带来更多麻烦。我依然自由，甚至称得上太平度日，只是十分在意梦中所见的一切。

"说不定，那些文字妖怪想要回到老婆婆的店里去呢。"前来汇报调查结果的丙说。

之前我曾拜托她帮我调查文字妖怪的情况，遗憾的是并无成果。文字妖怪寄宿于人类眼中这种案例真是闻所未闻，遑论将它们赶出来的方法了。

"原来如此，也不是没有这种可能啦。夏目，要去那家店铺看看吗？"

猫咪老师这次出乎意料地积极，大概也是因为实在看不下去我这种不伦不类的状态了吧。

第三天，放学后我叫住了多轨，把信还给了她。为免她担心，我大概讲述了一下文字妖怪的事，并未提及它们飞进了眼睛里。看着文字妖怪退散后的信纸，多轨非常惊讶，面对那些显现出来的能够阅读的文字，她的开心显而易见。只不过数字的意义依然是个谜。

"谢谢你。虽然不懂那些数字的含义，但是我想，这封信对爷爷来说一定很重要。"

还有，关于信上提到的那间叫作花灯堂的古董店。

案例十二:《夏目友人帐》

"嗯?"

"寄来这封信的佐古芳美小姐现在住在别的地方,至于古董店,它还在那儿吗?"

"啊,你是说那家店吗?为什么这么问?"

"就是有点好奇,想去拜访一次看看。"

"哎?"多轨惊讶地盯着我的脸,好一会儿才答道,"那你要快点去才行,那间店就快没了。"

"哎哎?"

"我曾给那个人回了一封信,感谢她寄来那封写给爷爷的信,而且我觉得必须告诉她爷爷已经去世的消息。然后昨天收到了她的回信,信上说,家族会议上大家一致决定关掉那家店。"

"这样啊。"

"据说是因为无人继承,店铺所在大楼的业主想改建整幢大楼,只等祓除完毕立刻动工。"

"祓除?"

"嗯"

"祓除是针对什么?"

"谁知道呢?大概因为是古董店吧,要彻底摧毁或是做些这样那样的事。"

原来如此,这么想着心里却有点不舒服。"古董店每逢停业都会进行祓除吗?"

"如果夏目要去的话,我帮你通知芳美小姐吧?"

"啊,不用……"

即便多轨帮我通知了对方，完全就是陌生人的我恐怕也很难讲清拜访的理由。总不能说，飞到我眼睛里的妖怪想回到那家店里去。于是我岔开了话题，只说自己一时兴起想去看看，没有必要特意告知对方。

"我想再找找爷爷的遗物。总觉得别处一定还有同样的书信。"

多轨握了握拳，一副下定决心的模样。她的爷爷慎一郎的遗物大量散布于阁楼和仓库里，不是说找就找这么简单。和多轨道别之际，她像是忽然想起来似的。

"啊还有，如果要去花灯堂，我还是先把这封信交给夏目。这里面写着地址。"

说完，又把茶色的那个信封还给了我。

"啊，好的。"

我没想到，此时若无其事收下的信封，却在日后招来了不小的误会。

总之接下来的那个星期日，我决定带着猫咪老师去拜访花灯堂。

店里肯定是进不去了，至少从外面往里瞧瞧也不错；也太期待眼睛里的文字妖怪会充满怀念地飞出来——我差不多就是抱着这样的心情前去的。

从车站出发转乘急行电车，经过几站后下车，那家店便在附近了。这一带是地域广阔的市中心，有大学，学生很多。意外的是，离我家并不远，十点多出发中午之前也就到了。记不清什么时候问过滋叔叔，以前没有直通这座城市的公路。

即便乘坐电车，也必须绕很远的路。因此，这里的大学生基本上选择租房。

被猫咪老师缠得没办法，只好在车站前的乌冬面店吃了。

这近了吧，我正在吃早午饭，然后根据茶色信封上写着的地址，一边走一边寻找那间店铺。这座小城的北边是迎面而来的高山,南侧是直通大海的广阔平原,站前广场北侧比较繁华,半山腰有座由来已久的神社,参道两旁是早先开拓出来的小镇。大学建在山丘上,古老的教学楼能俯瞰整座小城。走出车站大楼能看到公交车转盘,五条公路呈放射状向四周展开。在车站旁的派出所,我查了查地图,再次确认了地址,之后朝沿着铁轨往西北边延伸的商业街走去。大概是面向学生开设的商业街,这里二手书店、文具店、时髦的咖啡店鳞次栉比,花灯堂距此有点距离。途中,每当我们和小孩子擦肩而过,他们都会对着猫咪老师噗噗地吹气,或者指指点点,为此猫咪老师情绪大受打击。

"喂,夏目,我要回去了。你就自己去那个古董店吧。"

"不要这么说,快陪我去啦。我会买七让屋的豆包作为谢礼的。"

接连转过好几条主道后再拐进细长的岔路,差不多就是这附近了吧?我正在确认信封上所写的地址,一个女子从我身边走了过去。

"那个,不好意思。请问这附近有没有一家叫花灯堂的古董店。"

"哎?"女子十分吃惊地回头看着我,"花灯堂的话,在那里左转,沿着河向北走就到了。"

或许是大学生吧,她的长发扎成马尾,胸前佩戴着纯美式风情的羽毛饰物,牛仔裤洗得有些褪色了,手里拎着书店的纸袋。乍一看并不起眼,却自有一股优雅的品位。

"但是,那家店已经"

"啊,我知道。只是和它有点渊源。"

"这样啊……"女子看着我,露出讶异的神色。当瞥见我手里的信时,那表情好似想说些什么,最终也只行了一礼。

便离开了。

"好了，夏目，我们也快走吧。"

按照那位女子的指引，转个弯后道路尽头便是一条小河，河滨路上绿柳摇曳，沿着南北方向一路蜿蜒，令人心旷神怡。猫咪老师不知怎的忽然发现河对岸甜品店的店招，立刻就想冲过去，好不容易制止它后，我们沿着河逆流而上。商业街被远远抛在身后，沿路已是普通的民家。花灯堂应该就在其中某一处了吧。刚走到店门口，猫咪老师猛地止步，小声叨念道："嗯嗯，有种不好的预兆哦，夏目。"

"怎么了，猫咪老师？"

"里面有不太对劲的东西。""是妖怪吗？"

"嗯，看你怎么想了，或许是比它们更糟糕的呢。"

站在店门口，可以清楚地看见门上悬挂着"休业中"的招牌。然而听着店里的动静，又分明是有人的样子。

"到底是谁在里面，猫咪老师？"

就在这时，店门缓缓地打开了。看清从里面走出来的那之后，我吃惊得无以复加。如果说所谓的缘分就是指无数偶然的排列组合，那么毫无疑问我同面前这人实在是缘分匪浅。

"哦呀？夏目。真没想到会在这里遇见你呢。"

那张帅气的脸此刻正爽朗地微微一笑。我仰起头，大声叫出了那人的名字。

"名取先生！"

（选自《夏目友人帐》第31~39页）

（插图选自《夏目友人帐》）

五、相关研究推荐

[1] 孟妍. 动漫作品中的治愈系文化体现——以《夏目友人帐》为例 [J]. 赤子（上中旬），2014（23）：45.

[2] 彭诗云. 温情治愈系动画创作模式研究 [D]. 无锡：江南大学，2014.

[3] 吴琼.《夏目友人帐》中"言灵信仰"的研究 [J]. 教育教学论坛，2017（26）：85-86.

案例十三:《纳尼亚传奇》

斯楞格

一、图书基本信息

(一) 图书介绍

书名:《纳尼亚传奇》

作者:[英]克利夫·史戴普·刘易斯

译者:陈良廷

开本:32开

字数:224千字

定价:228.00元

出版社:译林出版社

出版时间:2014年6月

（二）作者简介

克利夫·史戴普·刘易斯（1898—1963）出生于北爱尔兰，是英国20世纪著名的文学家、学者，杰出的批评家。26岁即登牛津大学教席，1954年在剑桥大学讲授中世纪及文艺复兴时期的英语文学。

刘易斯的一生兼具三重身份：批评家、作家、神学家，被誉为"三个刘易斯"：一是杰出的牛津剑桥大学文学史家和批评家；二是深受欢迎的科学幻想作家和儿童文学作家；三是通俗的基督教神学家和演说家。所著儿童故事集《纳尼亚传奇》七部曲，情节动人，妙趣横生。其他作品有《爱情的寓言：对中世纪传统的研究》（1936年）以及科幻小说三部曲《来自沉默的行星》（1938年）、《佩里兰德拉》（1943年）和《那骇人的威力》（1945年）等，影响深远。

刘易斯是20世纪最重要的奇幻作家之一。七卷本奇幻巨著《纳尼亚传奇》使得他闻名全球。20世纪30年代，刘易斯和挚友托尔金（奇幻文学大师）在牛津一家小酒馆约定各写一部奇幻史诗，于是关于信仰和想象的两部伟大著作《纳尼亚传奇》和《魔戒》应运而生。《纳尼亚传奇》的首卷《狮子、女巫和魔衣柜》发表于1950年，一经出版便反响强烈，在此后六年，刘易斯继续以纳尼亚魔法王国为故事背景，每年完成一册小说，七册共同组成这部奇幻巨著《纳尼亚传奇》。其中1956年出版的《最后一战》，还为刘易斯赢得了英国儿童文学的最高荣誉——"卡内基文学奖"。

二、畅销盛况

《纳尼亚传奇》在英、美几乎是家喻户晓,迄今为止,《纳尼亚传奇》已被翻译成40多种文字。

根据2007年的销售统计,从1989年起,《纳尼亚传奇》每年的全球销售量都超过150万册,累计销量已超过一亿册。随着2005年年底由迪士尼公司巨资打造的电影《纳尼亚传奇:狮子、女巫和魔橱》全球公映,"纳尼亚热"也旋即被推向了又一个高潮;非但《纳尼亚传奇》的文字和音像制品在世界各地热卖,网络游戏、玩具等相关衍生产品也同样炙手可热。

三、畅销攻略

(一) 儿童体裁小说新颖独特

20世纪下半叶开始,奇幻文学成为文学世界里最为活跃的文类之一。

《纳尼亚传奇》是一部奇幻类的儿童文学作品,其行文过程中汲取了众多奇幻作品的养料,但是这部小说并不是肤浅的仿作。刘易斯对众多资源的筛选吸纳完全因为他乐于学习的谦逊态度和博采众长的宽广视域。和别的奇幻作家最显著的不同是,刘易斯的奇幻故事都发生在真实世界之外。《纳尼亚传奇》故事发生的地点是可通过衣橱、油画等众多入口进入的与现实世界平行的第二世界,这里远离人类熟悉的日常经验,有其独特的运行秩序,并以"爱"作为根基。

《纳尼亚传奇》创作于第二次世界大战结束后,"二战"不仅给人类带来了肉体上的痛苦,更使世界范围内的人类心灵受到摧残。人类面对战争所带来的满目疮痍,希望能寻找到温暖和关爱,于是纳尼亚王国出现了。同样在今天高速运转的社会经济体系中,大众潮流和消费冲动使人类越发转向物质化,人类的眼睛瞩目于外部世界的拥有,而忽略了内部心灵的需要。纳尼亚王国揭开了一个崭新的世界,在那里,人类心灵可以畅游其中。

《纳尼亚传奇》用一种奇幻文学的形式和体裁,突破现实并展开丰富想象,得到了全球市场的认可,并在出版后影响了一代又一代人。

(二)基督教文学的成功典范

《纳尼亚传奇》是以儿童文学的面目出现并受到广大儿童欢迎,刘易斯用一种奇幻文学的形式和体裁,将其信奉的基督教教义似乎天衣无缝地融入了文学作品之中,"润物细无声",使得广大儿童在童年时代就受到基督符码和隐喻的某种启示,在思想深处得到基督教义的某种熏陶,这被视为基督教文学的成功典范。将《纳尼亚传奇》放在圣经神话这个背景中,可以看出它字里行间深藏的意义。

《纳尼亚传奇:狮子、女巫和魔衣柜》传达了自我牺牲、救赎和重生的基督教教义和善必胜恶的价值观。小说以一种潜移默化的、令人愉快的和易于接受的方式向儿童读者甚至是成人读者宣扬了牺牲、重生、救赎的基督教教义。小说中的各个人物形象和种种教义,以儿童奇幻文学的形式无处不隐喻着基督教思想的主题和哲理。尤其是书中主角完成英雄蜕变的过程,不仅给读者带来圣爱与宽恕的启示，更让读者深刻理解了光明与黑暗的辩证。

作家大卫·巴勒特曾评价说："刘易斯最大的贡献就是在宗教世俗化的年代给基督教注入了鲜活的生命力，赋予它新的现实关联性，在人类价值观分崩离析的关头发出了饱含良知和责任感的呼声。"

作品给"二战"后的西方国家带来了基督教新的生命力，以人文关怀为最终指向，用语言、结构和奇幻象征而不是写作理论和技巧来吸引读者，以人性与生活环境的发展为人类开辟美好的愿景来鼓励读者。通过精彩的故事、美妙的语言给予读者审美愉悦的同时，又透射着深刻的宗教哲思，发人深省。

（三）作者本人的知名度

在 1950 年出版《纳尼亚传奇》前，刘易斯在当时的英国有着很大的名望。刘易斯 26 岁便登上了牛津大学的教席，最早使其出名的是他早期的学术研究。刘易斯撰写的《爱的寓言：中世纪传统研究》就是研究中世纪文学传统的权威著作。他在该书中主张要从文学传统的角度来解释和评价文学作品，并通过列举从中世纪到现代以爱情为主线的众多作品来梳理、探究"爱情"这个西方文学中基本母题的流变历程。时任伊利诺伊维顿学院英文系教授的基尔比就已经开始在课堂上讲授刘易斯的作品，并鼓励学生去模仿刘易斯的写作风格，学习他富于想象的创作方法。

1944 年 2 月至 4 月，刘易斯每天上午在 BBC 广播电台做题为"超越个人"的系列广播讲话，向战时的人们，尤其是难民和伤员们解释基督教信仰。这些广播讲话在大西洋两岸备受欢迎，并由此确立了他作为 20 世纪基督教最重要阐释者与宣扬者的声望。刘易斯成为 1947 年《时代》杂志封面人物。

《来自寂静的星球》(1938 年)、《漫游金星》(1943 年)、《那股邪恶的力量》(1946 年)、《地狱来鸿》(1942 年)、《梦幻巴士》(1945 年),这些书出版之后都获得了很大的关注。

在"纳尼亚"系列第一部作品出版之前,刘易斯在英国、美国等国家,有着很大的名声,对作品的推广有着明星效应。

(四)充分开发 IP 价值

IP 本为"知识产权"的英文缩写,在时下的中国出版语境中,它特指基于影视开发的文学图书出版。影视行业的"IP 热",对图书出版产生了巨大影响。一方面,文学作品成为影视改编追逐的对象;另一方面,在文学作品成为影视改编"IP 基地"的同时,影视节目同样也反哺了 IP 图书出版。

"纳尼亚传奇"系列图书也一直是这样做的。在此之前,包括其他奇幻类图书《哈利波特》《魔戒》等多部作品被改编成电影和游戏等,这些相关影视漫画作品的开发再次带动了图书的热销。

作家们笔下的奇幻故事从 1980 年后开始出现在英国电视剧、动画片和舞台剧中,甚至 BBC 还制出了全系玩偶。不过,没人敢将纳尼亚国度搬上大银幕,因为用真人演员和真实场景演绎它的辽阔、恢宏和壮观难以实现,直到 2000 年后,逐渐完善的特效技术才终于能呈现出刘易斯脑海中的奇幻世界。作为刘易斯产业及公司的创意和艺术总监,刘易斯的继子道格拉斯·格莱沙姆一直相信刘易斯的名著有朝一日会被搬上大银幕。在 Walden Media 和迪士尼公司与他接触之后，影片的拍摄计划终于逐渐成形。让格莱沙姆感到欣慰的是，制片方本着忠于原著的严格态度，绝不添加任何内容。2005—2008年，《纳尼亚传奇》三部电影上映之后，其图书在美国销量增加140%，全球各地销量都有了很大的增长。2018年Netflix收购了《纳尼亚传奇》的电视剧和电影版权，版权方有史以来第一次将整套七本纳尼亚书籍的改编权利授予一家公司。Netflix对其原始内容也有着长期的计划，正在开发新的剧集和电影项目。

四、精彩阅读

第一章　露茜初探魔衣柜

从前有四个孩子，名字叫彼得、苏珊、爱德蒙和露茜。这个故事说的是大战期间他们躲避空袭，离开伦敦，被送走时发生的事情。他们被送往一个老教授的家，教授住在偏僻的乡下，离最近的火车站有十英里，离最近的邮局也有两英里。他没有妻子，跟一个管家麦克里迪太太以及三个仆人住在一座很大的房子里，这三个仆人名叫艾维、玛格丽特和贝蒂，不过这个故事里不大提到他们。教授本人年纪很老了，不但长着满头蓬松的白发，而且大半个脸上也长满了蓬松的白毛，孩子们一见到他几乎顿时就喜欢他了；不过头天晚上他到前门来接他们的时候，见到他这副怪模样，年龄最小的露茜倒有点怕，老三爱德蒙却想笑，只好假装一直在擤鼻涕来掩饰过去。

头天晚上他们刚向教授道了晚安上楼，两个男孩就来到女孩子的房间，大家一下子谈开了。

"我们真走运。"彼得说,"这儿真太好了。我们爱怎么干,那个老家伙就会让我们怎么干。"

"我认为他是个老可爱。"苏珊说。

"哦,别胡扯了!"爱德蒙说,他明明累了,偏要装作不累,总是弄得脾气很坏。"别老像那样说话。"

"像什么啊?"苏珊说,"不管怎么说,现在是你上床的时候了。"

"你就想学妈妈那样说话。"爱德蒙说,"你算老几,轮到你来说我什么时候该上床?你自己上床去吧。""我们大家最好都上床去吧!"露茜说,"要是有人听见我们在这儿说话,准会骂人的。"

"不,不会的。"彼得说,"我告诉你们,这种房子里可没人会管我们在干什么。反正他们也听不见我们。从这儿下去到餐厅大概要走十分钟呢。当中还有那么多楼梯和走廊。"

"什么声音?"露茜突然说。这屋子比她以前住过的大得多,想到那么些长长的过道,一扇扇房门通向一间间空荡荡的房间,她不由得有点浑身发毛。

"只是一只鸟罢了,傻瓜。"爱德蒙说。

"是只猫头鹰。"彼得说,"这儿将成为鸟的好天地啦。现在我要去睡了。听着,让我们明天就去探险吧。在这样的地方你什么东西都可能发现。我们一路上来的时候你们都看到那些高山了吧?还有树林?那儿可能有鹰。可能有牡鹿。还会有秃鹰。"

"有獾!"露茜说。

"有狐狸!"爱德蒙说。

"有兔子!"苏珊说。

谁知到了第二天早晨，雨却下个不停，雨点密密麻麻，往窗外望去，既看不见高山，也看不见树林，连花园里的小溪也看不见了。

"天总归要下雨的！"爱德蒙说。他们刚和教授一起用完早餐，上楼来到他给他们留出的房间——一间又长又矮的房间，两边各有一扇向外开的窗子。

"别抱怨了，爱德。"苏珊说，"再过一小时左右，八成就会天晴的。现在我们也够舒服的了，又有无线电，又有很多书。"

"我才不稀罕呢。"彼得说，"我要在房子里探险。"

大家都赞成这个主意，这次探险也就这么开始了。这房子就是你好像永远也走不到头的那种，到处都是意想不到的地方。他们开头闯进几扇门，里面只是几间空的卧室，一点也不出乎意料；但不久他们就来到一间长长的房间，里面挂满了画，他们还在那儿发现了一套盔甲；此后又来到一间房间，里面挂满了青枝绿叶，角落里还有一架竖琴；然后走下三级楼梯，再走上五级楼梯，来到楼上一个小穿堂，有扇门通向一个阳台；再后来就来到一连串彼此相通的房间，里面堆满了书——大部分都是很旧的书，有的书比教堂里的《圣经》还大。不久以后他们又走进一间房间，里面空空荡荡的，只有一口大衣柜；衣柜就是门上有面镜子的那种。这屋里除了窗台上有一盆枯萎的矢车菊以外，什么也没有。

"那儿没什么！"彼得说，他们就又匆匆走了出来——除了露茜。她待在后面是因为她心里想，打开衣柜门来看看也好，尽管她觉得柜门准保是锁着的。没想到柜门竟一下子打开了，还有两个樟脑球滚了出来。

她往衣柜里看看，只见里面挂着几件大衣——大部分都是长皮大衣。露茜最喜欢闻皮大衣的味儿和触摸皮大衣的感觉了。她马上走进衣柜，钻到大衣中间，脸蛋在皮大衣上摩几下,当然,她让柜门大开着,因为她知道把自己关在大衣柜里是非常愚蠢的。不久她就朝里走了,发现第一排大衣后面还挂着第二排大衣。衣柜里好黑,她向前伸出两臂,免得一头撞到柜子的背板上。她往里走了一步,又走了两三步,老以为手指尖就会摸到木板,但摸来摸去摸不到。

"这口衣柜一定大得要命。"露茜想着,一面还在往里走,一面推开层层叠叠软绵绵的大衣,好空出点地方。后来她注意到脚下有东西在咯吱咯吱响。"不知那是不是樟脑球?"她想,一面弯下身子用手摸。但她没摸到柜底那又硬又光的木板,却摸到软乎乎、冷冰冰、像粉末似的东西。"这可真怪。"她说着又往里走了两步。

过了一会儿,她发现擦在她脸上和手上的不再是软软的毛皮,而是又硬又粗甚至有点刺人的东西了。"咦,这简直像树枝了!"露茜叫道。说罢她看见前面有一点亮光,这光竟不是从几英寸以外原该是那衣柜后背的地方来的,却是从很远的地方来的。有什么凉飕飕、软绵绵的东西不停地落在她身上。又过了一会儿,她才发现自己站在一片树林中间,这儿是晚上,脚下全是雪,雪花在空中飞舞。

露茜感到有点害怕,但她同时也觉得好奇和激动。她回头看看,在黑咕隆咚的树干中间,她仍然看得见衣柜开着的门,甚至还看见她刚才走进来的那间空房间。(当然,她让衣柜门大开着,因为她知道把自己关在一口衣柜里是件蠢事。)屋子里看来还是白天。"要是出了什么事,我总可以回去的。"露茜心想。她开始朝前走了,咯吱咯吱地踩在雪地上,穿过树林,往那点亮光走去。

大约走了十分钟,才走到那儿,一看,这亮光原来是一根路灯柱。她站在那儿瞧着路灯柱,不知道树林中间为什么有根路灯柱,也不知道下一步该怎么办。

她听见一阵噼里啪嗒的脚步声朝她走来。不久她就看见一个十分奇怪的人从树丛中出来，走进路灯光下。

这人只比露茜高一点儿，撑着一把伞，伞上全是雪。他上半身样子像个男人，但他的腿却像山羊腿（腿上还有油光光的黑毛），脚上竟是山羊蹄子。他也有条尾巴，不过露茜开头倒没注意，因为尾巴整整齐齐提起来搭在撑伞的那条胳膊上，免得拖在雪地里。他脖子上围了条红围巾，皮肤也红通通的。他那张小脸长得怪怪的，但很愉快，留着一部又短又尖的胡子，鬈发里矗出两只角，长在前额上，一边一只。我刚才说过，他一只手打着伞，另一条胳膊下夹着几个棕色纸包。从纸包和雪看来，仿佛他刚刚是在为圣诞节采购东西。他是一只羊怪。当他看见露茜时，他奇怪得不得了，连手里的纸包都掉在地上了。

"我的天哪！"羊怪叫道。

（选自《纳尼亚传奇：狮子、女巫和魔衣柜》第1~6页）

五、相关研究推荐

[1] 潘滔. 论《纳尼亚传奇：狮子、女巫和魔衣橱》的幻想特质 [J]. 信息记录材料，2017，18（5）：140-142.

[2] 卢茜茜，马宁.《纳尼亚传奇》的叙事策略和文化隐喻 [J]. 电影文学，2017（17）：133-135.

[3] 杨慧，谭爱平. 从《纳尼亚传奇》看英国儿童文学作品的叙事风格 [J]. 四川职业技术学院学报，2017，27（5）：51-54.

[4] 刘艳艳.基督教精神"恐龙"的奇幻重生[D].深圳:深圳大学,2017.

[5] 侍蓓.善必胜恶——以原型理论分析《纳尼亚传奇:狮子、女巫、魔衣柜》[J].昭通师范高等专科学校学报,2006(6):26-30.

[6] 龙金顺.《纳尼亚传奇》现实性与奇幻性的结合研究[J].电影文学,2014(1):35-36.

案例十四:《达·芬奇密码》

和晓应

一、图书基本情况

(一) 图书介绍

书名:《达·芬奇密码》

作者:[美]丹·布朗

译者:朱振武、吴晟、周元晓

开本:32 开

字数:40 千字

定价:28.00 元

出版社:上海人民出版社

出版时间:2004 年 1 月

（二）作者简介

丹·布朗，1964年6月22日生于美国新罕布什尔州的艾斯特镇。毕业于阿默斯特学院，曾是一名英语教师。1996年开始写作，先后推出了《数字城堡》《骗局》和《天使与魔鬼》3部小说，均取得了不错的销售成绩，其中以《天使与魔鬼》最为成功，奠定了他在小说界的地位。《达·芬奇密码》是他的第4部作品，出版后成为他最为畅销的小说之一。布朗的作品已被翻译成多种文字，在世界范围内广为流传。

2003年，《达·芬奇密码》一出版即登上纽约时报畅销书排行榜第一名，到2006年全球畅销量已累积达6050万本，丹·布朗前几部小说也跟着大卖。他的前4部小说于2004年同时进入纽约时报畅销书排行榜。

2005年，他被《时代》杂志列入年度百大最有影响力的人，《福布斯》杂志将丹·布朗评选为2005年"百大名流"第12名。

2013年5月，出版小说《地狱》，该作继续以罗伯特·兰登作为主角。《地狱》首印400万册，出版后的前8周蝉联《纽约时报书评周刊》精装书最畅销排行榜榜首，同时其平装本及电子书也在发行后的前8周内稳居排行榜榜首。

2017年10月，新作《本源》英文版由美国双日出版社出版，2018年5月由人民文学出版社出版中文版本。

二、畅销盛况

丹·布朗的知识性悬疑小说《达·芬奇密码》自问世之日起就受到读者们

的强烈欢迎，荣登《出版商周刊》《纽约时报》以及亚马逊网上书城的畅销书排行榜榜首40周之久，连续两年夺得美国全年图书销量冠军。《纽约时报》书评称《达·芬奇密码》是一本令人愉快的"知识悬疑小说"，并幽默地写道："自《哈利·波特》出版之后，还没有一位作者设下这样的圈套哄骗读者，诱使他们屏住呼吸来追逐情节，并罪大恶极地公然以此为乐。"

截至2020年，《达·芬奇密码》已被译成近50种语言在全球范围内出版发行，在全球印数已达8000万册。由该书改编而成的电影也于2006年5月19日在全球公映，全球票房收入达2.24亿美元。2004年，《达·芬奇密码》的中文版开始发行，前3个月就创下30万册的销售佳绩，仅2004年，该中文版就被重印了18次。不仅如此，堪称其姊妹篇的《天使与魔鬼》，2005年2月登场后两个月的时间也创下了20万册的销售佳绩。中国掀起了一股丹·布朗的热潮。如今，《达·芬奇密码》已然不仅仅是一本畅销书，它的畅销以及由此引发的一系列强烈反应已成为一种值得文学批评界关注的文化现象，"达·芬奇密码"和"丹·布朗"已经成为文化符号，代表着当今通俗小说的风向以及众多读者的审美趣味。

三、畅销攻略

（一）《达·芬奇密码》的艺术魅力

《达·芬奇密码》给我们讲述的是一个古老的侦探故事：卢浮宫博物馆馆长雅克·索尼埃被人杀死在博物馆里，临死之前他用自己的身体留下了一连串令人费解的密码。哈佛大学教授罗伯特·兰登在馆长的孙女——密码破译天才索菲·奈芙的帮助下对这些奇特的符号及密码进行整理与破解。凭着智慧和勇气，他们一步步揭开了馆长临死前传递给他们的秘密——传说中的"圣杯"其实喻指抹大拉的玛丽亚，也就是耶稣的妻子。君士坦丁大帝出于统一罗马帝国的需要在尼西亚会议上通过投票方式确定了耶稣的神性，并把圣经定位成男性文本从而掩盖了圣杯的真相。然而这个所谓的历史真相及重大秘密，在小说结尾却被消解，读者看到的只是一个出人意料但又令人信服的隐喻性解释。

1. 多层面满足读者的阅读需求

丹·布朗出生于美国一个中产阶级家庭，父亲是一位曾获美国总统奖的数学教授，母亲是职业宗教音乐家，他的妻子布莱思则是艺术史学家兼画家。可以说，父亲培养了他逻辑缜密的数学头脑，母亲给了他宗教艺术的长期熏陶，妻子则是他生活的忠实伴侣及事业的得力助手。丹·布朗的家庭背景与他的成功不无关系，而他本身的教育背景和工作经历也是成就他创作的重要因素。丹·布朗勤勉好学，博学多通，早年曾在西班牙的塞维利亚大学专门学习过艺术史，因此积累了深厚的文化底蕴，在美国这个既崇尚欧洲文明，又关注本土现实的多元文化的大熔炉里长大，对西方的经典文化了然于胸，对世俗社会又洞察入微，并走上了一条雅俗相融的创作道路，因此他的作品可以从多个层面满足读者的阅读需求。

小说的畅销必然离不开其本身的艺术魅力。《达·芬奇密码》采用全新的创作理念，将传统经典文化置于后现代语境中加以阐释和解构。小说涉及密码学、数学、宗教、文化、艺术等诸多方面的知识，同时又集谋杀、恐怖、侦探、解密、悬疑、追捕、言情等各种通俗小说因素于一身,再加上独特的创作手法,打破了严肃小说与通俗小说的界限,从多种角度满足了不同人群的阅读期待,从而成就了这部雅俗共赏的知识性悬疑小说,充分体现了其在文化研究领域中不可替代的社会意义和学术价值。

2. 扣人心弦的写作模式

《达·芬奇密码》在以时间顺序来作为基本的叙事框架的同时,采用蒙太奇手法行文,用几条线索同时推进来加强小说的悬疑性,把共时的情节蕴于历时的叙述之中,十分巧妙地把读者控制在惊悚与快感之中,从而将一个个扣人心弦又错综复杂的故事情节呈现在读者面前。小说从始至终紧扣着兰登破解谜题的主线而展开,开头就引人入胜,并通过多个分悬念的设置与解答将小说的文化蕴涵提高到一个更新的层次。《达·芬奇密码》虽然保持了传统的故事情节的完整性——开端、发展、高潮、结局,但与传统式闭合式结尾不同的是,作者采用消解的手法,给读者一个不确定的结尾,使小说"言有尽而意无穷",给读者留白,使读者进一步地领悟《达·芬奇密码》所要表达的深奥主旨。

(二) 符合中国文化语境的翻译

丹·布朗的大多数作品都是由上海大学的朱振武教授翻译。《达·芬奇密码》虽是一部通俗小说,却有着丰富的知识和大量的文化因子,这不仅需要译者拥有扎实的语言功底,同时对译者的知识体系、文化认知能力也是巨大的考验。朱振武教授是英美文学博士、世界文学博士后、中国比较文学学会翻译研究会会员，他对两种语言体系之间转换的把握，及处理两个文化系统交流与碰撞的能力都使得他成为翻译《达·芬奇密码》的最佳人选。朱振武教授不仅为丹·布朗的小说作序，还撰写过多篇论文向我们详细而深刻地介绍了丹·布朗及其著作。朱振武教授做客新浪聊天室时曾介绍他在翻译实践中的心得体会："一戒言词晦涩，佶屈聱牙。二戒死译硬译，语句欧化。三戒望文生译，不求甚解。四戒颠倒句意，不看重心。五戒前后不一，一名多译。六戒无凭无据，不查辞书。七戒格式混乱，不合规矩。八戒草率成文，不加润色。九戒抄袭拷贝，惹祸上身。十戒应付差事，不负责任。"

在接受"99读书人"访谈中，朱振武教授曾说过："译品在目标语读者中被成功接受与翻译过程中译家的美学理念和各种思维的相交运用密不可分。文学作品的美学特质和翻译的重新语境化要求译者在翻译过程中能综合运用美学理念和翻译思维，把握和谐的审美距离以期在尽量考虑目标语读者接受习惯的同时，最大限度地提高目标语文本与源语文本的相似性。"从译者对其翻译思想和准则的表述中，我们可以看出译者在翻译实践中，将译作的通达顺畅摆在了第一位，将目标语读者的接受摆在了优先考虑的位置。

（三）出版商的宣传营销

1. 广告宣传，先声夺人

《达·芬奇密码》的火爆和丹·布朗在此之前的 3 部作品——《数字城堡》《天使与魔鬼》和《骗局》的冷清所形成的鲜明对比就是典型的例子。道布尔戴书局在发行《达·芬奇密码》前夕特意出资让丹·布朗在 6 个城市做了一番宣传，与各渠道的书商进行交流。书局的发行技巧和推销手段使小说还未上市,就先声夺人,吸引了无数的眼球,上市后自然是表现非凡。而且在《达·芬奇密码》持续高热的影响下,丹·布朗之前的作品重新取得了良好的市场反应,登上了畅销书榜。可以说,《达·芬奇密码》原作在美国的畅销在很大程度上得益于书局通过各种广告宣传手段对市场的影响和对读者的引导,而且这种影响不仅仅存在于美国,中国许多读者在中译本面市之前对原作就已有所耳闻,并在翘首期待中文版的发行,这为小说在中国的畅销奠定了一定的基础。而这只是第一步,之后就是针对读者的营销。出版社充分利用媒体宣传,以纵横开阖的态势,加强对市场导向的影响。出版前,在专业媒体上发表对于版权落定以及电影版权售出的报道是必不可少的。另外,编辑还特意与媒体沟通力求让《达·芬奇密码》以及丹·布朗在各大媒体的年度风云类的报道中得到较为重点的介绍,使之能够提前进入普通读者的视线,使得《达·芬奇密码》在出版前,就已经会有一拨读者翘首以待。小说上市后,出版社在京沪等主要纸质媒体上广泛发布新书的消息以及书评,并充分考虑到小说本身的性质,将报纸连载作为一个重要的宣传诉求点。

2. 多媒体营销,多元互动

同时,我们身处一个信息传递非常多元化的时代,网络以及其他媒体的宣传也在齐头并进。上海世纪出版集团旗下秉承"敏锐、专业、领先、服务"企业精神的北京世纪文景文化传播公司为小说精心策划了中文网站。为单本图书创立特色网站无疑是一大创新,为广大读者提供了相互交流的信息平台,同时通过网站发布该书相关新闻从而使访问者在第一时间了解最新资讯。集团更是煞费苦心地开发了与小说情节相匹配的特色游戏,并把游戏融入网页设计中,使访问者通过游戏真切地感受小说人物在探密解谜过程中的惊心动魄。利用游戏载体挖掘潜在读者,使之成为凝聚人心的"法宝",大大增加了访问量。

3. 线下活动,增强读者体验感与参与度

小说已经取得了相当好的市场表现,可出版方方面的媒体宣传却始终没有停止过中文版增加彩图插页、盗版换正版的活动,尤其是在《达·芬奇密码》电影热映之际,上海世纪集团下属的世纪文景公司抓住机会,三管齐下——限量电影纪念版面世、插图珍藏本开奖、活体雕塑"明星脸"选秀开幕,热推小说。而之后的活体雕塑的全国巡演,更是将小说介绍到了全国的每个角落。可见,小说能如此畅销与出版方的宣传是分不开的。

四、精彩阅读

第一章

罗伯特·兰登慢慢醒来。

黑暗中电话铃响了起来——一种微弱的、不熟悉的响声。他伸手去摸床头灯,把灯打开。他眯着眼打量了一下环境,发现这是一间文艺复兴风格的豪华卧室,路易十六风格的家具,装饰有手工湿壁画的墙面,还有张宽大的四柱红木床。

我到底是在什么地方?

挂在床柱上的提花浴衣上写着:巴黎丽兹酒店。

睡雾在慢慢散去。

兰登拿起听筒,"您好!"

"兰登先生吗?"一个男人的声音问道,"但愿我没有吵醒您!"

他睡眼惺忪地看了看床边的钟。午夜12时32分。他刚睡了一个小时,但感觉如昏死过去似的。

"我是酒店接待员,先生。打扰您了,很抱歉,但是有位客人要见您。他坚持说事情非常紧急。"

兰登还是丈二和尚摸不着头脑。客人?这时他的目光汇聚到床头柜上一页皱皱巴巴的宣传单上:

巴黎美国大学

竭诚欢迎

哈佛大学宗教符号学教授

罗伯特·兰登今晚莅临赐教

兰登哼了一声。今晚的报告——一幅有关隐藏于沙特尔大教堂基石上的异教符号幻灯片很可能激怒了哪位保守听众了。极有可能是有宗教学者上门找碴儿来了。

"对不起,我累了,而且……"兰登说。

"可是,先生,"接待员赶紧打断了他,压低了声音,急迫地耳语道,"您的客人是位重要人物。"

毫无疑问,他的那些关于宗教绘画和教派符号学的书使他不太情愿地成了艺术圈子里的名人。去年他与一个在梵蒂冈广为流传的事件有牵连,此后他露面的频率提高了上百倍。打那以后,自命不凡的历史学家和艺术迷们便源源不断地涌向他家门口。

兰登尽量保持礼貌："麻烦您记下那人的姓名和电话号码,告诉他我在周二离开巴黎前会给他打电话。谢谢。"接待员还没来得及回话,他便挂上了电话。

兰登坐了起来,对着旁边的《客人关系手册》蹙着眉头。手册封面上自吹自擂地写道：如婴儿般沉睡于灯火辉煌的城市,酣睡于巴黎丽兹酒店。他转过头疲倦地凝视着对面的大镜子。回望着他的是个陌生人,头发乱蓬蓬的,疲惫不堪。

你需要休假,罗伯特。

去年他可元气大伤,憔悴了许多。但他不愿意在镜子里得到证明。他本来锐利的蓝色眼睛今晚看起来模糊呆滞。一片深色的胡茬儿掩盖了他强壮的双颌与有道凹纹的下巴。在太阳穴周围,花白的毛发与日俱增,正侵蚀他那浓密的又粗又黑的头发。虽然他的女同事们一直说花白的头发使他显得更儒雅,可兰登不那么想。

但愿《波士顿杂志》现在能看到我的样子。

颇使兰登感到尴尬的是,上个月《波士顿杂志》把他列为该市十大最有魅力的人物,莫名其妙的荣誉使他不断成为哈佛同事首当其冲的调笑对象。今晚在离家三千英里的地方,他作报告时,那种赞扬再度出现,令他惴惴不安。

女主持人向巴黎美国大学的道芬阁里满满一屋子人宣布道："女士们,先生们,我们今晚的客人不需要介绍。他写了好多本书,如:《秘密教派符号学》《光照派的艺术》和《表意文字语言的遗失》等。我说他写了《宗教圣像学》一书,也是言副其实,你们许多人上课都用他的书。"

人群中学生们拼命地点头。

"我本打算介绍他令人难忘的履历，然而……"她以调侃的眼神瞥了一眼坐在台上的兰登。"一位听众刚递给我一个……什么呢？……可以说是更有趣的介绍。"

她举起了一本《波士顿杂志》。

兰登缩了缩身子。她到底从哪搞到那玩意的？

女主持人开始从那篇空洞的文章中朗读已选取的片段。兰登感到自己在椅子上越陷越深。三十秒钟后，人们龇着牙笑了起来，而那女人还没有停下来的意思。"兰登先生拒绝公开谈及去年他在梵蒂冈选举教皇的秘密会议上所起的非凡作用，这使人们对他越发产生了兴趣。"女主持人进一步挑逗听众说："大家想不想多听一些？"

大家一齐鼓掌。

但愿有人能让她停下来，见她又继续念那篇文章，兰登默默祈祷道。

"虽然兰登教授可能不像名单中比较年轻的获奖者那样风流倜傥，可这位四十几岁的学者却拥有他这个年龄不多见的学术魅力。他只要露面就能吸引很多人，而他那极低的男中音更是使他魅力大增，他的女学生把他的声音形容为'耳朵的巧克力'。"

大厅内爆发出一阵大笑。

兰登有些尴尬，只能强装笑脸。他知道她马上又会说出"穿着哈里斯花格呢的哈里森·福特"这样不着边际的话，因为他穿着哈里斯花格呢裤子和柏帛丽高领绒衣。他原以为今晚终于可以安全地这么穿而不致惹出那样荒谬的说法来。他决定采取措施。

"谢谢您，莫尼卡。"兰登提前站了起来，并把女主持挤下讲台。"《波士顿

案例十四:《达·芬奇密码》

杂志》显然非常会编故事。"他转向听众并发出了窘迫的叹息声。"如果我知道你们谁提供了那篇文章,我就请领事把他驱逐出境。"

听众又大笑起来。

"好喽,伙计们,你们知道,我今晚到这儿是要谈谈符号的力量……"

兰登房间的电话铃再一次打破沉寂。

他拿起电话,迟疑地咕哝道:"喂!"

不出所料,正是接待员。"兰登先生,真抱歉,又打扰您。我打电话是想告诉您,您的客人正在去您房间的路上,我想我应该提醒您一下。"

兰登现在一点睡意也没有了。"是你把那人打发到我房间的?"

"抱歉,先生,但像他这样的人……,我想我不敢冒昧地阻止他。"

"到底是谁?"

但是门房接待员已挂断了电话。

话音未落,已有人用拳头重重地敲门。

兰登感到一阵不安。他匆忙下床,感到脚趾头深深地陷到地上的萨伏纳里地毯里。他穿上酒店的睡衣朝门口走去。"哪一位?"

"兰登先生吗?我需要和您谈谈。"对方以尖利的、颇具权威的口吻大声喊道。他说的英语有很重的口音。"我是中央司法警察局的杰罗·姆科莱侦探。"

兰登怔了一下。司法警察局?这大致相当于美国的联邦调查局。

他没把安全链取下,只是把门开了几英寸宽的小缝。盯着他看的那人的脸消瘦而疲惫。那人特别干练,身着官样正经的蓝制服。

"我可以进来吗?"那侦探问道。

陌生人灰黄的眼睛打量着兰登,使他感到局促不安。"到底是怎回事?"

· 203 ·

"我们的警务探长在一件私事上需要您发挥一下专长。"

"现在吗?深更半夜的。"兰登挤出一句话来。

"你本打算今晚和卢浮宫博物馆长会面的,是吧?"

兰登突然感到一阵不安。他和那位德高望重的博物馆长雅克·索尼埃本来约定在今晚的报告后见一面,小酌一番,可索尼埃根本就没露面。"没错。你怎么知道的?"

"我们在他的'日程记录本'中看到了你的名字。"

"出什么事了?"

侦探沉重地叹了一口气,从窄窄的门缝里塞进一张宝丽莱快照。

看了照片,兰登浑身都僵住了。

"照片是不足半小时前拍的——在卢浮宫内拍的。"

凝望这奇怪的照片,他先是感到恶心和震惊,继而感到怒不可遏。

"谁竟然干出这种事!"

"鉴于你是符号学方面的专家,且你原打算见他,我们希望你能帮助我们回答这个问题。"

兰登看着照片,既恐惧又担心。那景象奇怪得让人不寒而栗,他有种不安的、似曾相识的感觉。一年多以前兰登也看到过一具尸体的照片,也遇到了类似的求助。二十四小时后,他险些在梵蒂冈城丧了命。这幅照片和那幅完全不同,但情景引发的感觉却是那样相似,使人不安。

侦探看了看表说:"探长正在等您,先生。"

兰登没太听清他说什么。他的眼睛还在盯着那张照片。"这个符号尸体如此奇怪地……"

"你是说放置？"侦探接着说道。

兰登点了点头，又抬起头，感到有一股逼人的寒气袭来。"这是谁，竟会对人干出这等事来。"

侦探似乎面无表情。"您不知道，兰登先生，你在照片上看到的……"他顿了顿说道，"索尼埃先生是自己把自己弄成那样子的。"

（选自《达·芬奇密码》第4~8页）

五、相关研究推荐

[1] 朱振武. 解密丹·布朗 [M]. 北京：人民文学出版社，2010.

[2] 朱振武. 解码丹·布朗创作的空前成功 [J]. 上海大学学报（社会科学版），2005，12（4）：42-46.

[3] 朱振武. 相似性文学翻译的审美旨归——从丹·布朗小说的翻译实践看美学理念与翻译思维的互动 [J]. 中国翻译，2006，27（2）：27-32.

[4] 朱振武. 丹·布朗现象与文学中国梦 [J]. 上海师范大学学报（哲学社会科学版），2015，44（2）：119-125.

[5] 石静. 传统与后现代的巧妙融合——《达·芬奇密码》的成功解读 [J]. 韶关学院学报（社会科学版），2006，27（10）：62-64.

[6] 綦亮，肖明慧. 本土视角下"丹·布朗现象"的文化透视——评《丹·布朗现象诠释：文化悬疑小说创作程式研究》[J]. 外文研究，2017，5（3）：99-101，105.

非虚构类

案例十五:《DK 博物大百科》

于雅婷

一、图书基本信息

(一)图书介绍

书名:《DK 博物大百科》
作者:英国 DK 公司以及史密森学会合作编著
开本:8 开
字数:1700 千字
定价:458.00 元
出版社:科学普及出版社
出版时间:2018 年 9 月(中文版)

（二）作者简介

《DK博物大百科》原版书名为 *The Natural History Book*，由世界顶级生物学家、动物学家、自然学家组成的英国DK专家团队和史密森学会编辑撰写。史密森学会是唯一由美国政府资助的半官方性质的博物馆机构，由英国科学家史密森遗赠捐款，1846年，根据美国国会法令创建于首都华盛顿。它拥有19个博物馆（其中两个位于纽约市）、9个研究中心和1个动物园，是世界最大的博物馆系统和研究联合体。其中国家自然历史博物馆收藏了大量文化艺术品、艺术作品和库存标本，总数约为1.37亿件。作为世界领先的研究中心之一的史密森学会为学校教育和公共活动作出了极大的贡献，并且在艺术、科学和历史领域拥有奖学金制度。

二、畅销盛况

截至2018年9月底，原版图书全球累计销售40万册，被翻译成多国语言，远销海外。原版图书在亚马逊进口原版图书排行榜中排名第一。

中文版图书在正式开售当天便销售一空，各大电商在2019年4月开启预售环节，仅科学普及出版社天猫官方旗舰店月销售就已达3064册。截至2019年8月底，其销售突破23万册，码洋突破1亿元。

三、畅销攻略

（一）出版社的运作

1. 出版社善做选择

《DK博物大百科》的英文原版全名为 The Natural History Book: The Ultimate Visual Guide to Everything on Earth，意为地球万物的终极视觉导览。这并非是出版者的噱头，也不是编著者的自吹自擂。原版厚达648页的巨型图册由世界顶级的出版机构DK出版社联合有百年历史、享有极高声誉的美国史密森国家自然历史博物馆共同编辑出版。虽然DK出版社在少儿科普领域已经完全可以独当一面，但是他们还是选择了与更加具有权威性的史密森学会合作，最大限度地保证了该书内容的真实性、科学性以及权威性。

史密森学会下拥有的超过百年历史的国家自然博物馆，拥有1.26亿件标本和物品，涉及天文学、矿物、古生物学、林学和森林保护、无脊椎动物、昆虫、鱼类、爬行动物、鸟类、哺乳动物、人类及其起源等方面。每年的游客超过一亿人次，然而，参观者能看到的展品仅仅是其海量馆藏中极其微少的一部分。真正神秘的、蕴含着巨大能量的，是那些隐藏在展馆墙壁背后，陈列柜和库房里不对公众展示的收藏。为了让这些珍贵的"大自然的馈赠"被更多的人看到，英国DK公司的编辑团队和史密森学会专家历时多年，共同编著了这本《DK博物大百科》。对这些藏品的强烈好奇也使得市场对该书的关注度极高。

2. DK 重磅出品，精编精校

自 1974 年诞生以来，作为史上最成功的图文书出版公司之一，它的名字早已传遍世界，为全球读者贡献无数意义深远的作品。它代表的不仅是一种图文并茂的美学风格，更是一种面对世界的态度。在构思、策划、开发、资料认证方面，DK 出版社成立专门的专家委员会，对重要的事实和所有的资料进行核实，如对各类型的动物、地理知识和化学元素等严格把关，以确保高水准的编辑精度，并确保书籍各个方面的真实性。对于读者而言，DK 出版的书总能带来种种思考与启发，以及诸多阅读的乐趣。DK 出版社作为科普界标杆，在建社以来与世界上最伟大、最知名的品牌合作，制作出了许多令人惊叹的好书，满足了各年龄段和各阶层的读者需求。在孩子的科学教育领域当中，它和 National Geography、Discovery 是儿童科普兴趣读物的三巨头，几乎可以算是全球最顶尖的了，它出的书经常被作为参考资料和珍藏图书。《DK 博物大百科》内容涵盖丰富，脉络清晰，内容跨越 45 亿年，囊括了 5000 多种物种，与世界著名动物摄影师联袂合作，用超过 6000 张的珍贵插图把自然博物世界，以及生命的神秘与深邃，淋漓尽致地展现了出来。

《DK 博物大百科》版权引进国内后，中国科学普及出版社邀请多位重量级业内专家耗时 6 年精心翻译，使文本符合中国读者的阅读习惯，确保了图书的内容和品质。这些专家有国家动物博物馆、中国科学院动物研究所的张劲硕，中国科学院微生物研究所的朱坤，北京林业大学的吴海峰，中国科学院动物研究所的何长欢，中国科学院地质研究所的张兴春，中国科协青少年活动中心的姜景一，中国科协科技会堂的郑浩然，北京市地质研究所的马志飞，中国科学院植物研究所的刘冰,中国科学院古脊椎动物与古人类研究所的邢路达,国家卫星气象中心的郭徽……如此强大的阵容,保证了该书内容的严谨与精确。

(二)科普性内容迎合市场需求

我国少儿科普市场鱼龙混杂已是不争的事实。有的科普书籍被指错误百出,业内抱怨出版混乱难以监管;也有人诟病国内缺乏科普人才,致使伪劣书籍充斥市场。甚至在国家拨款的科技馆系统,科普现状也是良莠不齐的,有的对外打着机器人主题展览的招牌,但当家长领着孩子到现场后才发现,除了几个展板上枯燥的文字介绍外,剩下的就是商业机构的推销展示。

随着社会时代的进步,"科普教育要从娃娃抓起"的理念已经深入人心,年轻家长们对此尤为重视。然而家长在给孩子选购科普类图书时,往往不会将目光聚焦于国内出版社独立制作出版的科普童书,他们更愿意花大价钱购买国外出版的科普图书。由于我国原创少儿科普类图书的质量普遍较差,长期缺乏精品,对于少儿的科普教育效果比较有限,因而很多家长对于这类图书的印象是比较差的,自然也不愿为孩子购买这类图书。而我国数字出版发展如火如荼,少儿数字出版在很大程度上代替了少儿科普类图书,成为少儿主要的科普读物,原创少儿科普类图书的市场也因此被进一步压缩。与价格相对较贵的本土少儿科普图书相比较,家长们更愿意为国产少儿数字出版买单。DK出版社抓住当前市场这一需求,与更具权威性的史密森学会合作推出适合全年龄段阅读的科普性百科全书,充盈了当前百科全书类市场。我国的科学普及出版社抓住我国当前出版市场儿童科普类百科全书质量参差不齐,而市场需求旺盛的这一对矛盾，对症下药，借助其与 DK 出版社的长期合作，争取到《DK 博物大百科》的独家版权，推出《DK 博物大百科》。

（三）插图精美，打造视觉盛宴

作为科学文化传播的重要载体，科普图书潜移默化地影响着读者的思维模式，进而影响到社会的方方面面。科学知识的普及对于少年儿童有着更加深远的影响。科学知识的普及可以让孩子更安全、更讲道理，让思维更加活跃。然而科普类图书涉及的内容较为深厚，不容易理解，少年儿童的注意力很难长时间集中，这就需要科普类图书对少年读者进行一定的感官刺激。通过研究发现，幼儿期的读者更适合画报式的形象读物，具象的图形和色彩有助于幼儿的理解。小学低年级阶段的儿童逐渐进入真正的阅读，有时仍以形象有趣的图像为主。高年级的儿童抽象逻辑思维逐渐形成。因此，这些少儿科普读物需要针对不同年龄阶段的读者进行创新性的版式创新。

该书原版书的最大特色就是选用了数目惊人的图片。这些图片一部分来自史密森国家自然历史博物馆内收藏的珍贵生物和化石标本，一部分是专门为该书拍摄和创作的照片及插画，图片总数超过 5000 幅。这些图片不仅包括生物或矿石的写真，还有很多只有在高倍显微镜下和实验时才能取得的细节特写。大部分图片都标明了英文名字和正式的拉丁语名称、大小、产地、特性等信息。图片色彩细腻逼真，还原度极高，即便在放大镜下也绝不会出现模糊或细节丢失的情况。

此外，该书排版采取的是博物类书籍的传统排版方式，同时考虑到全年龄段读者的阅读习惯和阅读需求，采用大篇幅的图片加上适当的文字解释说明。全书共使用了 5000 多幅精美高清照片，完美还原物种形象，栩栩如生，令人震撼。超高清的视觉系图片可以轻松吸引孩子们的目光，孩子们可以在书中看到许多在生活中无法看到的物种并可以近距离与之接触。年纪较小的孩子仅欣赏书籍的版式设计和色彩鲜艳的图片便会被奇妙的自然界所吸引，对该书爱不释手。

（四）跨越年龄段，适合亲子共读

DK 出版社一直以来都在强调 DK Family Learning（家庭学习），在旗下图书中最大限度地融入教育出版的概念，最大限度地增强其图书的使用价值。这一点在《DK 博物大百科》上体现得淋漓尽致。虽然《DK 博物大百科》主要针对的受众是少年儿童，但是其内容适合 4 岁以上的所有人群进行阅读。不少成年人也会选购这本装帧精美的博物史百科全书作为收藏或者送给朋友的礼物。在同类型的百科全书中家长也会更加偏向这种适合全家老少一同阅读的图书。《DK 博物大百科》不仅能够满足低幼孩子对大自然的好奇心，开拓孩子们的眼界，更能让爱好大自然的大人们对自然万物有直观又系统的认识。这种跨越年龄段的内容设置使得该书拥有大批跨越年龄段的读者受众，也使得该书相对同类科普博物类图书更加适合亲子共同阅读。我们不可否认的是，父母在幼儿成长的过程中起着决定性作用，其重要性不可替代，而若要推广全民阅读，提升国民阅读整体水平，从提高父母的阅读意识入手，无疑是相对有效、快捷的途径。家长可以和孩子一起阅读正是该书的一大特色亮点，让孩子和家长共同阅读，增加家庭中的温馨氛围，提升亲子间融洽度，这也是该书畅销的一大理由。

（五）绿色印刷，装帧精美

作为精装本图书，《DK博物大百科》拥有着收藏级别的品质，采用8开本的大开本，可以进行平铺阅读。内文采用128克的无光铜版纸，手感厚实舒服，对色彩的还原度极高，不刺眼，对读者的视力有一定的保护作用。科学普及出版社对该书采用了绿色印刷的工艺，书籍封面印有绿色印刷产品标志，呵护孩子的健康，家长们可以放心购买，不用担心会对孩子的健康造成影响。该书近3.5公斤重，装帧精良，具有极高的收藏价值，放在书架上也是一道不错的风景。

四、精彩阅读

本书的出版是史密森博物院国家自然历史博物馆的一个里程碑，本书展示了对地球自然历史的无与伦比的视觉盛宴。清楚地概述了自然世界的分类。本书涵盖超过6000种博物学世界的物种，众多独家的照片，着眼于成千上万的标本和物种展示，观看本书就像行走在视觉画廊中，让读者踏上一段难以置信的旅程，从自然界最基本的板块，到最简单的生命形式——微生物，再到植物，真菌和动物。

案例十五：《DK 博物大百科》

畅销书案例分析

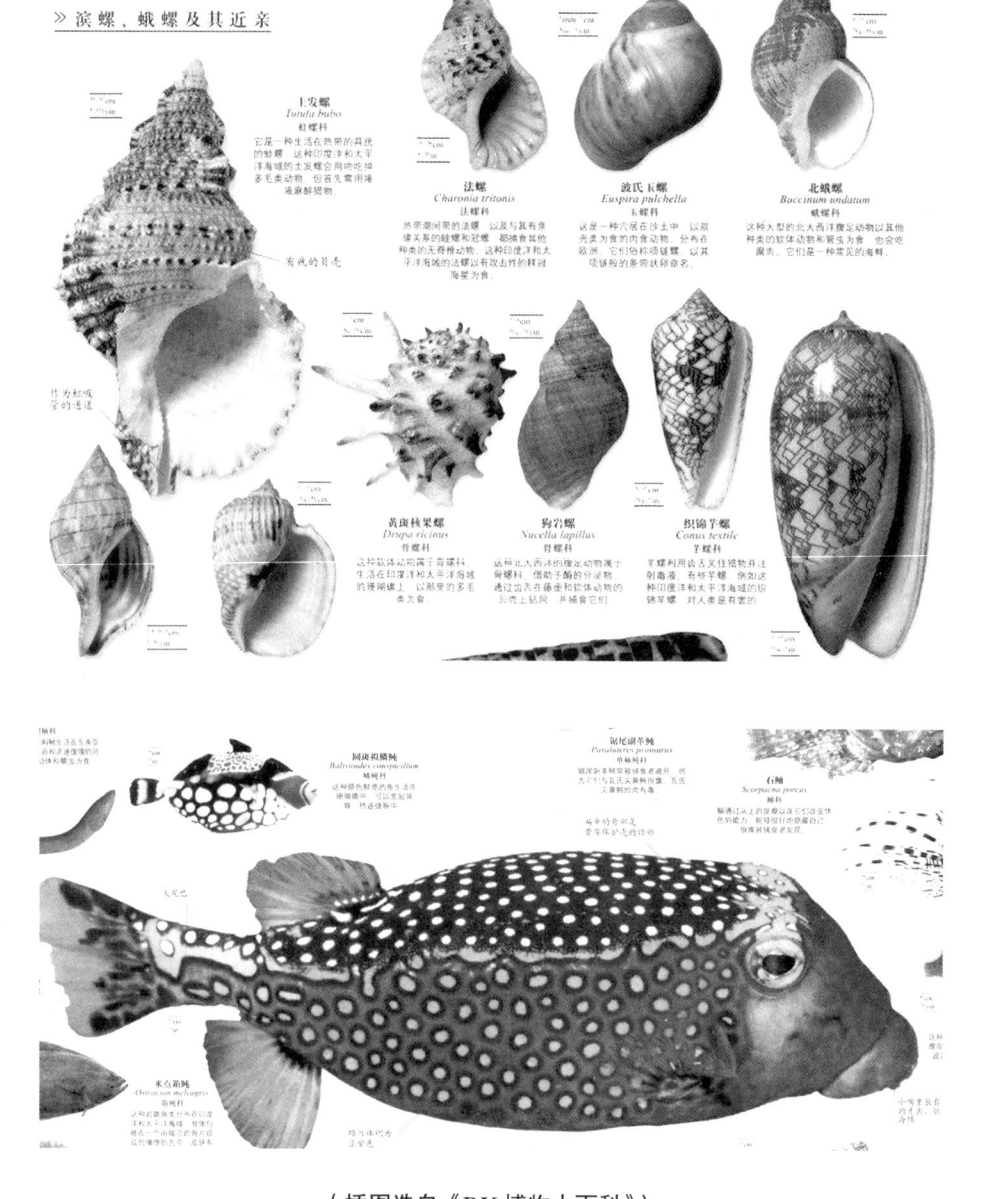

(插图选自《DK博物大百科》)

五、相关研究推荐

[1] 徐凤文. 最好看的儿童百科全书 [N]. 今晚报，2015-06-27.

[2] 铃兰茉茉. 我钟爱的 DK 图书大扫盲 [EB/OL].（2016-06-06）https：//post.m.smzdm.com/p/450572.

案例十六：
《山海经（白话全译彩图珍藏版）》

高玮齐

一、图书基本信息

（一）图书介绍

书名：《山海经（白话全译彩图珍藏版）》

作者：徐客

开本：16开

字数：30万字

定价：68.00元

出版社：现代出版社

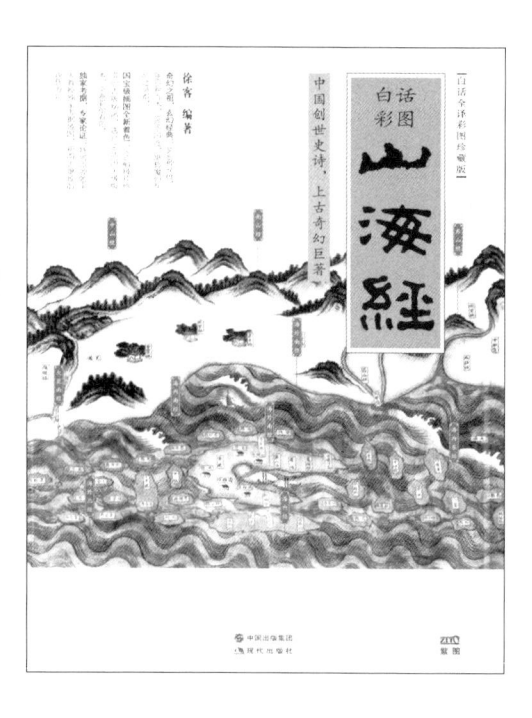

出版时间：2012 年 3 月

（二）作者简介

徐客是一名自由撰稿人，曾从事图书出版及游戏开发等工作。自小喜爱我国经典奇幻著作《山海经》一书，他搜罗各种研究考证的书籍，阅尽各代《山海经》典籍及现代研究著作，搜集各个版本的《山海经》插图，最终编著《山海经（白话全译彩图珍藏版）》一书。

二、畅销盛况

2012 年，《山海经（白话全译彩图珍藏版）》在京东、当当、亚马逊的销售量均在十几万册，可谓是一部内容丰富、风貌奇特的畅销佳作，堪称中国奇幻、魔幻文学的开山鼻祖。全书涉及历史、地理、民族、宗教、神话、生物、水利、矿产等方面内容，是中国文化的珍品，是中国古人想象力的集中体现。

该书搜集了今人所能搜集到的几乎所有《山海经》图文版本，全面呈现这部中国上古时代集奇幻与瑰丽之大成的想象之作，深刻反映了上古时代种种神话传说。对那些爱好历史、地理，喜欢研究神秘古怪事物的读者来说，实为首选。

现在，《山海经》已经成为一个大 IP。2015 年，大银幕小荧屏上的怪物有点多。从《大圣归来》里没脸没型的大反派"混沌"，到创下票房纪录的《捉妖记》里的小萌神胡巴，再到电视剧《花千骨》中的"十方神器"，以及 10

月1日上映的《天眼传奇》里的鸣蛇和离朱……它们都有着同一个来源——《山海经》。

一部记载着奇山异水、神奇怪兽的典籍，竟然为电影电视贡献了这么多故事。这些土生土长的中国版小妖的出现，也让《山海经》这部大多数人都看不懂的作品拥有了巨大的"吸金"潜力。然而在中国神话故事日渐走俏的今天，对《山海经》的开掘，或许才刚刚开始。

三、畅销攻略

（一）近几年《山海经》已成为热销大IP

若可以说国内所有的神话故事都来源于同一部书的话，那一定是《山海经》。不管是以前全民热追的《仙剑奇侠传》，还是朋友圈刷屏的《大鱼海棠》《花千骨》《三生三世十里桃花》，《山海经》的元素几乎无处不在。现在的文学作品、影视作品甚至游戏和周边，尽显《山海经》经久不消的热度。

即便电影电视及游戏作品借鉴的仅仅是《山海经》中的怪物，也丝毫不影响这些作品在市场上卖钱。而且，相比于前些年在中国文化市场上火起来的僵尸、狼人、吸血鬼、摄魂怪等有国外血统的妖魔鬼怪，近些年这些土生土长的小妖，在中国文化产业市场"吸金"的能力不可小觑。

据网易财报显示，从2018年的第四季度到2019年的第二季度，网易在线游戏收入增长主要得益于《天下HD》等自研游戏。2018年第四季度网易以42.5%的增长率创历史新高，其中《天下HD》堪称领跑。网易公司首席执行官兼董事丁磊在 2019 年 7 月表示，接下来还计划发布基于《天下》系列设计的手游《天下 × 天下》。在影视方面，《捉妖记》也以近 24.4 亿元人民币的票房收入超过《速度与激情 7》，打破众多纪录。

"根据经典国学改编影视作品的传统一直都有，但近段时间《山海经》突然火起来了，可能与'一带一路'的提法有些关联。"京师文化创意产业研究院、北京市国际科技合作（影视创意）基地的刘静博士敏锐地提出这样一个想法，"昆仑山是我国创世神话发生的核心地点，几乎所有根据《山海经》创作的作品都会提到昆仑山，提到山上的西王母。它又位于丝绸之路之上，与周边国家和民族都有联系。在'一带一路'的意义被重新发掘的年代，《山海经》这种'泛丝路题材'的作品在很多领域都有市场，也在情理之中。"

除去大环境的因素，出品了电视剧《古剑奇谭》的欢瑞世纪副总裁姜磊认为："开发同是基于《山海经》的作品，用在前期推广与宣传上面的成本就会变低。"不过他话锋一转，"这也可能导致后续创作的同类作品良莠不齐。最后呈现出的作品品质如何，还是取决于怎么把这些旧有的故事讲给现在的年轻人听，否则，大部分跟风的作品都会被淘汰。"刘静也认为，《山海经》作为丰富的历史文化资源，根据它开发出来的作品在市场上是否有持续影响力，需要时间来检验。

而《山海经（白话全译彩图珍藏版）》的内容包罗万象，可以说是一本百科全书，涉及历史、地理、民族、宗教、神话、生物、水利、矿产等各个学术领域。不仅概括了中国古代的原始风貌，还展现了远古时代的奇幻景象。想要探寻破解国人几千年以来遥远而神秘的旧梦，你一定得读《山海经》。读《山海经》，古版不好读、不容易读。而《山海经（白话全译彩图珍藏版）》是中国创世史诗和上古奇幻巨著，文笔风趣简洁，白话译文浅显易懂，绝大多数读者都能轻松自如地阅读。

（二）《山海经》内容奇伟瑰丽，是中华文化的创世史诗

"吾国古籍，瑰伟瑰奇之最者，莫《山海经》若。《山海经》匪特史地之权舆，乃神话之渊府。"近年来，大量流行的网络小说和电影都把《山海经》作为素材库，没有怪兽了里面取，没有了神药里面取，可以说是个取之不尽的素材宝库。《山海经》是一部带有神话色彩的古籍，现存18篇，内容主要有民间传说中的地理知识，包括山川、物产、药物、祭祀等。我们从小熟知的精卫填海、夸父逐日、大禹治水、鲧盗息壤等神话故事，皆出自该书。

《山海经》可以说是万书之祖，它是中国先秦古籍，被认为是一部富有神话色彩的最古地理书，也是一部关于中国古代物种演化、地理变迁的传奇之作，更是远古时期极富想象力的惊世之作。它通过诡异的文字与形象的绘画，让我们解读那些或已进化，或已绝迹的远古生命，了解我们的祖先几千年前的生活和思想，感悟那天、地、人、兽的无穷奥秘。

（三）白话《山海经》让旷世奇书不再难懂

山海经虽然内容雄伟瑰丽，但它的"难读"使很多人望而却步。很多人不知道为什么要读，怎么去读。笔者第一次接触《山海经》是在高中的时候，读的《山海经》要么太深奥，要么太枯燥。未经翻译校订的古版，今人几乎难以阅读。

但这部《山海经（白话全译彩图珍藏版）》完全以通俗易懂为出发点，读来轻松自如。该本谁都适合读的《山海经》，老少咸宜。于小孩而言，看书的同时，书中的梦幻世界、奇花异草、上古异兽等能激发和培养孩子无限的想象力；于大人而言，该本创造了中国文学作品中的重要母题，是中国文学中不容忽视的瑰宝。

该书有两大畅销特点：一是图像丰富。关于《山海经》图画，今日所见均为明清以后所画，共有14种刻本，该书引用了其中10个版本中的320多幅图，并对其进行比较，做成"珍贵古版插图类比"。清晰地标注出《山海经》中所记载的山川地理及奇禽异兽，不仅具有较强较好的视觉效果，而且形象、生动的画面可以使读者对《山海经》中所出现的神仙、怪兽有较直观、全面的了解。二是古地图真实可考。书中收录了30张《山海经》地理位置考察路线图，及10余张古老山河图，古朴的色彩、河流山川清晰的走势，加强了《山海经》的远古气息和磅礴气势。对于习惯"快餐式阅读"的现代人来说，它是一片阅读的静土。

为了帮助读者更好地理解原作，白话版《山海经》增设了导读、注释、译文等辅助性栏目，并对难解字词进行了注音，扫除阅读障碍，使读者深入体味作品的内涵。

图片精美，设计独特。500多幅明清手绘动物、人物图，20余幅《山经》《海经》方位考查古地图，与文字相辅相成，图文联袂，相得益彰，给读者带来身临其境般的真实感受，让读者充分享受阅读的乐趣；图文互注的编排形式融合新颖独特的版式设计，让读者更加直观地了解原作，获得丰富的想象空间和高雅的艺术享受。

经典读本，理想藏书。科学简明的体例、浪漫瑰丽的文字、精美珍贵的图片、注重传统文化与现代审美的设计理念，多种视觉要素的有机结合，全面提升了该书的欣赏价值和艺术价值，打造出一个彩色的阅读空间，带领读者进入中国古老经典中记载的陆离世界，感受中华文明蒙昧时代原始、神秘的信仰。

目前学术价值最高的还是清人郝懿行的《山海经笺疏》。袁珂先生的《山海经校注》是迄今为止以神话学角度注释《山海经》成就最高的一部，但过于偏重《海经》，《山经》部分注得太简。如果想从古生物、自然史的角度阅读，可以看郭郛的《山海经注证》。如果想多看一些古人所画的图，可以看马昌仪的《古本山海经图说》。而该白话版，则是一个面向普通读者的简明读本，因而更加符合大众口味。

四、精彩阅读

《古今图书集成·博物汇编·禽虫典》图本内图

《禽虫典》本和《神异典》本的图像较为相似，最大的不同可能就是《禽虫典》中图像有的设置背景，而有的没有背景。

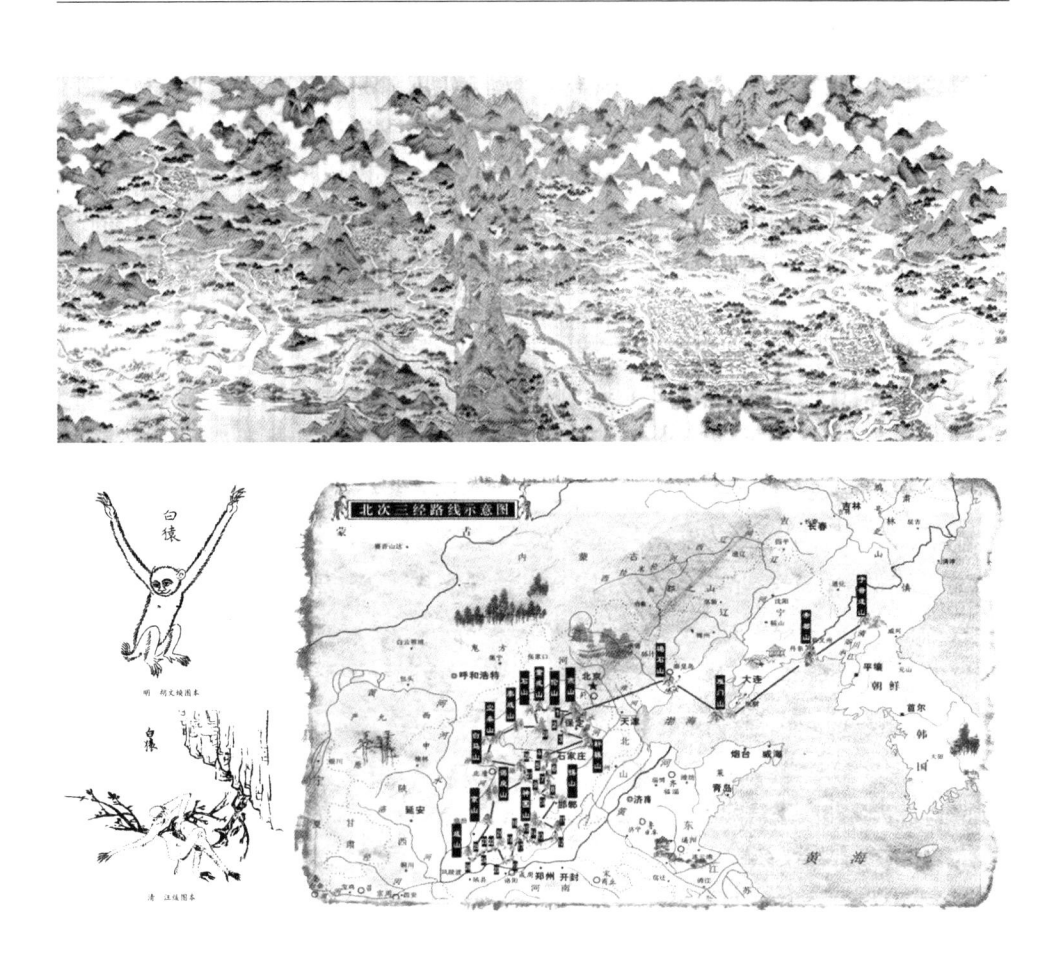

案例十六：《山海经（白话全译彩图珍藏版）》

畅销书案例分析

（插图选自《山海经》）

五、相关研究推荐

[1] 徐显之. 山海经探原 [M]. 武汉：武汉出版社，1991：238.

[2] 何观洲.《山海经》在科学上之批判及作者之时代考 [J]. 燕京学报，1930（7）：347-375.

[3] 卫聚贤. 山海经的研究 [M] // 古史研究二集. 北京：商务印书馆，1934：302-303.

[4] 袁珂. 神话论文集 [M]. 上海：上海古籍出版社，1982.

案例十七：《谁的青春不迷茫》

罗先岑

一、图书基本信息

（一）图书介绍

书名：《谁的青春不迷茫》

作者：刘同

开本：32开

字数：238千字

定价：35.00元

出版社：中信出版社

出版时间：2012年12月

（二）作者简介

刘同，1981年2月27日出生于湖南郴州，别名同同、班长、同哥，毕业于湖南师范大学中文系，青年作家，现任光线影业副总裁。

2013年，刘同被评为亚马逊年度十大作家，获得亚马逊年度"读者的选择"——"我们的感动"奖项，并以年版税715万元的成绩名列第八届中国作家富豪榜第14名。2014年12月，刘同跻身中国作家榜四强，获得"年度最畅销跨界作家""年度最佳励志书"两项大奖。2016年，刘同获网易时尚跨界盛典年度跨界创作人大奖。2017年，刘同入选第十二届中国作家榜，位列第五。代表作有《离爱》《五十米深蓝》《谁的青春不迷茫》《你的孤独，虽败犹荣》《向着光亮那方》《我在未来等你》《别做那只迷途的候鸟》等。

二、畅销盛况

《谁的青春不迷茫》于2012年12月出版，该书记录了刘同参加工作10年来的生活和感悟。该书网上预售三天便成为亚马逊图书销量总排行榜冠军，出版一周内就紧急加印了两次，上市一个月销量突破50万册。截至2013年2月，该书在当当网图书畅销榜排名前三，亚马逊图书销量排行榜排第二，京东图书销售榜位列第三。2013年4月底销量突破100万册，进入畅销书行列，成为当时唯一一本销量突破百万的青春类书籍，也成为中信出版社继《乔布斯》后的第二本百万畅销书。2016年销量突破200万册。出版6年，加印88次，系列作品至今畅销千万册，创青春书籍销售纪录。

刘同以 750 万元版税被列入中国作家富豪榜第十四位。同时该书荣获"亚马逊读者选择奖"——"我们的感动"奖项、"中国作家榜年度最佳励志书""2013 年度新浪中国好书阅读微博最赞图书奖""南国书香十大好书 Top 1"等荣誉。2016 年 4 月 22 日，由该书改编的电影《谁的青春不迷茫》上映，总票房 1.8 亿元。

三、畅销攻略

《谁的青春不迷茫》刚出版后，刘同并未想过该书销售竟会如此火爆，且成了畅销书。刘同说："当时我觉得这本书卖到 10 万册，就了不得了。"分析当时的销售情况，刘同认为是他的真实和真诚打动了读者。他还说："书中的内容不是临时攒的，是我参加工作 10 年来的生活记录和感悟，是最真实的我。希望读者可以从我 10 年的轨迹中，得到一点启发。"市场上有很多励志类的书，为什么该书会如此畅销呢？接下来笔者将分析其成功的原因。

（一）图书定位准确

1. 创作方式新颖

一本书能否畅销取决于很多因素，通过作者、主题、内容、营销策划水平可初步判断一本书是否具有畅销潜质。作者知名度越高，其创作的图书自然而然就越受到读者青睐。"内容为王"一直是图书出版的重要守则，《谁的青春不迷茫》记录了作者参加工作 10 年来的生活和感悟，且作者在每篇日记的后面补写一段，以当前的视角去看待 10 年前的自己，谈自己的感悟，重温当年写日记时的心情。这种创作方式源于作者内心的回忆和感悟，并没有对内容有过多的修饰，容易引起读者共鸣，带给读者全新的阅读体验。

2. 书名和内容打动人心

青春文学一直以来最典型的特质便是"以青春抒写青春，作者就是读者"。成长不是一帆风顺的，"迷茫"和"孤独"伴随着人的一生。书中讲述了很多种孤独，每一篇日记都代表了不同的孤独。虽然该书从一开始就决定以"10年成长日记"为主题，但书名一直未定。直到 2012 年 9 月，刘同发布了一条微博："你觉得孤独就对了，那是你认识自己的机会；你觉得不被理解就对了，那是你认识朋友的机会；你觉得黑暗就对了，那是你发现光芒的机会；你觉得无助就对了，那样你才知道谁是你生命的贵人；你觉得迷茫就对了，谁的青春不迷茫？"该微博在 24 小时内被转发 3 万多次，并荣获当日新浪微博热榜第一名。

该书既不是成功人物传记，也不是有主题的职场励志书，只是刘同 10 年来对生活的点滴记录。该书的最大特点便是真实，没有华丽的辞藻，只是简简单单的字句，却记录了一个非常普通的青年人从小城市一路闯入北京的点滴。作者用自己的日记告诉读者，如何做才能让自己不悔青春、挣脱迷茫，并朝着自己的方向走。该书引起了年轻读者的共鸣，每个人都能从书中读到属于自己的那一份迷茫情绪，找到自己的路。

（二）粉丝效应的推动

刘同通过《职来职往》积累了大量的"90后"粉丝，并与粉丝产生共鸣，这为图书的畅销奠定了基础。中信出版社通过多次讨论，将该书的核心读者群定位为刘同的粉丝，大学生、中学生和学生家长，以及处于迷茫时期的青年群。2016年4月22日，由该书改编的电影《谁的青春不迷茫》上映，影视反哺图书，进一步推动了该书的销售。

（三）营销策略有力支持

1. 前期造势宣传

新书发布前，中信出版社和刘同通过各种方式对该书进行预热宣传。为了给该书的销售做铺垫，刘同以"谁的青春不迷茫"为主题定期发布微博，先对书名进行造势宣传，让粉丝对这个概念不陌生，进而引起网友们的好奇。接着在图书预售阶段，刘同第一时间在微博发布购买链接，制造抢先效应，下单的网友口耳相传，迅速形成口碑。这种预热宣传方式对新书上市后的营销推广起着不可替代的作用。出版社利用微博和豆瓣进行预热宣传，以"谁的青春不迷茫"为话题引起广泛讨论，进而引发读者共鸣。

2. 上市后的线下宣传

图书正式上市后，出版社确定在2012年平安夜举行新书发布会，并开通名为"谁的青春不迷茫私享会"的微博账号，定期更新与图书和作者相关的内容，以吸引更多作者粉丝及处于青春迷茫期的网友加入,并让他们有机会参加新书发布会。此外,出版社邀请到陈默、李响做嘉宾,与刘同组成组合,出席新书发布会。发布会当天,到场的三位嘉宾围绕自己的昨天、今天和明天,与读者们分享自己的青春岁月,接着嘉宾针对现场读者的问题作出回答。

为了调动粉丝积极性和挖掘新读者,出版社举办了一场特殊签售,以感动读者。新书上市后不到一周,出版社决定在2012年最后一天在北京图书大厦举行刘同回馈粉丝的跨年签售会,并在微博进行同步直播。签售当天,活动从晚上六点一直进行到凌晨一点,粉丝队伍庞大,最后一共销售5000多本。令人感动的是接近跨年时,刘同与读者一起倒计时大喊"新年快乐,加油"。这场签售为之后的营销打下了基础。

校园巡讲推动销售。该书上市后两个月,作者在青年人中人气不断上升,同时作者被全国高校联盟聘为高校大使,接着出版社为作者策划校园巡讲签售活动。2013年3月开始,刘同在全国13个城市20多所高校中进行校园巡讲,为图书的畅销奠定基础。其中,2013年5月,刘同在华中师范大学的露天电影场讲台进行巡讲,电影场只有5000个座位,最后到场人数达8000人。此外,在西安、杭州等地的校园巡讲同样受到热烈欢迎,现场售书量不断上升。

四、精彩阅读

QQ上收到3条编辑约稿留言。一条是老编辑的约稿,写明了需求,写明了字数,也写了我的名字以及问候。

另外两条是陌生号码发来的。内容非常类似：我是《××》的编辑××，帮我们写个稿子吧。

每次看到这样的信息，我就很想知道他们究竟是怎么坐上编辑这个神圣的岗位的，既然会上网留言，为什么不会思考一些最基本的问题？

比如：如果您的杂志足够出名，我想您也用不着来约我的稿。如果不够出名，您还装出一副大家人手一册抢购您杂志的样子，那我就真没话说了。所以起码的，您得告诉我您的杂志是日刊周刊月刊双月刊还是季刊，别以为我特知识分子，没有我不知道的事情，其实我不知道的事情多了去了。

其实足够出名的人也会谦虚地介绍自己。比如张国立老师，若是打电话给陌生人，一定会说：您好，我是演员张国立，弓长张，国家的国，立正的立。别以为这个世界上人人都和你想的一样，上一次回家调查80后作家大家都认识谁，有几位除了我是他同学的原因而认识我之外，韩寒郭敬明一概不知道。

再比如：您得告诉我您的杂志是什么定位吧？我不擅长写鬼怪，不适合写武侠，没写过美食，更不懂得什么是知音体。所以您得仔仔细细地告诉我，您需要什么，您杂志的定位是什么。您看过我以前的东西吗？如果看过，能够告诉我哪一篇是您需要的风格，这样我就快速明白了。如果没有，那也请您告诉我您需要的内容和方向。

再次：如果可以的话，你也可以顺便告诉我您的杂志的稿费大致是多少，如果您可以开出一字一元的价格，你也就什么都不用说了。如果不是的话，我觉得您还是事先先提两句，虽然我不差这个钱，但是您总不能等我写了两千字后再告诉我，你们的稿费是千字一百元。除非您能够具有超凡的魅力，让我不要钱也愿意写，我心肠很软，也常干这样的活，但前提是请您先把我给征服了，怎么着都没问题。

类似的情况也常发生。常有一些同学投简历到我的邮箱想加入传媒业。态度诚恳，语气真挚，对他们的未来有帮助的信我一般都回了，但是还是有很多信我不知道是想挑逗我，还是大家想组团测试一下我的善良度。

比如有的信里写：我想从事传媒工作，告诉我怎么样才行？

拜托，我又不是阿拉丁神灯，你喊我一声，我就出来帮你了。传媒工作不是体力活，不是我告诉你把精子和卵子放在一起，再找个好子宫就可以造人了。传媒工作没那么简单，所以一般我回这类信，都只回三个字：要努力！

比如有人写：我特羡慕写小说的人，请问怎样才能出小说？

你还不如直接问我怎么发财好了。

比如有的信里写：我特想加入光线，请问光线有哪些部门，哪些部门需要人？

其实现实生活中，好像大多数人常常会问同样一个问题：哪些岗位需要人就好像只要那个岗位需要人，他去，这个人就一定会是他。好像光线以及其他的公司都是种萝卜的农产品公司，都是一个萝卜一个坑的管理模式。

张爱玲最烦女演员和她见面说一句话："其实我也很喜欢写作，只是因为工作太忙了，就没有时间写了。"言下之意就是，如果工作不忙的话，她也一定会成为一个女作家。

一般这样的信我会回：网上去查。

还有的信里写：我想去光线面试，请问你们公司的地址在哪里，我要找谁面试，有什么条件和要求吗？

世界这么大，你可以找到我，难道你不能在网上找到公司的地址么？找不到公司的总机么？不知道总机拨0转的是人工么？不知道每个公司都有一个部门叫人力资源部是负责招聘的么？一般这样的信，我会回：请010—6×××××转0，然后转人力资源。把你想问的全部问了。

这比每天等我回信快多了。

当然还有很多同学的信我是非常喜欢读的，比如有的同学有事没事给我发封信，里面是TA最近看到的书摘和感受，这样一来，连我读这封信的时候，也觉得自己清新起来。

分享是一种正在消亡的美德。对于这样的留言和E-mail，我是愿意花时间来讨论的。Boya给我推荐了一部片子"He's Just Not ThatInto You"（他其实没那么喜欢你），我周末抽空看了，又是在讨论爱情这个永远不变的话题，但每一段都十分精彩，值得近期拿出来再细细分享一下。

看来我写这篇日志的心情应该是积压了很久，要不然怎么写得那么畅快，现在读起来也很有想打人的欲望。最近出的两本书说是和职场相关，其实这个社会哪有什么情场职场人场，任何场合犯的错误其实就代表着这个人从小所受的教育，以及这个人的性格。他们所有在职场上犯的错误，在情场上也好不到哪去。所以因为职来职往的原因，我开始频繁地接触到了职场问题，于是想发脾气的时间也就越来越多。

骂人真是让自己心情变好的一剂良药啊。

（选自《谁的青春不迷茫》第129~131页）

五、相关研究推荐

[1] 彭幽悠.《谁的青春不迷茫》引发青春热潮畅销百万 [N]. 中国新闻出版报，2013-05-27.

[2] 倪成.《谁的青春不迷茫》：半年销售如何突破百万？ [N]. 中国出版传媒商报，2013-08-09.

[3] 黎莉.《谁的青春不迷茫》：青年文化的另类书 [J]. 今传媒，2016，24（7）：89-90.

案例十八：《进击的智人》

姜 旭

一、图书基本信息

（一）图书介绍

书名：《进击的智人》
作者：河森堡
开本：32开
定价：68.00元
出版社：中信出版集团
出版时间：2019年1月

（二）作者简介

河森堡，本名袁硕，1988年出生于北京，毕业于首都师范大学计算机专业，现为国家博物馆讲解员，著名科普博主、头条文章作者。因在知乎开辟专栏"我在国博讲故事"而被人熟知，之后曾在多个媒体平台开设个人专栏，用独特而生动的方式讲述科普知识，其极富感染力的演讲深受读者欢迎。

2016年6月起，他开始以网名"河森堡"在知乎上发表科普类文章；2016年11月28日，以国博讲解员的身份参加综艺节目《一站到底》；2017年3月初，在独立媒体"一席"上演讲了一段37分钟的人类史学——《进击的智人》成为焦点，被媒体称为"一夜间10万以上的知识型网红"；2017年被中国科学协会和人民日报社评为十大科普自媒体，同年被微博官方评为十大影响力科学"大V"，著有科普文章《天启四骑士》《血战埃博拉》等。2019年1月，"河森堡"出版《进击的智人》一书。

二、畅销盛况

有河森堡亲笔签名的一万本图书在短时间内全部售空。截至2019年4月，《进击的智人》位居京东科普读物销量榜第50名，累计评价2.3万以上；在当当科普读物畅销榜第47位；在亚马逊人类故事读物中排名第6位；在历史类普及读物中排名第20位。

三、畅销攻略

(一) 观点新颖，一部由匮乏塑造的历史

《进击的智人》不同于大家所见的历史书籍，在该书中，作者找到了一个全新的线索来贯穿旧石器时代早期到清末的历史，从能人拿起武器，到直立人点燃火把；从尼安德特人黯然灭绝，到智人走出非洲；从大禹揽狂澜于即覆，到殷商残酷的杀殉；从明末帝国的崩溃，到清末华北的浩劫。我们人类这个物种之所以是今天这个样子，我们的社会之所以会有如此这般的发展轨迹，一个根本原因是有些对于生存必不可少的东西始终处于匮乏之中。正是由于匮乏的自然和社会原因，造就了我们今天的人类。

该书从地理、气候、环境的变化影响，结合考古的发现，推理出古猿、能人、直立人、智人和已消失的尼安德特人的进化和迁移，以及人类历史文化的发展，解答了"为什么双腿修长的人患心血管疾病的概率更低一些""为什么人类的脑容量在进化中越来越大""王者大禹并没有战胜山河，而是大自然亲手对他进行了加冕""人类身体为什么有光溜溜的皮肤""为什么根据一个人的无名指长度，就可以判别他是'多配偶或滥交型'或'单一配偶型'"等有趣的问题，而所有答案的底层逻辑，就是贯穿全书的线索——"匮乏"。

在世界古代史和中国古代史的课本中，大都跳过了石器时代，可该书展示了中国石器时代的历史，是一本很好的激发研究兴趣的书，重点不在于你能得到多么翔实的史实，而是能得到各种有趣的观点，激起学习的兴趣，这就够了。而且，本土作品通常也比译作更易读，且本土故事更亲切、更有认同感，因而

该书是非常适合青少年的一本科普书,也可以说是一本优秀的成年人历史科普类启蒙读物。

(二)语言通俗有趣,内容浅显易懂

文字语言是书的主要表达手段。作为一本科普书籍,语言是否通俗易懂是人们选择购买和阅读的一个重要前提。以传播科学与技术知识为特征,同时还应有趣味性(可读性)突出的特点,这是鉴别图书是否是科普书的基本特征。

《进击的智人》能够用很通俗的语言把一些原来对该领域没有兴趣的人拉进圈子,非常适合"小白"入门。书中加入了一些作者想象的情景,更能引发读者的实际感受。例如,"现在,请你想象这样一个情景:你,是一个水手,划船路过新几内亚岛,结果在海岸线附近不小心触礁落水了。你在海里一边踩着水一边四处张望,就在这时,岛上雨林中的一些土著人发现你落水了,马上从雨林深处跑出来,站在岸上静静地看着你,不喊、不骂也不叫,就那么静静地看着你。如果你沿着海岸线往东游,他们就跟着你往东走,你往西游,他们就往西走,如果你朝岸边游过去,他们就举起武器等着你,如果你往回游,他们也不追你,只是站在原地继续默默地盯着你,而你身后是无边无际的大海。"在枯燥的历史教科书外,此书或许能够激发一些读者对历史的兴趣,启发看待历史的角度。

(三) 读者定位准确

"充满奇趣感的少年版《人类简史》"是腰封上的宣传语。《人类简史》的销量在国内已经非常高了，该书借用《人类简史》的知名度为自己赢得了受众的好感。

该书是为青少年读者量身打造的少年版的《人类简史》，以色列的尤瓦尔·赫拉利编著的《人类简史》，使一般读者对于人类的发展进化过程也能顺畅阅读，但是由于作者国别的原因，书中的语言其实还不是很适合国内的青少年读者阅读，而该书正好弥补了这一短板，是一本中国的人类进化史和朝代变迁史。

(四) 作者的传播影响力

"国家博物馆讲解员""知乎超人气科普专栏作家""微博十大影响力大V"，这些头衔使河森堡有更多的路径和渠道去成就一本书。参加过《一站到底》《奇葩大会》《天天向上》等节目使河森堡被更多人所熟知。2017年，因为一段37分钟的人类学演讲视频——《进击的智人》，国博讲解员河森堡一夜走红，被媒体称为"一夜间10万以上的知识型网红"。2018年12月，同名书上市发行。

社交媒体如今已成为人们进行关系交往的主要手段。更多的人在这里分享观点、交流意见，任何意见的传播在这里都有暗示、感染的成分在。截至2019年1月21日，河森堡知乎"粉丝"35万，最高赞答案10.8万，获得过4.5万次感谢，11万次收藏，这使其有充分的条件成为这一圈子的"意见领袖"，成为科普领域中可以影响他人的"活跃分子"。从2017年至2018年，他的微博粉丝从29万涨到300多万，足以证明作者的传播影响力在不断扩大。科普网红的粉丝黏性不容小觑，相比俊美的外形和精致的妆容，粉丝更看重的是知识分子们的趣味脑洞。这种高度个人化的吸引点，让科普网红不像美妆、旅游类网红那样容易被替代。粉丝知道他的言语风格，在社交媒体上了解了他的写书过程，对他存在一定的信任心理，所以河森堡出的书，一定会有大量粉丝积极踊跃购买。这样一来，人际传播之间的推荐和社交媒体传播的弱联系相结合，会增大该书的曝光量，使该书在排行榜中排得前位，进而可带来更高的销量。

（五）高超的叙事技巧

作者河森堡在中国国家博物馆担任讲解员，他以最直观的方式观察了我们这片土地辉煌过往留下的万千物证，国博展厅、各省遗址、非洲的荒漠的真实所见所感，这些新鲜的关于人类成长发展的事实使他有能力把人类的故事用中国本土化的方式讲述出来。这一职业背景无疑为作者在写作该书时采取何种更适合读者的语言文字提供了帮助。作为一名经验丰富的讲解员，河森堡的语言风格具有很强的画面感和感染力，阅读起来的体验就像是在看一部制作精良的纪录片；而作为知识储备量高到可怕的科普作家，河森堡主要负责输出大量的"硬核"知识，几乎书中的每一页都有一个知识点，涵盖了人类学、生物学、考古学、地质学、地理学和天文学等学科，单纯把该书当成一部科学小词典来读也未尝不可。

在该书两大部分、13个章节的篇幅里，我们能够从字里行间感受到一种对话式的讲解，这无形中使阅读该书的读者产生一种对话的体验，这种"不是一个人在阅读"的感觉更加有亲和力。多年的工作经验和扎实的人文社科知识使河森堡具有卓越的讲故事能力，讲解员的工作经历使作者更加了解观众的喜好，双向的阅读感觉更符合当下青年人的阅读倾向。作者把自己定义为"传递知识"的人："把一线科研人员或者学者的理论消化吸收之后，传播给大家，这是我的工作。"影视演员如此评价他："会讲故事是一种天分，能把自己掌握的知识融会贯通，加工再创造，更是一种能力。也许河森堡不创造知识，但他能把知识变得更美味，且端到众人面前。"

（六）多种营销手段并用

中信出版集团的发行渠道遍及网上书店、全国各省市主要书店，以及机场、超市等图书卖场，并拥有首都机场T3航站楼等机场的书刊经营权。强大的市场影响力和密集的图书销售渠道为该书的发行提供了市场基础和营销宣传保障。在发行之初，作者河森堡在北京、长沙、重庆、成都、绵阳、上海、苏州的多家书店举行作者签售会和新书分享会，与读者进行线下交流体验分享；在京东、当当、新华文轩、亚马逊等多家网上书城同步发售，并且在京东和中信出版集团官方旗舰店进行限量签名版发售。更有诸多明星以及江泓、董彬等科普作家写的推荐语，进一步让更多人了解此书。

社交媒体时代的互动营销传播模式使作者和读者之间的联系更加紧密，河森堡的微博和知乎账号的持续更新使其收获了读者和粉丝的情感认同和态度认同,明星和相关专业领域的推荐进一步获得了更多人的立场认同。在营销手段中,微博更像是一个商店,承担了该书获得认同后的流量变现的场景。

随着移动终端占据人们越来越多的空余时间,中信出版集团推出 Kindle 版、电子书、纸质书多介质出版的书籍,全方位满足读者的阅读需求。书名"进击的智人"与火爆的演讲视频同名,又收获了一大批"慕名而来"的免费追随者,无疑增加了该书的影响力。

可以说,中信出版集团充分运用"无互动,不传播"的数字传播时代的营销逻辑,围绕作者河森堡和《进击的智人》进行的身份和内容互动获取了人们注意力的焦点,使得该书成为畅销书。

(七) 政策支持和内容平台的完善

国民对知识内容的需求越来越大、入场新媒体的知识分子越来越多、政府和平台的赋能使得更多的如河森堡一类的知识分子拥有知识转化的能力和话语权。

据微博官方披露数据,2017 年,微博上的科学科普内容达到了 400 万条,总阅读量达到 480 亿次。在新榜全国微信 500 强中,带有"科普"标签的账号多达 16 个。一方面,移动互联网的出现,使得教授、医生、科研人员等群体拥有了更多传播知识的渠道。通过各大内容平台,这些群体终于有机会走下神坛,与普通用户展开更平等、更直接、更接地气的互动对话;另一方面,粉丝和商业变现空间对此类知识分子有很强的吸引力,这使越来越多的知识分子群体开始入场新媒体,甚至成为专职新媒体人的重要原因。博物君、河森堡、李永乐等科学科普博主频频被官媒"翻牌",这种知识科学正能量符合国家精神的导向,也是老少皆宜的全民内容。与此同时,各大内容平台也在为科学科普垂直领域提供扶持。平台红利与政策红利源源不断,这场全民科普热潮显然还会持续扩大,覆盖生物、历史、地理、医疗等各种不同领域。大众文化塑造了文化产业的主要消费群体。在这样的背景下,《进击的智人》作为河森堡的平台内容转化作品,成为畅销书也是意料之中。

四、精彩阅读

进击的智人

朝鲜动物园里的黑猩猩会用打火机给自己点烟,它使用打火机的样子熟练得像个老烟枪。既然动物也可以使用火和工具,那么,什么才是区分人和动物的清晰边界呢?

火、语言、工具?

当我们在说人类时,我们到底在说些什么?

我在国家博物馆的展厅里为大家介绍展览时,通常会从一个古怪的问题开始。我会对来访的观众说,今天在这个展厅里的各位想必都是人,至少自认为是人,那么大家凭什么说自己是人呢?从各位自身的角度来看,人类和其他的物种之间清晰的边界到底在哪里?在国博做讲解员的一个好处就在于,我们可以从观众那里得到各种各样有趣的反馈。

有的观众说,只有人类可以使用火,动物则不会。听起来确实如此,我们很少能回想起动物使用火的情景,那么"火的使用"是否可以算作人和动物之间的边界线呢?实际情况却没有那么简单。朝鲜平壤动物园里有一只黑猩猩,它长期观察了人类的行为以后竟然学会了抽烟,它用打火机给自己点烟时的样子熟练得像个老烟枪,目光放松淡然,深沉的侧脸在迷离的烟雾中看起来像一个厌倦了江湖恩怨而选择在胡同里修车维生的"老炮儿"。当然,动物园里抽烟的黑猩猩是个个例,抽烟本身是不健康的,无论是对人还是对于黑猩猩。不如我们换一个例子,在美国有一只著名的雄性倭黑猩猩(黑猩猩的近亲)名叫坎兹(Kanzi),它在火的使用方面就展现出了惊人的天赋。坎兹不仅仅可以用火简单地烧东西,它在点火之前还会小心翼翼地收集柴火,将柴火整理好之后用火柴点燃,再在火上摆放烤架和锅具,然后坐下来给自己做饭。这一系列的行为表明,坎兹完全知道自己在做什么,它是在有规划、有目的地使用火。事实上,到目前为止动物使用火的情况并不是孤例,如果我们简单地认为只有人类会使用火的话,那就等于承认坎兹和平壤动物园里的那个抽烟的"老炮儿"也是人,这显然并不符合事实。

有人或许会觉得以上这两个例子并不能充分地说明问题,因为它们使用火的过程中人类干预太多,那么自然状态下是否也有动物可以自发地使用火呢?答案是有的,比如澳洲的一些鸟类,森林起火时,会故意叼起一些着火的枝条扔到森林中未着火的区域以扩大火势,这样一来它们就能在混乱中饱餐一顿了,就好像为了免费吃自助餐而在餐厅里纵火一样。这些鸟类的流氓行为也可以说明,是否会利用火并不是区分人和其他动物的清晰的边界。

还有人说,人类有语言,而动物没有。我们确实很少听到动物在一起用语言交流,互相"说话"。但是语言的本质其实是靠振动介质(比如空气或水)产生声音，进而在个体之间传递信息。不少动物，尤其是具有社会性的动物，其实是可以用这种形式进行简单交流的。鲸鱼就是个典型的例子，有些种类的鲸鱼可以将自己的"歌声"传播几百英里进而与其他鲸鱼进行交流。一英里相当于1.6千米，假设"鲸歌"的传播距离为200英里，那么换算成公制足足有320千米，这几乎相当于你站在北京的大街上，用自己的嗓子和一个位于石家庄的人"说话"，就声音信息的传播范围而言，鲸鱼比我们人类语言要强很多。

有趣的是，动物不仅可以用声音进行交流，甚至在动物的社会中还存在着一些曾经被认为只有人类语言中才有的现象。比如，达尔文时代人们就曾经意识到，栖息在不同地区的同一种鸟类，鸣叫时也存在着因为文化传承的差异而导致的"地方方言"。那些小鸟也不是天生就会鸣叫的，雏鸟就像人类婴儿一样，需要从父母和社会中的其他"老鸟"那里学习如何用声音表达自己，需要经历一个从咿呀学语到流畅表达的过程。

更令人惊奇的是，动物之间不仅可以用语言进行交流，有的动物甚至可以理解人类社会中的数字或文字符号所表达的抽象概念。比如，中山大学有一位人类学家曾经介绍过自己在日本留学时的一段难忘经历。他在日本进修时就读于京都大学灵长类研究所，这个研究所里曾经饲养过一只名叫"小爱"的黑猩猩，它已经掌握了1000多个英文单词和500多个汉字（这已经是小学文化水平了），并且可以通过iPad（平板电脑）的输入法用汉字表达自己的想法，向科研人员要苹果吃。2004年，小爱还策划过一次成功的越狱行动，当时全世界没有一个人知道黑猩猩认识数字，所以饲养员在输入实验室电子门禁的密码时没有刻意遮挡，小爱在饲养员身后暗中观察，记住了实验室的安全密码，带着自己的另外一只黑猩猩朋友越狱了。

案例十八：《进击的智人》

　　黑猩猩性情凶狠而且力量极强，它们可以把手指粗的铁棍子拧弯，所以黑猩猩是猛兽，是完全具备杀人能力的，如果实验室的黑猩猩跑到外边把路人掐死，实验室要负重大责任。当时实验室里的科研人员吓坏了，不得不求助于警察和自卫队，一起抓捕这两个"识数"的逃犯，所幸最后这两个"逃犯"由于肚子饿，自己回实验室自首了，没有酿成大祸。

　　这个例子也告诉我们，对语言、数字甚至文字的理解和掌握，未必是区分人和其他物种的清晰的边界。

　　每当话题进行到这的时候，都会有人眼睛一亮，笃定地说，我知道了，人和动物之间最大的一个差异在于人会制造和使用工具，而动物不会。不得不说，给出这个答案的人在中学时想必是个认真学习的好学生，因为这是一个非常正统的观点，我在中学的政治课中就从老师那里听到过这个理论。那么，这个理论和实际情况有多大程度的契合呢？

　　黑猩猩在野外生存时常会捕食一种猴子，这种猴子叫婴猴，它们因时常会发出像婴儿一样的叫声而得名。婴猴是一种夜行动物，白天则习惯在树洞里睡觉。黑猩猩喜欢吃婴猴，逐渐地摸索出了婴猴的活动规律，只要发现一个树洞就凑过去观察一番，看看洞里是否有婴猴。如果有，黑猩猩就会想办法把它抓出来吃掉。有的黑猩猩很聪明，它不敢直接伸手去掏婴猴，因为害怕婴猴咬它的手，于是捡起小树枝去挑逗洞里的婴猴，婴猴自然不会轻易就范，死死地蜷缩在树洞里不肯露头，于是黑猩猩便想出一招，它发现地上横放着一些大树杈，便挑选一根合适的，把上面的小枝杈掰掉，然后用牙齿啃咬大树杈的尖端，直到树杈变得非常尖锐，像长矛的矛尖一样，接着黑猩猩便把长矛一样的树杈用力地捅进树洞深处，把婴猴活活扎死在里面，然后再伸手把它们掏出来撕碎吃掉。

在黑猩猩捕食婴猴的过程中，它们不仅会使用工具，甚至还会制作工具和武器，把自己武装起来进行猎杀活动。还有一个很有趣的例子：假如你是一只黑猩猩，在雨林中漫步时突然口渴了，不远处的地面上有一个小水坑，坑口的面积比较小，水位也很低，作为一只吻部扁平的黑猩猩，你要怎样做才能喝到水呢？

有人说，可以像乌鸦喝水那样往水坑里扔石头；有人说，把水坑挖大一些；还有人说，可以找一些空心的植物茎部，将其做成吸管……

那么黑猩猩是怎么做的呢？中山大学的学者发现，黑猩猩会随手从身边抓一把树叶放到嘴里，嚼得非常松软，变成像海绵一样的絮状结构，再用这团"海绵"放进水坑吸水，等"海绵"吸满水之后，黑猩猩再把水挤出来喝掉。

由此可见，"制作和使用工具"也不能成为区分人类和其他物种的清晰的边界。

那这个边界到底在哪里呢？

（选自《进击的智人》第18~21页）

五、相关研究推荐

[1] 尹烨. 在奇趣故事中爱上历史——读《进击的智人》[N]. 河北日报，2019-03-01.

[2] 陈冬. 讲解员"河森堡"走红的启示[N]. 中国艺术报，2018-02-28.

[3] 博物君、河森堡、毕导、李永乐，知识分子们是如何走红的？[EB/OL].（2019-01-22）. http：//www.sohu.com/a/290769695_118540.

[4] 任雾，谢煜楠. 一段37分钟的人类学演讲视频《进击的智人》，国博讲解员"河森堡"一路走红[EB/OL].（2017-03-13）. http：//www.sohu.com/a/128954278_534881.

案例十九:《一个人的朝圣》

魏芳芳

一、图书基本信息

(一) 图书介绍

书名:《一个人的朝圣》

作者:[英] 蕾秋·乔伊斯

译者:黄妙瑜

开本:32 开

字数:217 千字

定价:39.80 元

出版社:北京联合出版公司

出版时间:2017 年 6 月

(二) 作者简介

蕾秋·乔伊斯，1962年出生于英国伦敦。英国BBC资深剧作家，《星期日泰晤士报》专栏作者。作为剧作家，于2007年获Tinniswood最佳广播剧奖。20年的舞台剧和电视职业生涯之后，乔伊斯转向写作，于2012年出版了自己的处女作《一个人的朝圣》，该作品入围当年布克文学奖及英联邦书奖，乔伊斯也凭此书获得当年英国图书奖"年度作家"，并在2014年入围"英国年度作家"短名单。之后，乔伊斯相继出版《时间停止的那一天》《一个人的朝圣2：奎妮的情歌》《奇迹唱片行》。

二、畅销盛况

《一个人的朝圣》是乔伊斯的首部小说，2012年在欧洲出版，该小说入围2012年布克文学奖，2013年春名列英国最具影响力"理查与茱蒂"读书俱乐部书单第一名，同年成为欧洲首席畅销小说。此外，小说出版之后，受到出版人周刊、纽约时报、泰晤士报、明镜周报、嘉人、今日美国等各大媒体的高评价推荐。

2013年9月，由磨铁图书有限公司策划和北京联合出版社出版的《一个人的朝圣》中文简体版在国内出现，它用细腻的语言和真挚的情感感动了我国广大的读者，截至2019年8月，它的销量已经过150万册。

该书在中国出版之后，在豆瓣上始终保持较高热度，2013年在豆瓣读书所评选的年度最受关注非虚构类图书前100名中，排名第9；另外，图书上市的一年中始终占据京东图书热销总榜前10，销量一直攀升；至2019年，该书出版已经7年，它在京东的小说销量榜排名第137位，在当当的小说畅销榜排名第88位，从以上数据可以看出该书是一部有着持续生命力和影响力的作品。

三、畅销攻略

《一个人的朝圣》讲述的是一个退休的老人哈罗德独自行走上千公里以期望能够拯救好友的故事。作者乔伊斯本来是英国的一个剧作家，有一天开始尝试写小说，结果她的作品一面世就入围了当年的"布克文学奖"，而且之后还畅销了近40个国家。这是一个由新手写作，以一个退休的老头为主人公的小说，却受到了各国读者的喜爱，为什么？到底是偶然因素，还是"诸多合力"为之的结果呢？以下是笔者对该书畅销的原因分析。

（一）温情治愈类小说满足读者口味

21世纪，在经济快速发展的同时，人们的精神世界却往相反的方向发展，压力、痛苦、迷茫、空虚等负面情绪时不时地将人们笼罩着。在这种环境下，人们的阅读趋向也随之改变，越来越喜欢读温暖、温馨治愈的作品。比如《追风筝的人》《偷影子的人》《解忧杂货铺》《小王子》等，这些作品一经面世就因为其展现的温暖治愈了世界上众多读者的心灵，受到他们的喜欢和热捧，也使其在畅销书的排行榜单上长期占据着一席之地。

《一个人的朝圣》就是这样一本从书名到内容都会让人感到温暖治愈的小

说。它讲述了主人公哈罗德退休之后接到患癌的老友的来信，为拯救老友踏上了自己的朝圣之路，他抱着只要自己走下去老友就不会死的信念一直坚持走下去。就是这样一个很简单却深深令人感动的故事，让读者的内心在阅读的时候得到了平静和治愈。

（二）孤独与救赎的双重内核

一部好的小说、一个好的故事应该是能够让读者与作者、与故事中的人物感同身受，使读者产生共鸣和思考的。无疑，《一个人的朝圣》就是这样一部优秀的小说，它讲述了一个好故事。通过深层次分析可以发现，该书包含两个内核，一个是"孤独"，另一个是"救赎"，两者之间互不冲突，只有深陷孤独泥淖的人，才会渴望温暖，希望被救赎。所以该书绝不是一本简单的鸡汤小说，它会让读者从中汲取力量，慰藉心灵，也会使读者久久地失语沉默，体会到一种无人理解的孤寂，从而开始思索人生的意义。

关于孤独。孤独是主人公哈罗德一生的主题，没有人能走进他的内心，也少有人与他亲密无间，哪怕是至亲之人。他得不到妻子的理解，他被跟随者抛弃，他固执地进行着在外人看似荒诞的朝圣之路。他不只是为了好友奎妮，他还在寻求一个答案，他是谁？无人可以回答他，无人可以救赎他，只有他自己。世界上的人即使没有哈罗德这样的遭遇，但也必定不是每时每刻都热烈地活着，在寂静的时候会感到自己不被人理解，无所依靠，对现实疲累却无可奈何，内心无法平静，只能任由无力感麻木全身。如果你读懂了哈罗德的孤独，你就读懂了自己。

关于救赎。如果该书只是描述哈罗德的孤独，那么无疑是失败的，成功的书应该是既能让读者看见现实，还能让人知道该如何去摆脱黑暗，救赎自己。我们总要成长，知道自己是谁。主人公哈罗德在接到老友的来信前，内心已是一潭死水，毫无波澜，对于人生已经无望，得过且过。老友身患重病使他开始思考，他的大半辈子已经过去，那么他是谁呢？后来他通过自己固执的旅行，找到了答案，发现了自己，得到了救赎。哈罗德让我们知道，任何时候都要有信念，要有追逐生命答案的勇气，什么时候开始都为时未晚，这才是对自己的救赎。

"孤独"代表人生的现状，它教我们如何看清自己，"救赎"代表改变与寻求，哈罗德用他的一步步前行，让读者对于人生的遗憾释怀，去相信，也让我们更加勇敢地面对自己的生命和挚爱的人。

（三）叙事手法独特巧妙

乔伊斯在写该书时运用了巧妙的叙事手法，即双线性叙事结构的处理、碎片化叙事以及走马灯式的空间转换等叙事策略，使得读者在欣赏这篇作品时获得了愉悦的阅读体验和典雅的审美效果。

1. 平行双线型叙事结构

作者打破了传统英雄冒险的单线性叙事结构，采用了一种双线平行、时空交错的手法来展示主人公现实人生的全貌。一条线是单向流动的时间线，主要叙述主人公现实的生存状态；另一条是与此线平行却是逆时间流动的时间线，是跟随主人公的思想、追忆、反思、精神咀嚼的过往生活的倒叙线。前线如流水一样，自高向低载着主人公的一路跋涉，承载着主人公用肉体焦虑对抗精神压抑的灵魂诉求。后一条线，则将主人公的内心褶皱以不连续的方式一一打开。哈罗德向前走是为了埋葬和忘却，频频回顾又是留恋。现在和过去这两山对峙，时间的大幕徐徐拉开，使哈罗德生活现状的各种过往逐一呈现，最终没有救活他人的哈罗德却赢得了自身的重生。

2. 碎片化叙事

在小说中，主人公在路上的这条倒叙线的呈现方式是碎片化的，且这些碎片化的情节不是无序地、漫无目的地出现在小说当中，这些情节是哈罗德前半生这张生命拼图的一个个组成部分，每一个碎片都是独立的，有些甚至是含混的，作者用一种微妙的内在联系把它们缀在一起，这个内在联系就是时间。当读者亲手完成了这些拼图，了解了事情的来龙去脉，会对自己原先出现的误读感到讶异，惊叹于作者对平淡无奇的生活的主观思考，以及谋篇布局的步步为营。这些碎片化的呈现方式虽然缓慢，却使得哈罗德的内心伤痕一次次放大、咀嚼、回味直至升华。这种碎片化叙事方式提高了小说的张力，使得整部小说的阅读体验出现了几何增长而非简单叠加的艺术效果和巨大的空间想象力。

3. 走马灯式的空间转移模式

该小说还开创了一种走马灯式的空间转移的模式。整本小说的空间移动不是中规中矩地以主人公哈罗德的脚步为转移，而是以形形色色的路人甲乙丙丁如走马灯似的出现和消失为转移。加油站女孩、客店旅人、远足的男人、银发

· 259 ·

绅士等一个个路人，他们的人生故事牵绊着哈罗德的喜怒哀乐，成为哈罗德驿站的标识。这种走马灯式的人物出场，不但推动了情节的发展，而且使整个故事一波三折，他们鼓舞着哈罗德，也试探着哈罗德的决心，使故事的节奏忽快忽慢，整个故事的叙事节奏也就随之张弛有度。

（四）书名别具匠心，颇有深意

图书作为一种特殊的文化商品，要想在茫茫书海中脱颖而出，被读者喜欢并购买，仅仅具备好的内容是远远不够的，因为它不能一下就抓住读者的眼球，这就对图书的装帧设计提出了要求，其中最重要的是书名的设计。书名是至关重要的表象符号，好的书名能够准确表达出图书的整体内容与立意，还简洁大方，新颖独特。

《一个人的朝圣》的英文原名是 *The unlikely pilgrimage of harold fry*，直译之下应该是《哈罗德·弗莱不可能的朝圣》，因为哈罗德已经65岁，一个人，未带行李，要纵跨整个英格兰，并因为一个信念就做到拯救老友，这是一件不可能完成的事情。这个名字略显直白，让人一眼就看到了现实，让哈罗德的行为看起来荒诞不经。但是中文译者绕过"不可能"转而去凸显"一个人"的翻译可谓是巧妙至极，既表现了主人公一个人出走的荒诞，又契合了作者的深层所指（展现了个体生命的价值，对于个体自由选择的称颂），同时保留了"朝圣"这一词，突出了信仰的神圣性。哈罗德在这个旅途上所走的每一步的虔诚，让读者读来倍觉感动。书名既完整表达了整个故事，又给读者一种细细品味的感觉，让读者不自觉就开始想象这究竟是一个怎样的旅途。

（五）全球读者口口相传

该书在出版之后就好评如潮，受到了各国读者的喜爱。对于该书的评价也多是积极方面的，还成为一匹"黑马"入围了当年的布克文学奖，后来被《泰晤士报》《纽约时报》《每日快报》等全球知名报纸评价推荐，成功讨得了读者的欢心，赢得了市场。其布克文学奖入围语是："这本小说用强有力的声音讲述了充满了英式趣味的独特故事，优雅，细腻，感人。它成功地感动了全球的读者，让每一个读过这本书的读者都陷入了对于人生的思考。"一位中国台湾地区的读者这样评价："很久没有读一本书读到凌晨……当一切似乎都太迟时，哈罗德敞开自己伤痕累累的心，让世界走进来。我觉得他就是我自己。"一本书如果能够在世界范围内畅销，一定是因为它的普世性，这个故事具有全球性意义。《一个人的朝圣》没有知名的作者，没有别具一格的装帧形式，之所以能够畅销，完全是因为它受到了全球读者的喜爱，人们口口相传，展现了图书的巨大生命力。

（六）跨媒体营销

《一个人的朝圣》在中国正式上市前，选择先在微信上连载文章，共八期，还在当当、亚马逊、京东上开始图书的预售，并和 Kindle 合作开发电子版与纸质书同步发售。

在图书正式上市后，充分利用社交媒体的力量进行宣传，集中在微博和豆瓣两个平台。微博方面，充分利用微博"大V"进行图书的宣传营销，如磨铁图书、十点读书、中国日报、环球杂志、三联生活周刊、人民网、凤凰卫视官微等进行图书的宣传推广；豆瓣方面，发起关于图书的话题，吸引更多的读者去参与话题讨论。除此之外，新浪、搜狐、腾讯等门户网站的读书频道以及百度贴吧等一些社交媒体平台也有很多读者参与。纵观结果，网友对该书积极进行了评价，其中不乏大量深度热评。

另外，还有诸多影视演员对该书进行推荐，该书还激发了"中国吉他第一人"李延亮的创作灵感，其发行了同名的吉他曲，同时也提高了小说的知名度。除上述以外，该书还开发了有声小说，在"蜻蜓FM"和"喜马拉雅App"等有声平台上播放。

可以说该书的营销推广主要依靠网络媒体的力量，没有实地的新书发布会，没有读者的签售会，该书的销量和对读者的影响程度、范围充分证明了网络媒体的巨大力量，它是图书营销宣传的重要阵地。

四、精彩阅读

（一）

她还记得。过了这么多年，她还记得。而他却一成不变，任岁月蹉跎，好像她做的一切都没有意义。他没有试着阻止她，也没有追上去，甚至没有道一声再见。又有眼泪盈上他的眼眶，模糊了天空与眼前马路的界限。迷茫中好像出现了一个年轻母亲和她孩子的剪影，他们手中握着雪糕筒，像举着火炬一样。她抱起孩子，放到椅子的另一头。

"天气真好。"哈罗德努力让自己听起来不像一个正在哭的老人。她没有抬头，也没有附和，只是弯腰把孩子手上正在融化的雪糕舔了一下，不让雪糕滴下来。男孩看着他的母亲，两人离得那么近，动也不动，仿佛两人已经融为一体。

哈罗德努力回忆自己有没有试过和戴维在码头边吃雪糕。应该是有的，即使他无法成功地在脑海中搜寻出这一段回忆。他一定要把这件事做完：把信寄出去。

午休的上班族在古溪旅馆外面拿着啤酒嬉笑，哈罗德几乎看都没看他们一眼。爬上福尔街陡峭的上坡路时，他脑子里全是刚才那个母亲，她全心全意地沉浸在自己和孩子的世界里，忽略了其他所有人。他突然意识到一直以来都是莫琳把两人的近况告诉戴维，是莫琳在所有信件、卡片的结尾处替他署下"爸爸"两个字甚至连他老父亲去的疗养院也是莫琳找的。接着一个问题出现了——当哈罗德站在斑马线前按下行人按钮时——如果一直是她在做哈罗德该做的事，那么——"我是谁？"他就这样走过了邮局，连停都没有停下。

（选自《一个人的朝圣》第 10~11 页）

（二）

"不用，不用，我只是路过。我是走路过来的。"

"哦！"她说。

"我要寄封信给一个老朋友。她得了癌症。"让他吃惊的是自己说出那个词前停了一下，声音也变低了，还下意识地开始摆弄手指。

女孩点了点头："我阿姨也是。这病简直无处不在。"她将眼神投向店里的柜子上，好像它就藏在汽车协会地图和那些海龟牌上光蜡后面，"但你总要积极点。"

哈罗德停下握着汉堡的手，用纸巾擦擦嘴角："积极点？"

"你一定要有信念。反正我是这么想的。不能光靠吃药什么的。你一定要相信那个人能好起来。人的大脑里有太多的东西我们不明白,但是你想想,如果有信念,你就一定能把事情做成。"

哈罗德充满敬畏地看着这个女孩。他也不知道怎么会这样,但她现在看起来就像是站在一团光中央,好像太阳转了一个方向,连她的发丝皮肤都明亮清晰起来。也许是他盯得太专注了,甚至还可能叹了一声,只见女孩耸耸肩,咬住了下嘴唇:"我是不是在说废话?"

"老天,不是的,才不是呢。你的话很有意思。我恐怕从来没有弄明白过宗教这回事。"

"我并不是说要……信教什么的。我的意思是,去接受一些你不了解的东西,去争取,去相信自己可以改变一些事情。"

(选自《一个人的朝圣》第14~15页)

(三)

哈罗德想起了戴维,但要解释起来实在太复杂了。他看到蹒跚学步的戴维,小小的脸在阳光下渐渐晒黑,像熟了的坚果。他想形容他胖胖的膝盖上小小的窝窝,还有他穿上第一双鞋走路的样子,他总是低头去看,仿佛不确定它们是不是还挂在脚上。他还想起他躺在婴儿床里的样子,十只手指小得惊人,安然地放在羊毛薄毯上,看起来那么完美,叫人看着就会担心轻轻一碰,这小小的手指就会融化掉。

莫琳身上的母性来得太自然了,仿佛一直以来都有另外一个女人在她身体里等着,随时准备出现。她知道怎么摇晃身体能让怀里的宝宝安然入睡,怎样发出柔软的声音,怎样弯起手臂托起孩子的头,知道洗澡水应该放多热,知道他什么时候想睡觉,还有怎么织那些蓝色的小小羊毛袜。他从来不知道她会这些,只能惊叹地看着她,像个心悦诚服的观众。这既让他更爱她,又将她的地位提升了。正当他以为他们的婚姻会更牢固,机会又一闪而过了,剩下两人待在不同的位置上。他试过仔细凝视小小的儿子,用一种肃穆的方式,却被恐惧击中了。他饿了怎么办?不开心怎么办?如果他在学校里被其他男孩欺负怎么办?要保护他实在需要防备太多东西了,哈罗德一下子觉得难以应付。他纳闷其他男人会不会也觉得初为人父的责任有点让人畏惧,还是只有他自己有这种不正确的感觉。如今可不一样了,到处都可以看到大大咧咧的父亲推着婴儿车,喂着小婴儿,一点也不慌乱。

……

他想着那个没有孩子的女人,问自己多年前是不是不应该逼莫琳再要一个孩子。"有戴维就够了,"她说过,"我们有他就可以了。"但有时他还是害怕只有一个孩子的负担太重了。他想也许多几个孩子的话,那"爱之深、痛之切"是否就会分薄一点?孩子成长的过程就是不断地推开父母,离他们越来越远。当他们的儿子终于永远地拒绝了他们的照顾,他们就要艰难地去适应。刚开始有过一段生气的日子,接着就变成了别的东西,像是一种静默,但也同样强大和粗暴。到最后,哈罗德得了一场感冒,而莫琳则搬进了多出来的那间房里。不知为什么,两人都没提这件事,而莫琳也一直没搬回来。

(选自《一个人的朝圣》第52~54页)

（四）

事情是怎么走到今天这个地步的？曾经一度他们也有过快乐的日子。随着戴维一天天长大，他们之间出现了一道越来越宽的裂痕，仿佛两件事是有关联的。莫琳太会做母亲了，她当然会和孩子站在同一阵线。"戴维呢？"有时莫琳这样问，哈罗德回答他刷牙时听见门响了一下。"噢！对的。"她会这样回答，故意表现得好像刚满十八岁的儿子大晚上跑到外面游荡不是什么问题一样。如果他诚实地道出担心，恐怕只会让她更加忧虑。那时她还愿意下厨，那时她还没搬出房间。

就在奎妮消失前夕，一切才终于四分五裂，分崩离析。莫琳埋怨，抽泣，拳头一下一下捶在他胸口："你还是个男人？"她这样号叫。还有一次她对他说："都是你，一切都是你。如果不是你，什么都会好好的。"

听着这一切真是让人心如刀割。即使她事后在他怀里哭着道歉，但话已出口，覆水难收。一切都是哈罗德的错。

然后就没了。沟通、吵闹、目光交流，都没了。她甚至无须把话说出口，他只要看她一眼就知道自己无论说什么做什么都不管用了。她不再责怪哈罗德，不再在他面前哭泣，不再让他抱着她换取安慰。她将衣服搬到客房，他躺在两人当初结婚时买的床上看着，无法走近她，却又被她的抽泣声折磨着。太阳升起来，他们会错开上厕所的时间，他穿衣吃早饭，她则在几个房间穿来穿去，仿佛他不存在，仿佛只有忙忙碌碌不停下来才能按捺住内心的呐喊。"我走了。""好。""再见。""今晚见。"

那些句子其实一点实际意义都没有，还不如直接说外语呢。两个灵魂之间的裂痕是无法弥补的。退休前最后一个圣诞，哈罗德向莫琳提议要不要一起参加去酿酒厂的庆祝派对，她反应过来后张大嘴死死盯着他，好像他对她做了什么似的。

（选自《一个人的朝圣》第 124~125 页）

（五）

虽然隔着这么远的距离，哈罗德也能看出戴维又把头发留长了。莫琳看到会很高兴的，戴维剃光头那天她哭得非常伤心。他的步履依然摇摇晃晃，步幅很大，眼睛盯着地面，低着头，好像要避开路上的人。哈罗德喊出声："戴维！戴维！"他们之间的距离不会超过五十英尺。

他的儿子惊讶地晃了一下，好像绊了一脚或失去了平衡。或许他喝醉了，但没关系，哈罗德会给他买杯咖啡，或其他什么饮料，只要他喜欢。他们可以吃顿饭，也可以不吃。他们可以做他的儿子想做的任何事情。

"戴维！"他边喊边开始慢慢地走向他。一步一步，轻轻地，显示自己没有任何恶意。又走了几步，他停下来了。

他想起从湖区回来的戴维，瘦骨嶙峋，脑袋支在脖子上寻找着平衡，整个身体都拒绝着外面的世界，唯一的兴趣就是慢慢销蚀掉自己。

"戴维！"他又喊了一遍，这回大声了一点，想让他抬起头来。他看到了儿子的目光，里面没有一丝笑意。戴维茫然地看着父亲，仿佛他不在那儿，或者他只是街上物件的一部分，完全没有认出他的迹象。哈罗德的胃开始翻腾，祈祷自己不要倒下。那不是戴维，是别人，是另一个男人的儿子。有那么一阵子，他说服了自己会在这条街的另一头看到自己的儿子。那个年轻人突然一个急转弯，以轻快的步子走远了。哈罗德依然张望着，等待着，看他会不会转过身来，看会不会是戴维的脸庞。但他没有回头。

(选自《一个人的朝圣》第183~184页)

(六)

奎妮·轩尼斯看起来就像另一个人,一个他从未见过的人。一个鬼魂,一具躯壳。他回头寻找菲洛米娜修女,但门口已经空了。她已经走了。

他原本可以放下礼物就离开,或许再留下一张卡片。写几行字好像是最好的选择,至少他可以写几句安慰的话。他突然感到一股力量,正打算回头,突然奎妮的头开始慢慢地、稳稳地从窗户那边转过来,哈罗德又一次怔住了,定定地看着。刚开始是左眼和鼻子,然后是右边的脸颊,直至她完全转过来,他们在二十年来第一次见面。哈罗德的呼吸停止了。

她的头不对劲。那是两个头长到一起了,第二个是从第一个的颧骨上长出来的,一直长到下巴那里,好像随时会爆掉。它挤得她的右眼睁不开,直接逼向了耳朵。她嘴唇的右下角被挤开了,朝下颌方向拉过去。她举起干枯的手,仿佛想躲起来,但挡也挡不住。哈罗德痛苦地呻吟了一声。

他还来不及反应,就叹出声了。她的手摸索着找纸巾,但没有找到。

他宁愿自己能假装看到的并不是这么可怕的一幕,但他装不出来。他的嘴张着,两个词下意识地蹦了出来:"你好,奎妮。"走了六百英里,这就是他能说出口的话。

(选自《一个人的朝圣》第301页)

五、相关研究推荐

[1] 蕾秋·乔伊斯.一个人的朝圣[M].黄妙瑜,译.北京:北京联合大学出版社,2017.

[2] 李鲆.畅销书营销潜规则[M].北京:金城出版社,2017.

[3] 崔芳芳.一个人的朝圣的精神生态的解读[J].开封教育学院学报,2018(9):63-64.

[4] 安颖.一个人的朝圣叙事策略探析[J].兰州教育学院学报,2018(7):63-64.

[5] 李丹.精神信念的朝圣之旅——评蕾秋·乔伊斯《一个人的朝圣》[J].出版广角,2017(14):86-88.

[6] 少华.一个人的朝圣:再成长的信念与可能[J].文艺争鸣,2015(10):165-170.

案例二十：
《人类简史：从动物到上帝》

张巧玲

一、图书基本信息

（一）图书介绍

书名：《人类简史：从动物到上帝》

作者：[以色列] 尤瓦尔·赫拉利

开本：16开

字数：307千字

定价：68.00元

出版社：中信出版社

出版时间：2014年11月

（二）作者介绍

尤瓦尔·赫拉利，1976年生，牛津大学历史学博士，现为耶路撒冷希伯来大学的历史系教授，他是全球瞩目的新锐历史学家，擅长世界历史和宏观历史进程研究。作为一名学者，赫拉利精通世界史、中世纪史与军事史，除了历史学，哲学、人类学、生态学、基因学等各种学科的理论他也能信手拈来。《人类简史：从动物到上帝》（以下简称《人类简史》）以及随后出版的《未来简史》《今日简史》构成了赫拉利的"简史三部曲"，是引发全球大讨论的思想炸弹，每本图书销售量都在100万册以上，拥有大批书友粉丝，仅在中国就有多达50万的读者。

二、畅销盛况

2011年，《人类简史》首次以希伯来语出版，随即连续100周占据以色列图书销售榜首。由书改编而成的人类简史课程风靡全球，成为希伯来大学在Coursera和MOOC上最受欢迎课程。

《人类简史》出版后引起英国9家出版商疯狂竞价，西班牙上市后成为两周总榜冠军，获得波兰斯基人文学科创造力与独创性奖。截至2020年10月3日，该书被翻译成60多种语言，席卷世界，引起学界、媒体、大众的极大兴趣，英文版在全球卖出了超过100万册。与此同时，在中国也引起巨大的反响，获得大量的拥趸。

2014年12月，《人类简史》由中信出版社引进出版，扎实的内容、极致的策划包装，再加上预热阶段的精准推广，使得该书上线后立刻引起了广泛关注，文艺界纷纷推荐，作者声名远播。

  2015年，它获得国家图书馆文津图书奖。2016年年底其销量突破100万本，创中国出版史上社科文化类书籍的单年销售纪录。2016年获"国家新闻出版广电总局向全国青少年推荐百种优秀出版物"。占据2017年京东图书年中榜单TOP10、2017年开卷上半年非虚构类榜单第三名、2017年度掌阅最受欢迎的出版书第二名、2017亚马逊中国纸质书畅销榜第五名。入围2018年南国书香节改革开放40周年40本最具影响力图书，被评为第三届"水木书榜·清华学生喜爱的十本好书"之一、2018年亚马逊社科历史榜排行榜第一名。截至2019年9月，豆瓣9万余人评价后得分9.1分。

三、畅销攻略

  任何一本书的成功都不是偶然。作为一本历史类普及读物，《人类简史》是如何吸引各个国家不同年龄段的读者而成为全球现象级的畅销书呢？我们来看一看该书的畅销攻略。

（一）内容契合读者需求

1. 极简丰富的内容便于读者汲取知识

  一本书稿、一部作品出版之后能否被读者接受，关键在于其能否精准地满足读者的文化需求，这是打造现象级畅销书的核心。

近年来,"简史类"书籍在图书市场上十分畅销,这一类书籍畅销的秘密在于能够为读者提供一个简便易懂的世界观。《人类简史》正是这一类畅销书的典型,作者将全书分为认知革命、农业革命、科技革命三个部分,为读者讲述了人类的过去和未来,同时把涉及各个学科的知识装入一个极简且极具普适性的叙述框架里,帮助读者迅速建立起一套完整的、成体系的自然观、历史观、世界观,把读者碎片化的新旧知识整合起来,使读者能在最短的时间里,用最轻松的方式与作者一起遨游人类上百万年的历史及发展。

2. 作品适应了不同文化圈的需求

《人类简史》在中国出版后,最先是在互联网圈引发热烈反响。中信出版社很好地把握住了这个营销突破点,把首要推广目标人群锁定在关注人工智能的互联网企业的意见领袖身上,这些人的追捧使得该书迅速得到了其他行业的关注。互联网圈的人之所以特别推崇这部书,在于它所提倡的虚构能力能够把更多的组织,还有整个人协同起来,这跟互联网发展、底层的文化、逻辑是一样的,互联网经济的动力其实就是连接。该书在内容上满足了读者明显或隐藏的需求、痛点,满足了这个时代不同阶层、不同行业、不同人群的需要。正如《卫报》的一篇评论所言,赫拉利的书满足了当下这个碎片化世界对宏大叙事的迫切需求。

(二)观点引发热议,争议即卖点

结合近几年国内历史图书大卖的情况,可以看出一部历史畅销书不仅具备内容契合大众需求的特点，而且作者的观点也会引起社会大众的关注。

推崇此书的人认为，《人类简史》以一种跨学科的逻辑思维来看待历史人类的发展，给读者带来全新的视角与观点。作者运用和组织众多学科知识，集历史学、人类学、社会学、哲学、心理学、生物学、物理学、地理学、化学、文学、基因学于一体，又融合宗教、经济、政治、科技等多学科角度，审视人类作为一个物种在宏观层面的发展进程，让人读来叹为观止。由于维度足够丰富，阅读过程中读者会感觉脑洞不断被打开，会感叹于原来还可以这样看问题。

在受到一众读者追捧的同时，也有一部分读者表示这是一部糟糕的历史学作品，认为该书大量吸收了戴蒙德1997年所著的《枪炮、病菌、钢铁：人类社会的命运》的原创观点后进行了缩写，并表示这两本书的许多论题重复，《人类简史》可以说是前者的简化版。

因此，不同观点的碰撞引发了公众对该书更大范围的讨论，使《人类简史》成为全社会都在热议的书，从而引发了舆论和读者的强烈关注，进一步激发了读者的购买欲望。

（三）出版方的精心策划

1. 引进优质的图书版权

在《人类简史》出版前，作者还没有什么名气，他在以色列寻求出版《人类简史》时曾遭到6家出版社的拒绝。但在图书出版后的书展上，有23个国家在和他的代理人洽谈《人类简史》的版权，英国有6家出版社参与了竞价。在中国，包括中信出版社在内的几家出版社也对该书产生了兴趣。国内的出版社都认为这部作品很好，但至于能不能畅销，没有绝对的把握。最后中信出版社以1.5万美金买下了该书的版权，这一版权价格对于社科历史类图书而言，只能算"中等"。可以说，正是因为中信出版社在一众同行皆持观望的态势中果断下手，把握时机拿到了该书的版权，才收获了《人类简史》畅销后为出版社带来的经济效益与社会效益。

2. 细究编辑与出版环节

《人类简史》是由中信出版社的副总编辑、见识城邦主编王强带领团队操刀运作的，从拿下选题，到翻译、编校，再到推广营销，其为一本社科好书的诞生披荆斩棘。从外版到中文，全力做好内容打磨和精细品控。从一审到质检，除责任编辑、策划编辑、终审、质检、总编辑逐次编辑审阅过该书外，全书再交由历史学专业出身的资深编辑做最后校阅。通过一环扣一环的编辑和打磨，才最终呈现给读者。

该书不仅注重文字内容优化和规范化，内文排版以及封面设计也针对国内读者做了进一步的优化和调整。读者对一本书的第一印象大多来自封面，封面是否好看、有特色、准确表现书的内容，对读者最终是否能在琳琅满目的图书中看见这本书、并将它带回家十分重要。该书的封面设计主打创意，并未使用传统历史书的历史性元素，而是用了指纹来阐释图书的主题，延续了中信出版社一贯大面积单色留白、居中放置具象图案的特色。

3. 着力图书的推广营销

（1）作者营销

作者是最了解自己作品的人。据调查，影响读者购书的原因中，作家知名度占36%，作品内容占12%，作品形式占10%，可见针对作者营销是畅销书运作的重要营销手段。

赫拉利具有宽广的学术视野和渊博的知识结构，《人类简史》出版后更是受到了全球热捧。出版社策划了把作者包装为超级IP的宣传方式，先是大力宣传该书的独特性，接着邀请作者来国内参加各种线上线下活动，以此加深作者在国内读者心目中的印象，从而提高作品知名度。随后，书火了，作者也火了。赫拉利在商业圈、学者圈、IT圈收获了巨大的影响力，获得数千万流量。从一个平时阅读量只有几千的公众号，因报道了赫拉利参与访谈的内容后阅读量飙升到10万即可看出作者在国内的火爆程度。后来作者的新书《今日简史》和《未来简史》一面世立即上榜，销量都已突破百万，赫拉利显然已经成了一位不折不扣的畅销书作家，也成为中信出版社的招牌作家。

（2）营销渠道合力传播

随着网络的发展，各个营销传播平台已经被打通，形成了去中心化的网络体系。在对图书进行营销和宣传时，需要利用好传统媒体、自媒体、电商等各个平台的优势，形成传播合力。现象级畅销书的营销，都是在整合线上线下的基础上，巧用"四两"之力，拨动"千金"销售。

《人类简史》在出版前，编辑团队的策略是重在提高图书曝光度，先将图书精华内容、推荐信息等在线上渠道发布。图书出版后，重在提高图书知名度和认可度，结合社会热点组织线下营销和推广，让读者接触图书精华内容，产生心理共鸣。中信团队还与罗辑思维、36氪、凤凰读书、未读、一条等知名新媒体合作，共同对图书进行推广，这些"大V"的宣传推广有效地带动了作品的销售。与纸质书一同出版的还有电子有声书以及思维导图。同时邀请赫拉利成为中信书院App的首位签约讲师，在公众号上不定期推出一些专业的解读内容。通过一系列营销活动的开展，让读者在互动体验中潜移默化地对出版社、作者和图书产生认同。

（3）适时再版

再版是出版界的营销策略。在美国和日本，它体现为这样一种策略：如果想要卖得更好，出版社会先推出精装本，待精装本卖不动了，再推出平装本。就像电影行业里的"窗口期"，总是先在院线上映后，DVD才会上市。只有DVD的电影永远只是小众的。《人类简史》一经面市，持续火爆，销量迅速突破百万。在2014年推出精装版后，中信出版社于2017年再版推出平装版，与作者新书《今日简史》《未来简史》一起又来收割了一波市场。2018年，中信"见识城邦"团队对该书重新进行了编校，再次推出精装版，并收录到旗下丛书品牌"见识丛书"中。通过"先富带后富"，推动整套丛书共奔富裕路。

（4）借势营销

他山之石，可以攻玉。并不是每一次营销，都需要投入大量的人力物力，在各类资源都有限的情况下，借势营销，可以有显著的效果。目前读者每天接触海量信息，非常排斥填鸭式的灌输宣传方式和硬性广告。因此，想要使一本具有优质内容的图书达到"现象级"，还需要学会借力，树立话题意识以及事件营销的意识，针对图书的内容进行话题设计，通过开展活动与事件营销对图书进行宣传。

中信出版社开创"从中国看世界，把时间变成历史"的出版理念，与优酷土豆联合打造的大型作者秀视频栏目"大集"，充分利用社内作者资源优势，为客户提供更具全球视野和面向未来的知识内容。首邀《人类简史》作者举办视频直播活动，线下线上超10万人同步体验，受到业界和读者的一致好评。

中信出版社在京主办"大数据+人工智能"的XWorld大会，邀请到赫拉利进行演讲。根据搜狐新闻报道，当天现场参会人数超过2500人，通过13家直播平台进行线上观看的数量累计超过280万。通过此次事件，将《人类简史》及其作者在国内的影响力又进一步扩大。

2016年4月23日晚上的北京展览馆剧场，以《人类简史》内容为核心的"你，定义未来"演讲秀惊艳中国文化界，同日流量和影响力盖过罗辑思维"史上最大读书会"。

这些活动结束后，《人类简史》的销量再度攀升。

（5）适时打造系列图书品牌

有意识地打造自己的图书品牌是中信出版社近年来在出版业打响品牌的最大法宝，以《谁动了我的奶酪》《史蒂夫·乔布斯传》《21世纪资本论》《激荡三十年》等一系列经管、社科类型的图书，作为中信出版社比较稳定的一条产品线，在读者中间有很大的影响力和号召力。

在《人类简史》一书畅销后，中信出版社又相继推出赫拉利的《未来简史》和《今日简史》，构成了"简史三部曲"，通过《人类简史》的人气积攒的广泛的读者群，再辅以一系列有效的营销活动，如在京东、当当等网络图书销售中,将《人类简史》与作者的《未来简史》《时间简史》等图书捆绑销售,在线下书店亦集中摆放,联合销售,取得很好的销量。现在,这几本书都成了销量逾百万的现象级畅销书,赫拉利也一跃成为全球畅销书作家。

(四) 名人效应

名人效应主要是指借名人的影响力强化事物、扩大影响的效应。如今,名人效应已经在生活中的方方面面产生了深远影响,比如邀请名人代言广告,就是期望消费群体对名人的喜爱能够刺激消费;邀请名人参加活动,也是因为名人所具备的带动性。

《人类简史》之所以畅销,一方面也是依靠了这种名人效应或者说是偶像效应。书一出版,就引发全球热议,一众名人给予此书极高的评价。贝拉克·奥巴马评论说:"这本书十分有趣并令人兴奋……作者告诉我们人类是怎样在地球上生存的,农业以及科学存在的时间是如此之短以至于我们不应该将之视为理所当然。"比尔·盖茨说:"我会把这本书推荐给所有对人类历史感兴趣的读者,你会发现这本书令你难以撒手。"马克·扎克伯格说:"《人类简史》为什么能够在国际畅销书榜上爆冲?原因很简单,它处理的是历史的大问题、现代世界的大问题,而且,它的写作风格是刻骨铭心的生动。你会爱上它!"这几位有影响力的领导者为该书的畅销播下了很好的种子。

不仅是国外,国内读者也对《人类简史》格外关注,北京大学历史系教授高毅说:"《人类简史》的目的不是传授人类考古学的所有研究成果,而是提供一种看历史的视角,一种全局的观点。当你不再执着于科学、政治或宗教等某一个领域的发展过程，而是关注人类社会的整体演变，观察这些领域之间的相互作用，你会感到你脑海中零碎的历史知识忽然像拼图一样各就各位，构成一幅宏大的图景，这样的视角非常新鲜。"罗辑思维、得到App创始人罗振宇说："我在节目里多次推荐过《人类简史》，它对我启发很大的地方是捅破了一层窗户纸。它说人类根本的能力是想象和虚构的能力，然后人们在这个不靠谱的基础上展开了协作，这才是我们这个物种真正有力量的地方。"北京大学校长林建华也向全国大学生推荐该书。这些名人对该书的推荐，推动了读者对该书的青睐，同时也扩大了读者范围，得到了显著的宣传效果。

四、精彩阅读

（一）

等到认知革命之后，智人有了八卦的能力，于是部落规模变得更大，也更稳定，然而，八卦也有限制。社会学研究指出，借由八卦来维持的最大"自然"团体大约是150人。只要超过这个数字，大多数人就无法真正深入了解、八卦所有成员的生活情形。

即使到了今天，人类的团体还是继续受到这个神奇的数字影响。只要在150人以下，不论是社群、公司、社会网络还是军事单位，只要靠着大家都认识、彼此互通消息，就能够运作顺畅，而不需要规定出正式的阶层、职称、规范。不管是30人的一个排，甚至是100人的一个连，几乎不需要有什么正式纪律，就能靠着人际关系而运作正常。正因如此，在某些小单位里，老兵的权力甚至要比士官更大。而如果是一个小的家族企业，就算没有董事会、执行长或

案例二十：《人类简史：从动物到上帝》

会计部门，也能经营得有声有色。

然而，一旦突破了150人的门槛，事情就大不相同。如果是一个师的军队，兵数达到万人，就不能再用带排的方式来领导。而有许多成功的家族企业，也是因为规模越来越大，开始雇用更多人员的时候，就碰上危机，非得彻底重整，才能继续成长下去。

所以，究竟智人是怎么跨过这个门槛值，最后创造出了有数万居民的城市、有上亿人口的帝国？这里的秘密很可能就在于虚构的故事。就算是大批互不相识的人，只要同样相信某个故事，就能共同合作。

无论是现代国家、中世纪的教堂、古老的城市，或者古老的部落，任何大规模人类合作的根基，都在于某种只存在于集体想象中的虚构故事。例如教会的根基就在于宗教故事。像是两个天主教信徒，就算从未谋面，也能够一起参加十字军东征或是一起筹措资金盖起医院，原因就在于他们同样相信神化身为肉体、让自己被钉在十字架上救赎我们的罪。所谓的国家，也是立基于国家故事。两名互不认识的塞尔维亚人，只要都相信塞尔维亚国家主体、国土、国旗确实存在，就可能冒着生命危险拯救彼此。至于司法制度，也是立基于法律故事。从没见过对方的两位律师，还是能同心协力为另一位完全陌生的人辩护，只因为他们都相信法律、正义、人权确实存在。（当然，他们也相信付的律师费确实存在。）

然而，以上这些东西，其实都只存在于人类自己发明并互相讲述的故事里。除了存在于人类共同的想象中之外，这个宇宙中根本没有神、没有国家、没有钱、没有人权、没有法律，也没有正义。

（选自《人类简史》第25~26页）

（二）

为什么农业革命发生在中东、中国和中美洲，而不是澳大利亚、阿拉斯加或南非？原因很简单：大部分的动植物其实无法驯化。虽然智人能挖出美味的松露、猎杀毛茸茸的长毛象，但真菌太难捉摸，巨兽又太过凶猛，于是想自己种或自己养真是难上加难。在我们远古祖先所狩猎采集的成千上万物种中，适合农牧的只有极少数几种。这几种物种只生长在特定的地方，而这些地方也正是农业革命的起源地。

学者曾宣称农业革命是人类的大跃进，是由人类脑力所推动的进步故事。他们说演化让人越来越聪明，解开了大自然的秘密，于是能够驯化棉花、种植小麦。等到这件事发生，人类就开开心心地放弃了狩猎采集的艰苦、危险、简陋，安定下来，享受农民愉快而饱足的生活。

这个故事只是幻想，并没有任何证据显示人类越来越聪明。早在农业革命之前，采集者就已经对大自然的秘密了然于胸，毕竟为了活命，他们不得不非常了解自己所猎杀的动物、所采集的食物。农业革命所带来的非但不是轻松生活的新时代，反而让农民过着比采集者更辛苦、更不满足的生活。狩猎采集者的生活其实更为丰富多变，也比较少会碰上饥饿和疾病的威胁。确实，农业革命让人类的食物总量增加，但量的增加并不代表吃得更好、过得更悠闲，反而只是造成人口爆炸，而且产生一群养尊处优、娇生惯养的精英分子。普遍来说，农民的工作要比采集者更辛苦，而且到头来的饮食还要更糟。农业革命可说是史上最大的一桩骗局。

谁该负责？这背后的主谋，既不是国王、牧师，也不是商人。真正的主要嫌疑人，就是那极少数的植物物种，其中包括小麦、稻米和马铃薯。人类以为自己驯化了植物，但其实是植物驯化了智人。

如果我们用小麦的观点来看看农业革命这件事，在一万年前，小麦也不过就是许多野草当中的一种，只出现在中东一个很小的地区。但就在短短1000年内，小麦突然就传遍了世界各地。生存和繁衍正是最基本的演化标准，而根据这个标准，小麦可以说是地球史上最成功的植物。以北美大平原为例，一万年前完全没有小麦的身影，但现在却有大片麦田波浪起伏，几百公里内完全没有其他植物。小麦在全球总共占据大约225万平方公里的地表面积，快有英国的10倍大小。究竟，这种野草是怎么从无足轻重变成无所不在？

小麦的秘诀就在于操纵智人、为其所用。智人这种猿类，原本靠着狩猎和采集过着颇为舒适的生活，直到大约一万年前，才开始投入越来越多的精力来培育小麦。而在接下来的几千年间，全球许多地方的人类都开始种起小麦，从早到晚只忙这件事就已经焦头烂额。种小麦可不容易，照顾起来处处麻烦。第一，小麦不喜欢大小石头，所以智人得把田地里的石头捡干净搬出去，搞得腰酸背痛。第二，小麦不喜欢与其他植物分享空间、水和养分，所以我们看到男男女女在烈日下整天除草。第三，小麦会得病，所以智人得帮忙驱虫防病。第四，不论是蝗虫还是兔子，都不排斥饱尝一顿小麦大餐，但小麦完全无力抵抗，所以农民又不得不守卫保护。最后，小麦会渴，所以人类得从涌泉或溪流大老远把水引来，为它止渴；小麦也会饿，所以智人甚至得收集动物粪便，用来滋养小麦生长的土地。

（选自《人类简史》第76~78页）

（三）

从实际观点看，全球融合最关键的阶段就是过去这几个世纪。各大帝国成长，全球贸易强化，亚洲、非洲、美洲和大洋洲的人类形成紧密连接，于是印度菜里出现了墨西哥的辣椒，阿根廷的草原上漫步着来自西班牙的牛。但从意识形态观点，公元前的1000年间慢慢发展出"世界一家"的观念，这点的重要性也绝对不在其下。在这先前的数千年间，历史确实是朝向全球融合统一的方向迈进，但对大部分人来说，还是难以想象世界一家、全球为一的概念。

智人从演化学到了区分"我们"和"他们"。自己身边的这群人就是"我们"，而所有其他人就是"他们"。事实上，世界上没有什么社会性动物会在意所属物种的整体权益。没有哪只黑猩猩在意整体黑猩猩物种的权益，没有哪只蜗牛会为了全球蜗牛社群举起一只触角，没有哪只狮群首领会说要成为全球的狮子王，也没有哪个蜂窝会贴标语写着："全球的工蜂联合起来！"

但在认知革命开始后，智人在这方面就和其他动物大不相同。和完全陌生的人合作成了家常便饭，而且还可能觉得这些人就像是"兄弟"或是"朋友"。只不过，这种兄弟情也有限度。可能只要过了隔壁山谷或是出了这座山，外面的人就还是"他们"。大约在公元前3000年，美尼斯（Menes）统一埃及，成了第一位法老王。对埃及人而言，"埃及"有明确的边界，外面都是些奇怪、危险、不值得注意的"野蛮人"，大不了就是拥有一些土地或自然资源（前提还是埃及人想要）。然而，所有这些想象出的边界，其实都是把全人类的一大部分给排除在外。

公元前的1000年间，出现了三种有可能达到全球一家概念的秩序，相信这些秩序，就有可能相信全球的人类都"在一起"，都由同一套规则管辖，让所有人类都成了"我们"（至少有这个可能），"他们"也就不复存在。这三种全球秩序，首先第一种是经济上的货币秩序，第二种是政治上的帝国秩序，而第三种则是宗教上的全球性宗教，像是佛教、基督教和伊斯兰教。

商人、征服者和各教先知是最早跳出"我们"和"他们"这种二元区分的人。对商人来说，全球就是一个大市场，所有人都是潜在的客户。他们想建立起的经济秩序应该要全体适用、无处不在。对征服者来说，全球就是一个大帝国，所有人都可能成为自己的属民。对各教先知来说，全球就该只有一个真理，所有人都是潜在的信徒，所以他们也是试着要建立起某种秩序，希望无论谁都能适用。

在过去的3000年间，人类有越来越多雄心勃勃的计划，想要实现这种世界一家的概念。接下来的三章中，我们就要一一讨论货币、帝国和全球宗教是如何传播，又如何建立起全球一家的基础。第一个要谈的，就是史上最伟大的征服者。这位征服者极端宽宏大量，手段又灵活无比，让人人都成了虔诚狂热的信徒。这位征服者就是金钱。在这世界上，大家讲到不同的神就易有争执，说到不同的王也可能大打出手，但用起一样的钱却是和乐融融。例如本·拉登，他恨美国文化、恨美国宗教、恨美国政治，但用起美元倒是十分顺手。究竟金钱有什么魔力，竟然能完成连神和君王都做不到的事？

（选自《人类简史》第164~165页）

（四）

至少在认知革命之后，人类就很希望能了解这个世界。我们的祖先投入大量时间和精力，希望能找出支配自然界的法则。然而，现代科学与先前的知识

体系有三大不同之处:

1. 愿意承认自己的无知。现代科学的基础就是拉丁文前缀"ignoramus-",意为"我们不知道"。从这种立场,我们承认了自己并非无所不知。更重要的是,我们也愿意在知识进展之后,承认过去相信的可能是错的。于是,再也没有什么概念、想法或理论是神圣不可挑战的。

2. 以观察和数学为中心。承认无知之后,现代科学还希望能获得新知。方式则是通过收集各种观察值,再用数学工具整理连接,形成全面的理论。

3. 取得新能力。光是创造理论,对现代科学来说还不够。它希望能够运用这些理论来取得新的能力,特别是发展出新的科技。

科学革命并不是"知识的革命",而是"无知的革命"。真正让科学革命起步的伟大发现,就是发现"人类对于最重要的问题其实毫无所知"。

(选自《人类简史》第236~237页)

(五)

工业革命的核心,其实就是能源转换的革命。我们已经一再看到,我们能使用的能源其实无穷无尽。讲得更精确,唯一的限制只在于我们的无知。每隔几十年,我们就能找到新的能源来源,所以人类能用的能源总量其实在不断增加。

为什么这么多人担心我们会耗尽所有能源?为什么他们担心我们用完所有化石燃料之后,会有一场大灾难?显然,这世界缺的不是能源,而是能够驾驭并转换符合我们所需的知识。如果与太阳任何一天放射出的能量相比,全球所有化石燃料所储存的能源简直是微不足道。太阳的能量只有一小部分会到达地球，但即使是这一小部分，就已经高达每年3766800艾焦（焦耳是能量单位，在地心引力下将一颗小苹果抬升一米，所需的能量就是一焦耳；至于艾焦则是1018焦耳，这可是很多很多颗苹果。）

（选自《人类简史》第319页）

（六）

  从我们所知的纯粹科学角度来看，人类的生命本来就完全没有意义。人类只是在没有特定目标的演化过程中，盲目产生的结果。人类的行动没有什么神圣的整体计划，而且如果整个地球明天早上就爆炸消失，整个宇宙很可能还是一样这么继续运行下去。到目前为止，我们还是不能排除掉人类主观的因素。但这也就是说，我们对生活所赋予的任何意义，其实都只是错觉。不管是中世纪那种超脱凡世的生活意义，还是现代人文主义、民族主义和资本主义，本质上都完全相同，没有高下之别。可能有科学家觉得自己增加了人类的知识，所以他的生命有意义；有士兵觉得他保卫自己的国家，所以他的生命有意义。不论是创业者想要开新公司，还是中世纪的人想要读经、参与圣战、兴建新庙，他们从中感受到的意义，都只是错觉与幻想。

  这么说来，所谓的快乐，很可能只是让个人对意义的错觉和现行的集体错觉达成同步而已。只要我自己的想法能和身边的人的想法达成一致，我就能说服自己、觉得自己的生命有意义，而且也能从这个信念中得到快乐。

  这个结论听起来似乎很叫人难过。难道快乐真的就只是种自我的欺骗吗？

（选自《人类简史》第370页）

五、相关研究推荐

[1] 王学彦.现象级畅销书传播策略浅论[J].出版发行研究,2018(5):31-33.

[2] 亿邦动力网.《未来简史》火爆的背后:看中信的图书生意[EB/OL].(2017-04-13).http://www.ebrun.com/20170413/225897.shtml.

[3] 曾梦龙.尤瓦尔·赫拉利,一个网红作家在上海的24小时[N].造就,2017-07-17.

[4] 刘亚.线下2700人、线上13.5万会员共读一本书,中信"大集"何以打动人心?[N].中国出版传媒商报,2016-05-13.

案例二十一：
《半小时漫画中国史》

宫英英

一、图书基本信息

（一）图书介绍

书名：《半小时漫画中国史》

作者：陈磊

开本：32 开

字数：15 千字

定价：39.9 元

出版社：江苏凤凰文艺出版社

出版时间：2017 年 4 月

（二）作者简介

陈磊，笔名二混子。300 万"粉丝"大号"混知"（初始创建时名为"混子曰"，后改名）创始人，原为上汽集团旗下设计师，2017 年度亚马逊年度新锐作家、年度挚爱阅读大使。"混子曰"公众号下的"Stone 历史剧"栏目，截至 2018 年 12 月，所发的所有文章平均阅读量为 60 万，累计点击量高达三亿次。其爆笑又富有创意的手绘形象和历史段子，深受"90 后""00 后"等年轻群体的喜爱，是开创了另一种写史方式的历史作者。

二、畅销盛况

《半小时漫画中国史》自 2017 年上市以来，一直占据各大购书网站前 10 名，掀起了一阵"全民看漫画学历史"的风潮。该系列第一本于2017年出版，该书出版后不久，不仅横扫5大电商畅销榜第一，还在当当预售一日过万册，在电商平台创下7小时卖断货的记录。该书更是引发了实体书店的抢购热潮，不少家长特地带着孩子来书店排队购买，销量异常火爆。浦东国际机场书店仅铺货一个上午便卖出近100本，上海书城曹杨店刚刚上市便被抢售一空，深圳南山书城历史书店聚集了许多闻讯而来的读者，向店员询问出版方读客图书，能否安排作者到书店进行签售或者举办见面会。2018年新书《半小时漫画世界史》出版后，几乎每天都有读者在网上催问后续作品的出版时间。

据开卷数据显示，开卷2018年9月非虚构类畅销书排行榜TOP10中《半小时漫画中国史3》《半小时漫画中国史》（全新修订版）、《半小时漫画中国史2》分别排名第六、第九、第十。2018年1—12月开卷非虚构类畅销书TOP10中，《半小时漫画中国史（全新修订版）》排名第九。

三、畅销攻略

（一）通俗历史类图书拥有较广泛的受众群体

历史类图书一直在畅销书排行榜中占据着重要的席位，但是历史类图书市场长期存在"两极分化"的现象，较为严肃的学术性历史读物很难被普通大众读者所接受，通俗活泼的"轻学术"历史读物则拥有较广泛的受众群。

通俗历史类读物真正出现"现象级"的"爆红"作品始于2006年。学者易中天凭借《百家讲坛》闻名后，其《易中天品三国》一书以55万册的首印量拉开了历史类畅销书的大幕。这一年,《明朝那些事儿》在天涯论坛上连载并创下近 2000 万的点击率,同年出版后,迅速荣登当当"终身五星级最佳图书"榜单,被评为全国十大畅销书之一,连续五年销量突破 1000 万册。由此掀起了"明史热"的风潮:张宏杰的《大明王朝的七张面孔》、十年砍柴的《皇帝、太监和文臣:明朝政局的三角恋》、毛佩琦《明朝顶级文臣》等有关明朝历史的图书相继出版。2009 年,高中历史教师袁腾飞的《历史是个什么玩意儿》横空出世,掀起了历史类畅销榜的新一轮高潮。"粉丝"经济时代的来临使高晓松的《鱼羊野史》、马伯庸的《笑翻中国简史》受到追捧。

以《明朝那些事儿》为代表的通俗历史图书的畅销,表明我国通俗历史市场领域有着广泛的群众基础,市场需求较大,而真正优质的作品数量却不多,有着较大的市场潜力。由此可见《半小时漫画中国史》系列图书正是适应了市场对通俗类历史读物的需要才得以畅销。

(二) 严谨内容与漫画讲史的形式完美融合

《半小时漫画中国史》用漫画形式演绎了上下三千年中国史,虽然表现手法让该书看起来十分"不正经",但其实它是一本严谨的极简中国史。书中每篇内容都经过专家的层层审稿,只保留最精华的历史大事件,脉络清晰,让读者在笑出腹肌的同时,不知不觉已经通晓了历史。

1. 内容严谨

《明朝那些事儿》的畅销拉动了"明史热"的同时,也让通俗历史读物进入了大众视野。通俗"解史"的巨大成功引发了井喷般的跟风之作,尤以"趣说"风格吸引读者,历史类读物泛于通俗化、娱乐化,以至于后来在巨大市场利益的驱使下出现了内容同质化、粗制滥造、趣味低俗等掩藏在热潮下的种种弊端。《半小时漫画中国史》系列则坚持做历史的搬运工,作者陈磊在接受采访时表示:"我的公众号更新的频率很慢,有时十天才能磨出一个段子,因为需要查阅很多正史资料,还要在成文后仔细检查很多遍,防止出现史实上的硬伤。我画这个漫画的目的,是为了让大家更轻松愉快地了解历史,从而发现历史原来是如此有趣,所以我自然要按照真实的历史来。"

严格贴合史实、打造优质的内容是一本书成为畅销书的必备条件之一,《半小时漫画中国史》正是以严谨的内容吸引了大批读者。

2. 历史极简

在创作伊始,陈磊就很明白自己作品的定位与价值所在。"里面所有的知识点,都是历史书里能看到的。我写这本书的目的,是对历史进行梳理。所有的历史事件串起来,中间有因果,有逻辑,有脉络,这样的一条线才叫历史,你才能说你懂一点历史。"

帮助读者梳理历史的脉络,用一种提纲挈领的方式,告诉读者历史的样子,鼓励读者更加深入地学习历史。《半小时漫画中国史》就是这样一本帮助读者打开历史兴趣的读物。

3. 爆笑漫画

资深媒体人何亮曾这样评价《半小时漫画中国史》:"如果说《明朝那些事儿》

是历史类图书在文字层面的集大成之作,那么二混子则另辟蹊径,用漫画将通俗说史引入了一个全新的领域,《半小时漫画中国史》可以说是这个互联网时代的革命性历史作品。"

作为一本首次将漫画与历史相结合的通俗历史读物,这种用漫画讲史的方式无疑是最大的卖点之一,该书能够取得不俗的销售成绩除了优质严谨的内容之外,还与其幽默爆笑的漫画分不开。

(三)知识网红出书,粉丝一呼百应推动销量

作者陈磊是原微信公众号"混子曰"的创始人,有近 300 万粉丝,每篇微信文章平均阅读量超 60 万,公众号累计阅读量高达 3 亿次,人气爆棚。陈磊可以说是一个当仁不让的知识网红。

陈磊在公众号发布新书消息后,文章短短半小时内便突破了 10 万以上的阅读量,不少粉丝在评论里留言表示要第一时间去离自己最近的书店买混子哥的新书。凭借粉丝的大力拥簇,陈磊新书销量呈直线型速度飙升。粉丝李文称:"看完还是不过瘾,希望混子哥马上出续集!"。因不同地域书店到货的速度不同,还有不少粉丝纷纷"哭诉"二混子的新书等得他们望眼欲穿,许多书店负责人向记者透露:"二混子不过是吼了一嗓子,就能掀起这样的销售热度,真是又激动又紧张,我们赶紧联系出版方增加订货量。"

在当前的"粉丝经济"时代,通俗历史读物的走红除了自身优质的内容外,还依靠忠实读者作为"粉丝群"加以巩固市场。

(四) 图书整体设计风格夺人眼球

1. 书名

《半小时漫画中国史》书名简明扼要地指出书中阐释的主要内容。"半小时"突出了该书"极简"的特点;"漫画"点明该书的主要表现形式;"中国史"不仅说明了该书的主要内容,且在图书检索时可出现在靠前位置,方便读者寻找以带动销量。

日本著名出版人井狩春男曾经在《这书要卖一百万——畅销书经验法则100招》一书中明确提出,一些图书无法畅销走向失败的原因"大多是因为书名取得不好"。《半小时漫画中国史》的畅销也与其简明扼要的书名不无关系,读者在看到书名第一眼时就知道其内容是否是自己感兴趣的。

2. 封面设计

封面是一本书的脸面,一个好的封面,就像是一位不说话的推销员,不仅能招来读者,而且让读者对它爱不释手。

读客图书的创始人华楠在接受《广州日报》的采访时说:"封面设计的最终目的是为了鼓动消费者购买,读客的要求是让读者在5米开外的地方就注意到我们的书,《东北往事:黑道风云20年》中的大花被面、《我们台湾这些年》中的航空信封等,都是最具冲击力的视觉符号。这种"显眼"的设计在系列书中尤其具有优势。"

《半小时漫画中国史》由读客文化出品,延续了读客文化一贯的封面设计风格,封面大面积采用漫画中的人物和搞笑情节,背景色采用色彩明丽的荧光色,以夸张、搞笑的风格衬托该书的格调，同时吸引读者的目光。

与夸张、搞笑的设计风格相对比的是书名下的副标题——其实是一本严谨的极简中国史。这就将这该书既搞笑又正经的内容表现得淋漓尽致。

（五）采取线上线下相结合的营销推广方式

1. 微博、微信线上营销推广

新书一经推出，读客文化就在微博上进行转发抽奖活动和发布宣传推文进行营销推广，作者也在新书发布第一时间在微信公众号、微博发布新书讯息，以强大的粉丝号召力带动图书销量。与此同时，微博微信同时对举办读者签售见面会的时间地点进行积极的宣传。

除了作者和出版方的积极宣传，《半小时漫画中国史》也因自身独特的魅力征服了许多名人为其倾力宣传造势。

有一个微信公众号叫"混子曰"，创作者叫二混子，他写历史类的分析，画画，有稳定的内容生产，是一个流量极高的平台。

——前央视主持人、热播网综《奇葩说》导师张泉灵

重要的是画风。他的画看着很舒服，图文配的也很好笑。像暴走漫画这种就只是好笑。听说这个号拿了张泉灵的投资，我颇为遗憾自己动作太慢。

——著名投资人魏武挥

如果你关注混子哥的公众号（公众号名：混子曰），那些深入浅出、遍地铺梗的漫画一定让你过目不忘。漫画本身能吸引人已是难得，还能用这样的漫画来讲清楚一个知识，实在让人有些惊喜。

——樊登读书会

2. 作者签售会线下营销推广

作者签售会一直是图书线下推广的重要方式，《半小时漫画中国史》的线下营销推广依旧延续了这一方式，在全国进行巡回销售。在签售活动正式开始前，作者都会亲切地和读者分享创作漫画历史的过程，与读者进行现场互动，加深读者对书的理解，拉近双方之间的关系。

同时，线下书店也会相应地在签售会当天为《半小时漫画中国史》开辟单独的展位，吸引读者的注意力，带动图书的销量。

（六）口碑传播，推动系列图书热度不减

《半小时漫画中国史》第一部上市以后就收获了粉丝无数，集极简、严谨、爆笑于一身，用"90后""00后"最爱的知识形式获得家长和老师的支持，"90后""00后"的中小学生群体也成为粉丝的主力军，可以说这套书成功地俘获了0~80岁的读者群体，引领了漫画说史的新时尚。有了良好的口碑积累，《半小时漫画中国史2》《半小时漫画中国史3》一经上市就受到粉丝的追捧，继续创造良好的销售成绩。

除了作品本身积累的口碑之外，策划方读客文化因成功策划《藏地密码》

系列、《阿西莫夫：银河帝国·基地》系列、《卑鄙的圣人：曹操》系列等一系列畅销书为其营造了良好的口碑，在读者心目中有着较高的市场认可度，这也是《半小时漫画中国史》系列图书热度不减的原因之一。

四、精彩阅读

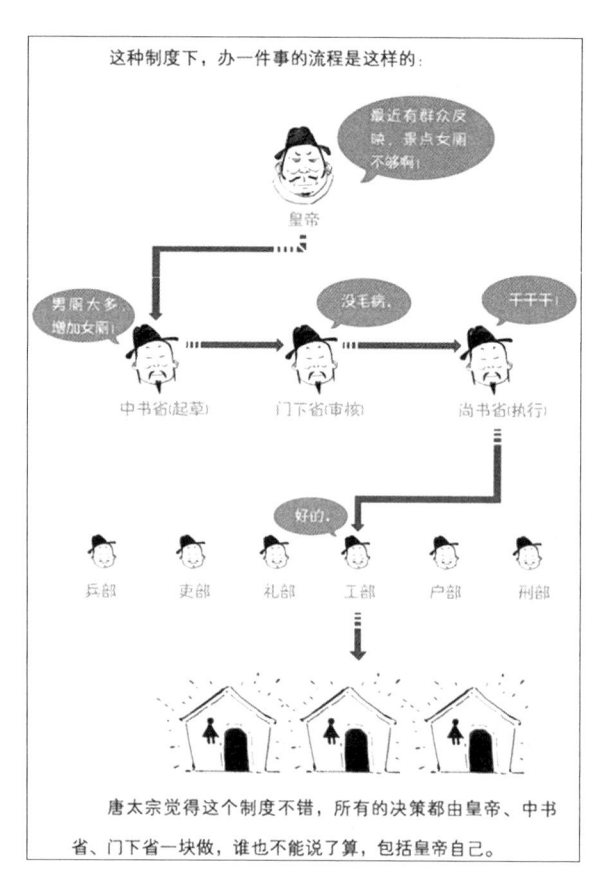

（插图选自《半小时漫画中国史 3》第 100 页）

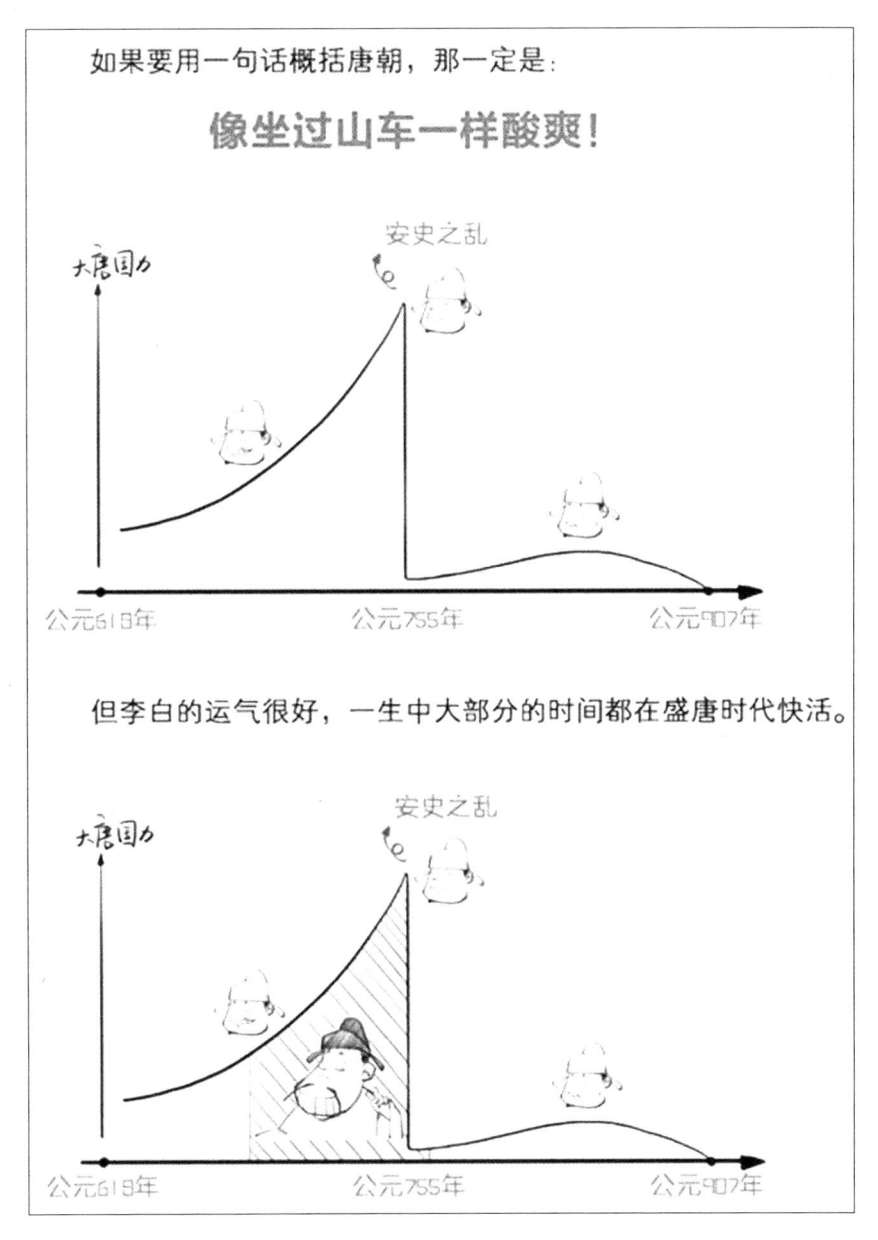

案例二十一：《半小时漫画中国史》

如果要用一句话概括唐朝，那一定是：

像坐过山车一样酸爽！

但李白的运气很好，一生中大部分的时间都在盛唐时代快活。

（插图选自《半小时漫画中国史3》第 234 页）

畅销书案例分析

好吧，级别低没关系，可以从基层干起，结果一不小心被唐太宗看穿了勃勃的野心，太宗一直不怎么喜欢她。后来太宗年纪到了就驾崩了。

唐太宗有匹烈马，问大家应该怎么驯服，武则天说不听话就砍死它。唐太宗并不喜欢这个答案，对武则天也一直不怎么来电。

这时候武则天发现，才人最低的根本不是级别，**是性价比**。

（插图选自《半小时漫画中国史3》第124页）

案例二十一：《半小时漫画中国史》

如果武则天上天坐的是热气球，那李家三代就是气球里的三把火。她的路径是这样的：

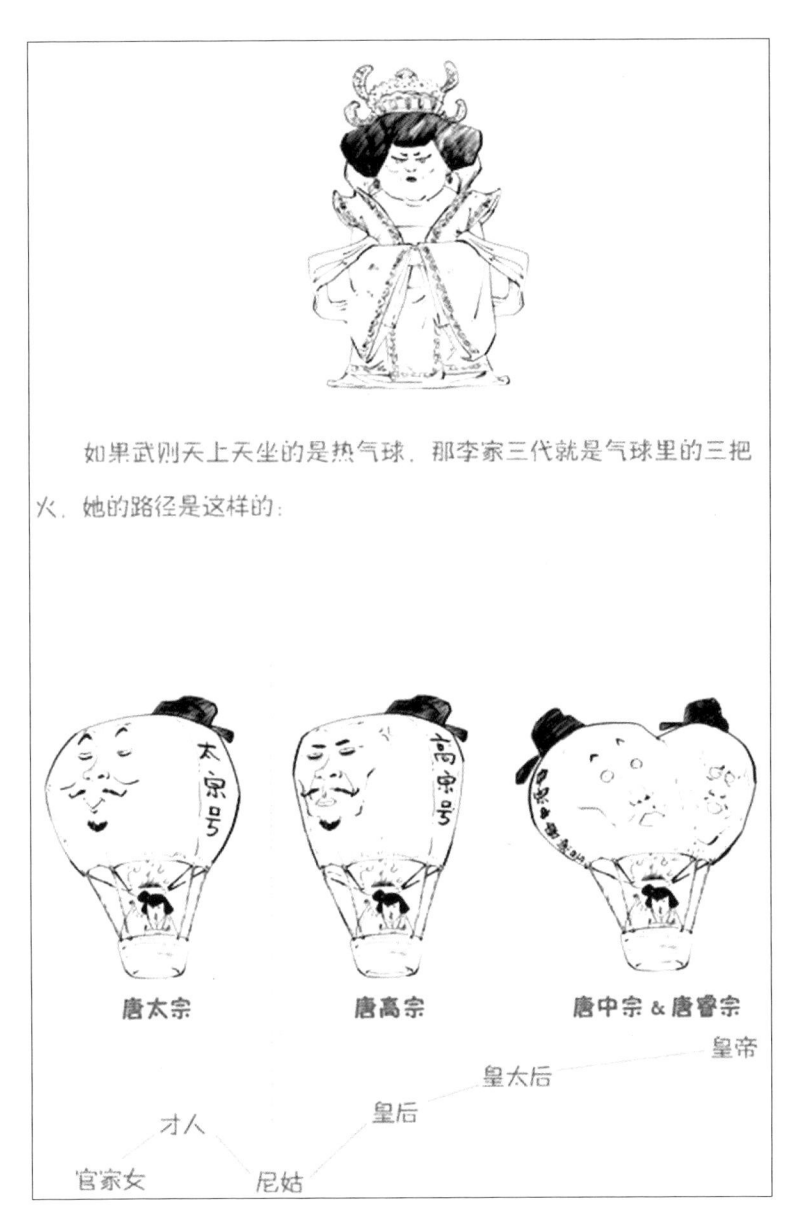

唐太宗　　　唐高宗　　　唐中宗＆唐睿宗

官家女——才人——尼姑——皇后——皇太后——皇帝

（插图选自《半小时漫画中国史3》第122页）

五、相关阅读推荐

[1] 苏格兰，张文红. 虚构类畅销书书名研究——以 2011—2015 年开卷虚构类畅销书为例 [J]. 科技与出版，2016（11）：113-116.

[2] 陈宾杰. 解开畅销书封面设计的密码 [J]. 新媒体研究，2017，3（13）：113-114.

[3] 杜筱芦. 历史的品位与口味——近年来历史类畅销书的文化解读 [J]. 法治与社会，2017（6）：170-171，199.

案例二十二：《观山海》

矫凤涛

一、图书基本信息

（一）图书介绍

书名：《观山海》
作者：杉泽　梁超
开本：16 开
字数：145 千字
定价：168.00 元
出版社：湖南文艺出版社
出版时间：2018 年 6 月

（二）作者简介

《观山海》的绘者杉泽，本名李一帆，曾用笔名 VIKI_LEE，毕业于四川大学艺术学院。杉泽以画古风插画闻名，画得最多的是上古神话中的奇灵异兽。原本狰狞恐怖的妖怪，在他笔下却清新而唯美，灵气十足。他致力于东方水墨插画艺术，在继承国风底蕴的基础上敢于挑战传统绘画方式，形成了妖冶唯美且不失大气的独特风格，因此被称为国风美学画师。

杉泽是"超线拾"青年线体艺术家联盟成员之一，2012 年举办个人插画作品展"呓"，作品多次参加国内著名艺术大展，并收录于《中国百位插画师黑白作品精选》等。2014 年 1 月出版黑白画集《黑白画意：专业手绘插画攻略》；2014 年 11 月出版国风画集《洛煌笈》；2018 年 6 月出版山海经手绘图鉴《观山海》，上架 1 天之内就登上当当畅销榜榜首，24 小时内卖出 3 万册，1 个月内卖出 10 万册，在 2018 年和 2019 年的当当文化畅销榜排名第一。

《观山海》的撰者梁超是四川大学文学与新闻出版学院硕士研究生，研究方向为媒介文化、传媒与社会等。同杉泽合作完成《观山海》时，主要负责资料整理以及文字部分的撰写。

二、畅销盛况

杉泽从 2015 年起就在微博上连载"中国百鬼"系列图画，"吸粉"112 万，被称为"百鬼画师"。脱胎于"中国百鬼"系列的《观山海》在 2017 年 6 月曾经发行过一版，在很短时间内全部售空，之后就绝版了。原本定价 249 元的这本书现在在孔夫子旧书网上已经卖到 720 元。

2018 年 6 月出版发行的新一版的《观山海》,定价 168 元,上架 7 小时就卖断货,1 天之内售光 3 万册,登上当当网新书排行榜的第 1 名,并蝉联 2 周之久。1 个月之内卖出 10 万册,发货总码洋过千万。

截至 2019 年 4 月 2 日,《观山海》在京东绘画类图书畅销周榜和月榜均排名第一,好评率高达 99%;在亚马逊中国画排行榜排名第二,画集排行榜排名第三;在新华书店中国史类图书畅销周榜和月榜均排名第六;在当当文化畅销榜排名第二,商品评论 84 078 条,好评率高达 99.9%,定价为 399 元的豪华礼盒签名版《观山海》位于文化畅销榜 62 位。

《观山海》入选当当网"2018 年新书虚构类十大好书",入选天猫图书发布的"2018 十大好书",入选"2018 南国书香节"十大最受读者关注图书,入选出版商务周报发布的"2018 上半年各社发行量最好的 46 本书",并在 2018 年畅销新书非虚构类排行榜排名第八。

三、畅销攻略

(一) 图文书:读图时代的宠儿

越来越快的生活节奏把我们的阅读带入了一个"读图时代",我们无暇去阅读长篇巨著,图文并茂轻松愉悦的图文书符合我们浅尝辄止碎片化阅读的习惯。成人童话《小王子》全球销量 5 亿册;《陪安东度过漫长岁月》系列真诚温暖,治愈人心,并在 2015 年成功改编成电影;几米的绘本系列售出 260 万余册,图文书是不折不扣的读图时代的宠儿。《观山海》是一本关于《山海经》的手绘图鉴，绘画精美绝伦，文字注释通俗易懂，图文并茂地将《山海经》中的山精海怪展现在读者面前。

（二）作者本身的名人效应

1. 百万粉丝的知名画师

杉泽以画古风插画出名，笔下最多的是中国上古神话中的奇灵异兽，画风唯美妖异，被称为"国风美学画师""百鬼画师"。他在专业设计师平台站酷上积累人气 1200 万，微博"粉丝"数量 112 万，单条微博的转发量超 5 万，庞大的粉丝群是《观山海》最直接的读者对象。杉泽从 2015 年起就在微博连载"中国百鬼"系列的绘画，现在该话题的阅读量高达 1654 万，《观山海》的选题就是脱胎于"中国百鬼"系列，借着"中国百鬼"的热度，《观山海》从一开始就有很好的市场基础。

2. 已出版多本图书的知名作者

杉泽在 2014 年 1 月出版画册《黑白画意：专业手绘插画攻略》，用黑白线条传递美学意蕴，获得知名线体主义绘画大师北邦和新学院派中国风画家莲羊的力荐；在 2014 年 11 月出版画册《洛煌笈》以全新水墨美学绘画方式倾情演绎中国神话、敦煌秘境、百妖异闻，在当当艺术畅销榜排名第 18 位，好评率 99.8%，杉泽也正是凭借此书成功走红，被人们熟知。前期出版图书积累的名气为《观山海》的畅销打下了良好的基础。

（三）图书本身优质

1. 选题优质

2018年，整个中国正处于学习中国传统文化的热潮中，作为上古三大奇书之一的《山海经》，内容主要是民间传说中的地理知识，包括山川、地理、民族、物产、药物、祭祀、巫医等；也保存了包括夸父逐日、女娲补天、精卫填海、大禹治水等不少脍炙人口的远古神话传说和寓言故事，这对研究历史具有非凡的参考价值，对于现代的读者具有很大的吸引力。

近几年，以《山海经》为底本的经典再现式作品有很多，在当当网上以"山海经"为关键词搜索，共检索出6986件商品，这说明"山海经"是一个很受读者欢迎的文化IP。

相传《山海经》是先有图后有文，但是后来古图遗失了。之后也有很多人想要把图增补回去，如刘力文古风写实版的《山海兽》，陈丝雨严谨端庄的《山海经绘本》，罗元可爱萌系的《山精海怪》，每一个版本都各有特色，但都没有在市场上引起很大反响，市场上急缺一本像《观山海》这样文字通俗易懂、插图恢弘大气的《山海经》画册来重建世人对"山海经"的文化记忆。

2. 内容优质

杉泽绘制《观山海》时不是肆意的、不着边际地发挥想象，而是在对《山海经》原文充分理解的基础上再着手创作。一张白纸，一支墨笔，浓淡明暗，反复斟酌，光影变化，仔细描绘。每张图画上看似不经意的一笔，都承载着杉泽大量的时间、精力以及巧思，这样才造就了这册绝美的《山海经》异兽手绘图鉴。

杉泽希望赋予每张画不同的故事或者背景，所以翻阅了大量古籍文献，如《山海经注释》《中国神怪大辞典》《中国妖怪百科全书》等。绘画时，除了线条的繁复穿插、体积塑造之外，杉泽还添加了"风"与"水"的意向。风的灵动撑起了画的骨架，水的缥缈纯净使画意更加宁静，将观者重新带回那个充满妖灵的神秘年代。

《观山海》中的许多形象与我们通常所见的《山海经》绘本中的形象有所不同，但杉泽对这些异兽的重新定义绝不是随心所欲地胡来，而是尊重传统下的再创造。比如《山海经》中的九凤，被认为是中国古代神话九头神鸟的原型，所以起初，杉泽按照自己的理解，将九凤的羽毛设计成金色。然而，后来他在翻阅其他古籍文献的过程中了解到，战国时期流行阴阳五行学说，楚国地处南方，主火，崇尚红色，所以作为楚国神鸟的九凤，羽毛为红色显然更合适一些，于是杉泽对之前的作品做了修改。

《山海经》的原文是现代人早已不再熟悉的文言文体例，里面还包含了许多生僻字，读起来佶屈聱牙，晦涩难懂。此书的撰者梁超以郝懿行《山海经笺疏》为底本，并参考了郭璞、袁珂等人的校译版本，用通俗易懂的白话文进行注解，同时多方参阅古典书籍，做了大量的故事延伸，补充了许多新奇有趣的知识。此外，他还对于原文中出现的大量生僻字进行了汉音标注等工作，力求做到知识的严谨全面，语言的简明生动，给读者带来更好的阅读体验。

3. 装帧设计别具一格

封面采用内外双封的形式，"观山海"三个字做了烫金处理，红黑配色端庄大气，符合此书的基调。为了最大限度地还原作者原稿的效果，选用了超感特种纸。它的表面经过微涂处理,不透明度高达90%。纸张的底色淡雅,符合现今读者视觉上追求的舒适感。印刷后表现的色彩层次丰富,对于图片的还原十分逼真。内文采用裸背锁线的装帧方式,图书可180度平铺,使得内文中的跨页图画能够完整地展现在读者面前。

图书版式方面,图书的扉页、目录、索引和正文部分都始终围绕《山海经》的"古老""神秘"与"唯美"的特色,以灰色、红色为设计主色调,文字采用了中国古代传统的竖排形式。该书对细节的处理也十分用心:索引部分的图文既能给读者一个大概的说明,又能为读者继续阅读留下丰富的想象空间;篇章页部分采用了红底白色线描图的壮阔山海图为设计元素,视野宏大,非常震撼。图书最后的拉页设计在全书结束时为读者带来惊喜,弥补了正文纸张尺寸太小不能完整展现妖灵的遗憾,黑底描红的线稿图为全书画了一个气势恢宏的完美句号。

(四)图书营销方式

1. 名人推荐

微博知名科普"大V"张辰亮表示:"市面上关于《山海经》的书籍多如牛毛,这本书却是做得相当用心的。据说,《山海经》最初曾有图,后来图失传,仅留文字,后人根据文字重新绘制图像,但画技普遍不敢恭维。本书的绘画作者为《山海经》的异兽们绘制的画像极为精美,富有艺术性和想象力。更可贵的是,本书不仅是画集,还有大量对《山海经》的注解文字,为现代读者了解这部奇书提供了多方位的帮助。"

国家博物馆讲解员河森堡表示:"人类很难想象自己没见过的东西,所以即使是天马行空的幻想,如果仔细考据,我们也会发现那其实是大自然中种种元素的拼接和重组。对华夏先民来说,从来就不缺乏恢宏浪漫的想象,《山海经》的存在就是证据。但是在科学和理性昌明的今天,我们在与古人共同神游山海之间俯瞰那些仙禽神兽时,有没有想过它们在自然界中的原型到底是什么呢?今天,一个才华横溢的作者,用这本《观山海》为我们讲述了他心中的答案。"

张辰亮和河森堡因为传播文化分享知识,在微博上分别拥有百万和千万数量的粉丝。他们的粉丝群体年轻活跃、崇尚知识,与《观山海》的目标读者群重合。有了两人的推荐,《观山海》的知识性、艺术性、趣味性更加令人信服,而且在目标读者之中有了很大的曝光度。

2. 线上营销

《观山海》的读者对象十分年轻,活跃于各种社交平台。《观山海》的营销团队希望通过掌握社交媒介话语权群体的分享传播,在互联网时代形成更好的宣传效果。

一是根据图书内容策划出"舌尖上的《山海经》""《山海经》中的妖怪CP""神奇动物在中国"等一系列营销热点,通过撰写软文以及在微博和豆瓣上展开话题讨论等方式为《观山海》增加热度。二是选择与梨视频、哔哩哔哩、抖音三个视频平台合作,通过视频更加直观地展示宣传图书。哔哩哔哩给予了《观山海》视频首页播放的曝光,抖音上关于《观山海》的单条视频获赞达18万个。今日头条、新浪微博以及相关媒体平台的大力支持也让"观山海热"不断发酵。

3. 线下营销

2018年8月,"观山海"团队在上海书展上举办了以"神奇动物在中国"为主题的读者见面会,并邀请作者杉泽、梁超出席与读者分享图书创作过程中的许多故事。

2018年9月24日,由西西弗书店、博集天卷、自然生长共同主办的"东临神州,以观山海——杉泽《山海经》手绘图鉴展"在上海世茂广场开展。为了最大限度地彰显《观山海》的个性化与主题化,展览划分出了"神兽""见之""食之"三个区域。还特别搭建了一个创意体验空间,将《观山海》中奇幻唯美的图案进行分割式悬挂,读者必须找到合适的角度才能看到画面的完整信息,让观赏作品更具仪式感,同时也给人们带来极富想象力的视觉体验。

2018年11月,今日头条在北京民生现代美术馆举办"冬日森林"活动,专门为《观山海》开辟展台,宣传传统文化。读者可以充分发挥想象力,给书中的妖灵现场涂鸦填色,绘制属于自己的《观山海》。

2019年3月24日,苏州诚品书店举办"寻梦《观山海》"图书分享会,杉泽和梁超出席,与读者们一同分享创作心路历程,浅谈对中国神话的理解和心得。出版方还将书中的异兽做成卡片藏在书店的各个角落,带读者开启寻找异兽的探索之旅。

一系列线下活动的开展拉近了《观山海》与读者的距离,提高了图书的曝光度,为推动《观山海》的销售增加了一轮又一轮的热度。

4. 跨界营销

《观山海》与拍照 App 黄油相机合作跨界推出相机贴纸。因为黄油相机的用户多为年轻女性，杉泽专门画了一套与书中气势宏大画风不同的 Q 版萌兽贴纸，来抓住这些受众的注意力。

除了相机贴纸外，壁纸、手机主题也成为《观山海》可以跨界合作的一大途径。博集天卷通过与小米手机合作，开发了"观山海·天神录""观山海·异兽录"两款手机主题，极大推进了《观山海》的用户覆盖面。

5. 饥饿营销

2017 年 6 月出版的那一版《观山海》因制作工艺烦琐限量发售，全部售完之后就没有再印制。许多喜欢杉泽、喜欢《观山海》但没有买到的读者感到非常遗憾。一年之后，《观山海》再版重来，还增补了 5 个异兽，装帧设计方面也做了很大的调整，许多 2017 年没有买到的读者当然会在第一时间下单，弥补遗憾。

2018 年 "双 11" 期间，《观山海》推出黑金限量版，下单的买家还没有收到快递，网站就早早显示"售罄"，且后续不再加印。京东网、文轩网、博库网这 3 个图书电商平台售卖的签名版的《观山海》也都是限量的，读者为获得杉泽的签名，只能尽早、尽快购买。

6. 赠品营销

虽然《观山海》内容优质、制作精美、用纸昂贵，但 168 元的定价还是让许多读者在购买前犹豫，所以《观山海》团队在各大电商平台都进行了赠品营销：在当当网购买可获得100%作者亲笔签名以及独家签章版的《观山海》；在京东购买可获得限量亲笔签名版《观山海》以及定制手绘神兽；在文轩网购买可获得限量亲笔签名版《观山海》以及定制印签"蛇身人面神"海报和神兽水晶卡贴1张；在博库网购买可获得限量亲笔签名版《观山海》以及翻口"鹿形"签绘章和"九首人面鸟身神"装饰画；在亚马逊购买可获得作者亲笔签名版《观山海》。作者的亲笔签名以及精美的小礼品增加了作品的吸引力，而且每个平台的赠品不一样，读者可以根据自己的需要购买。

《观山海》豪华礼盒签名版价格高达399元，包括高档松木原色礼盒，《观山海》杉泽签名书1本，特种纸神兽装饰画4幅，祝福帖2张，神兽书签6枚，《观山海》海报1张。典雅精致的装帧以及超值的赠品让这版《观山海》十分适合收藏或者送礼，刺激了图书的销售，登上当当文化畅销榜第62位。

7. 捆绑营销

针对杉泽的粉丝，出版方将《观山海》《洛煌笈》两册图书捆绑销售，并给予7.9折优惠；针对传统文化爱好者，出版方将《观山海》与《楚辞》捆绑销售，并给予6.7折优惠；针对《山海经》爱好者，出版方将《观山海》分别与多个版本的《山海经》捆绑销售，如作家出版社出版的《山海经校诠》、中国华侨出版社出版的《山海经》(彩图全解版)、现代出版社的《山海经》(白话彩图版)等。捆绑销售既满足了读者的需要，还降低了读者的购买成本，从而刺激了《观山海》销量的上升。

四、精彩阅读

案例二十二：《观山海》

（插图选自《观山海》）

五、相关研究推荐

[1] 张志阳，曹茜.传统文化与创新视域下的《山海经》绘画创新 [J].大众文艺，2018（8）：55-56.

[2] 成都清源际艺术中心.四川鬼才插画家杉泽：拾遗《山海经》，幻变百鬼倾倒众生 [EB/OL].[2017-12-05].http：//m.sohu.com/a/208672338_804291.

[3] 张北.出版人还在用老套路做书？看看九零后是怎么"秀"的！[EB/OL].[2018-07-03].https：//mp.weixin.qq.com/s?__biz=MjM5OTU5MDYyMw%3D%3D&idx=1&mid=2653356331&sn=f20a45bfb4cfcf8db71466c756a04114.

[4] 路遥.如何把公版书做成月销10万册的畅销书？看这篇就够了 [EB/OL].[2018-12-06]. http：//www.cptoday.cn/news/detail/6769.

案例二十三：
《故宫日历》（2019）

高 欢

一、图书基本信息

（一）图书介绍

书名：《故宫日历》（2019）

作者：故宫出版社

开本：48开

字数：60千字

定价：76.00元

出版社：故宫出版社

出版时间：2018年8月

（二）作者简介

故宫出版社，成立于 1983 年，其前身系紫禁城出版社。1925 年，故宫博物院成立。1983 年，故宫博物院主办的紫禁城出版社成立，2011 年更名为故宫出版社。

故宫有着悠久的出版传统，远在清初时，紫禁城武英殿就是皇家刊印图书的地方，其版本被称为"殿本"，以刻印精良、纸墨莹洁、校勘严谨著称。民国时期，故宫大量刊印所藏文物研究资料，影响了一代国民，受到鲁迅等人的高度评价。

1933 年故宫博物院出版发行了第一册《故宫日历》，冯华任主编，开创了日历书的历史。到 1937 年《故宫日历》共发行了 5 册，受到了民众的欢迎，也为民众了解故宫珍宝提供了机会。后因为战乱的原因，《故宫日历》停止出版发行。2009 年故宫出版社决定重新出版《故宫日历》，以 1937 年版《故宫日历》为蓝本，推出了 2010 年版新式《故宫日历》，完美重现了旧版《故宫日历》的风采。之后每年故宫出版社都会推出一版《故宫日历》，2019 年是新版《故宫日历》推出 10 周年。

二、畅销盛况

从 2009 年版《故宫日历》出版后，每年的销量都在持续上升。2011 年版《故宫日历》销售量是 3.5 万册，2013 年版增加到 8 万册，2015 年版销量则快速增加到 22 万册，2017 年版更是创下日销量突破 2 万册的首印量售罄纪录，普通版的 2017 版《故宫日历》销量达到 51 万册，加上英文版、定制版等其他版本，共计销售 57 万册。2018 年故宫日历销量 68 万册。2019 年版《故宫日历》出版，首印 77 万册，上市伊始就受到了读者的热烈反馈。短短 4 个月就重印了 3 次，截至 2018 年 12 月，2019 年版《故宫日历》印数达到了 83 万册。

《故宫日历》兼有的实用及鉴赏收藏功能，让其价值在当年过后不减反增。2010 年版已经使用过的《故宫日历》价格超过 2000 元，是定价的 302 倍。在网店"中国书店"，2010 版全新的《故宫日历》定价 3500 元。在网店"见贤思齐 001 书摊"，2011 标准版带腰封《故宫日历》标价 1200 元。2011—2016 年的《故宫日历》合集，价格 7500 元。

《故宫日历》的畅销不仅引起了读者的追捧热潮，而且带动了日历书市场的兴盛。继《故宫日历》之后，《红楼梦日历》《单向历》《星座日历》《运动健身日历》等一批不同主题不同风格的日历书充实了日历书市场，同时也让读者对日历书的关注越来越多，《故宫日历》理所当然地成为日历书市场的领头羊，各家出版社也在想尽办法推出具有独特价值的日历书，在模仿中创新，力求赶超《故宫日历》的成就。

三、畅销攻略

《故宫日历》开创了日历书的历史，同时也引领着日历书的未来。在手机、电子日历等数字产品充斥市场的今天，纸质版日历似乎已经变得可有可无。如何让日历书获得读者的青睐，成为畅销书榜单中的一员，成为出版业思考的一个重要问题。新版《故宫日历》的走红让人们看到了日历书这一市场的强大潜力，同时它的走红原因也成为人们讨论的焦点。

（一）继承优秀的文化基因，顺宣传传统文化之势

从1933年故宫博物院出版发行了第一册《故宫日历》，到2009年复刻版《故宫日历》的推出，故宫日历时隔72年后重回读者的视线。

"百年前帝制终结、民智初开，公众对宫墙内的一切充满好奇。一九二五年故宫博物院的建立，标志着曾为天子独占的内府珍藏成为公众分享文化积淀的共同遗产。故宫先贤在整理、研究藏品的同时，也努力通过出版物介绍故宫藏品、推动文化传播。"这段话记载在新版《故宫日历》的尾页，说明了旧版《故宫日历》的出版缘由，同时也成为新版《故宫日历》重新面世的重要原因。

旧版《故宫日历》发行伊始就承担了为民众介绍故宫珍品的职能，让民众获得了解故宫文物的机会。"二零零九年末，故宫出版社（原紫禁城出版社）以一九三七年版为蓝本恢复出版《故宫日历》，标志着遗忘经年的它重又回来。古朴隽永的碑拓集字，耳目一新的内容编排和版式设计，再次取得读者认可。《故宫日历》为故宫向公众介绍古代艺术、普及传统文化做出了新的努力。"同样书写在新版《故宫日历》尾页的这一段文字接续上一段的旧版《故宫日历》的出版缘由，这一段话介绍了新版《故宫日历》出版的原因。新版《故宫日历》继承了旧版《故宫日历》的出版意志，作为介绍故宫藏品、传播传统文化的普及读物，沿用旧版《故宫日历》的版式及尺寸，同时进行与时代相谐的创新，它每一页的内容、文字、图片都经过精心挑选，力求通过故宫博物院丰富的文物

藏品、深厚的文化内涵展示中国传统文化的精华。

以 2019 年版《故宫日历》为例，图 1 是 2019 年版《故宫日历》中的一页，左边为精心挑选的画作，在日历页的左下角说明了这幅图的来历。

图 1

在日历书配图的下方同时配有解释文字，显然是为了普通的日历读者着想，让没有一定鉴赏知识的读者通过详尽的解释也能了解这幅画的特殊之处，让这幅画的价值能够被普通的读者认可。这同时也是《故宫日历》在宣传传统文化方面作出的贡献，那就是让读者在轻松的氛围中欣赏优秀传统文化艺术熏陶下甄选出的代表作，提升读者的文化与艺术修养，增加对优秀传统文化艺术的认可度。

新版《故宫日历》在主创的选择上也继承了旧版《故宫日历》的挑选原则，选择了具有深厚文化与历史功底的专家学者。旧版《故宫日历》的主编冯华1930年进入故宫博物院古物馆，参加编辑了《故宫周刊》《故宫月刊》和《故宫书画集》44册，在业余时间先后担任《国民日报》副刊和《古剧周刊》的主编，又为美国收藏家福开森编写收藏书画目录和提要。中华人民共和国成立之后，故宫博物院改组，冯华在保管部绘画组负责书画编目的工作。冯华等人的专业素养让旧版《故宫日历》闪耀着深厚的历史与艺术的光芒。

新版《故宫日历》主编程丽华曾经是故宫博物院的副院长，从事博物馆工作的陈列与展览研究，多次在专业刊物上发表论文。冯贺军是佛教历史方面的专家，李湜是明清女性绘画史和清代宫廷绘画史的专家。作为文物方面的权威，他们的专业为新版《故宫日历》的高品质提供了保障。

（二）内容形式持续创新，引领日历书市场

1. 独特内容及版式编排，展示故宫丰厚馆藏

除2010版《故宫日历》外，之后的每版《故宫日历》都拥有自己独特的内容编排。打开《故宫日历》，左边是故宫藏品，每年一个文化专题，根据当年的生肖遴选。右边公历、农历、节日与纪念日、七十二物候以及二十四节气一应俱全，同时日期的书写字体，是从故宫收藏的古代楷书和隶书碑拓中选出的字体，供读者了解及学习。

案例二十三：《故宫日历》(2019)

每一本《故宫日历》犹如一本浓缩的中国文化艺术史，365 张书画、古籍、青铜器、瓷器等精美文物图画集于一册，让一本普通的日历表现出历史味道与艺术气息。如 2011 年选取仕女、婴戏和花鸟题材的画作，展现恬淡、清雅的生活情趣；2012 年版内页首次从黑白印刷、周末套红转变为全彩印刷，同时以龙为主题，按照青铜、陶瓷、书画等顺序排列内容；2015 年故宫博物院建院 90 周年，以"百宝庆九秩，美意延祥年"为主题，表现新春贺岁、院庆贺寿的双庆色彩。2017 年、2018 年都是以当年生肖为主题，编排了与之相关的故宫珍宝图片。2019 年是己亥年，生肖猪，选取了表现猪福与富足生活的文物，展现"金猪喜贺岁，盛宴长相欢"的吉庆气氛（见图 2）。

图 2

图 3 为 2019 年 1 月 1 日的日历页面，选择了商代的青玉猪首图片作为新一年的开端。历史悠久的青玉猪憨态可掬，价值连城，预祝读者新的一年也能够如福猪一样过着富足无忧的生活。

图 3

2. 极具辨识度的装帧设计，"红砖头"形象深入人心

新版《故宫日历》采用布面精装，封面采用象征故宫的红墙色，48 开，单手可握。由于鲜红的颜色，以及尺寸厚度等类似于砖头，因此被读者戏称为"红砖头"。除此之外，书脊增加了以文物为基础的设计，每年一换的生肖图标，突

出了传统的生肖文化。图书内侧书脊包背，内页可平摊，方便读者阅读。鲜明的装帧设计、喜庆的颜色、实用审美兼备的特点，让《故宫日历》在2017年成为图书年货中的销售第一名，也成为读者喜迎新春的新宠。

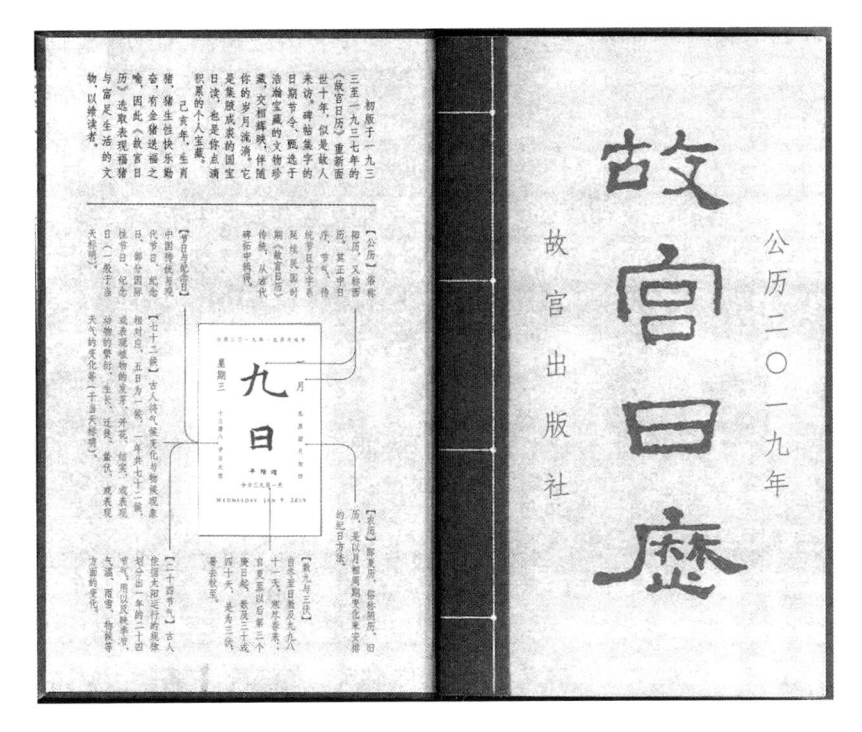

图4

（三）故宫IP驱动，品牌效应助力宣传

新版《故宫日历》发行伊始就受到读者的关注，除了日历书本身具有的"高颜值""高学历"之外，"故宫出品"也为它赢得了大部分的关注。

但是故宫IP一开始对新版《故宫日历》的带动作用并不明显。2012年以前，故宫博物院只是作为全国最大、馆藏最丰富的博物馆吸引着游客参观，对于故宫出品的文创产品带动力比较有限。尤其在受到文物被盗、管理混乱以及文物保护不力等负面影响之后，故宫在人们眼中的形象更是一落千丈。《故宫日历》开始并没有形成畅销之势，真正受到读者的追捧是在故宫博物院成为"网红"之后。

2012年之后，单霁翔被调到故宫博物院，任院长一职，从此故宫博物院开启了新生。单霁翔院长将故宫博物院作为一个文化企业进行运营，努力将故宫打造成一个文化大IP，吸引大众对故宫更多的正向关注。他继续前任院长的修缮文物任务，逐步开放故宫区域，点亮宫殿，增加观众休息区，进行厕所革命，游客限流，限制机动车进入……这一系列措施，提升了游客的参观体验，也让故宫博物院对游客的吸引力越来越大。单霁翔院长领导的团队在进行博物馆改革的同时创新文创产品，研发符合年轻人口味的故宫文创，开通微信公众号、微博、淘宝以及天猫店，顺应当代人的消费习惯，吸引年轻消费者的目光。故宫出品的文创产品开始成为年轻人追捧的"网红产品"，同时也取得了极佳的经济效益，2017年仅故宫文创营收就达到15亿元。单霁翔院长及故宫博物院创新团队的一系列措施让故宫的社会影响力越来越大。2019年春节期间在故宫举行的"紫禁城过大年"系列展览，元宵节"上元之夜"等活动引发了媒体的争相报道，这些都使得故宫博物院这个大IP持续发散着巨大的吸引力。现在可以说，"故宫"的一举一动都在大众的注目之下。

《故宫日历》作为故宫文创中的一个代表产品，在故宫IP的强大影响力下吸引了大量的读者购买。2018年9月10日，在2019年版《故宫日历》新品发布会上,单霁翔院长表示,作为故宫特色出版物,《故宫日历》系列至今已形成了品牌效应,备受社会公众喜爱和追捧。出版是沟通文物和观众之间的桥梁,《故宫日历》正是这样的一个载体,在推广和传播故宫文化中起到了重要作用。

(四)多重定位,适应不同读者需求

旧版《故宫日历》开创了日历书的历史,新版《故宫日历》引领了日历书市场的未来。日历书早就不再以记时、记事的功能为卖点,更多地倾向于向礼品或文化产品靠拢。不同风格对应不同的受众群体,已成为一种文化符号。越来越多的品牌也瞄准了日历类产品日益凸显的文化传播属性,纷纷加入日历文创产品制作的行列,希望借此表达和塑造自身的文化形象。日历书成为承载文化企业文化形象的重要形式之一,也成为承载当下人们形式多样的精神文化需求的形式之一。

《故宫日历》正是顺应了读者的这种文化追求。它可以用来记录时间,分享心情;可以用来收藏鉴赏,学习传统文化;可以用来作为社交礼物,互相馈赠。同时为满足读者的不同需求,故宫出版社推出了"日历方阵",包括《故宫日历》普通版、定制版、黄金典藏版、汉英对照版,以及《故宫满汉全席日历》《故宫如意日历》《故宫月历》等相关产品,形成内容丰富的"日历家族"以及故宫月历、故宫手记、故宫手账等相关产品,不断强化《故宫日历》的品牌效应。

《故宫日历》在读者中的受捧引起了收藏界的注意。而由于《故宫日历》

精美的装帧、潜藏的深厚文化底蕴以及"故宫出品"的品牌保障让《故宫日历》在收藏界的身价不断提升，这样又反过来带动了普通读者对《故宫日历》的持续关注。《故宫日历》与知识社群罗辑思维联合推出了高定价的珍藏版定制套装——2017故宫日历珍藏版套装：一本故宫红，为升级版国民日历；一本民国绿，为1935年故宫日历复刻版——一本日用，一本珍藏。这一定制版面向的是中高端消费群体，可以说是《故宫日历》针对不同细分市场所进行的一次精准营销。

《故宫日历》作为文创产品的引领者，正是多样的市场定位，适应了市场的发展，满足了读者多样的需求。

(五) 多种手段，多重渠道，玩转多样营销

新版《故宫日历》的持续走红，除了故宫IP不断增强的影响力外，还有不断创新的营销手段帮助《故宫日历》持续刷屏，吸引读者购买。

1. 举办发布会，吸引媒体报道，扩大社会影响力

以2019年《故宫日历》为例，2018年9月10日，故宫出版社与凤凰艺术在北京故宫博物院联合发布2019年《故宫日历》，引起了各路媒体的争相报道，让《故宫日历》在发布伊始就受到了社会的广泛关注。

2. 利用微博等社交媒体举办活动，吸引年轻读者

微博、微信公众号等社交媒体是年轻读者进行交流的重要平台，《故宫日

历》利用这些社交媒体进行宣传，制造社会热潮，吸引年轻读者关注。如故宫博物院利用官方微博，创建了"让我们一起来读日历"的话题，该话题每日推送一则日历品读，截至2019年9月5日，阅读量已超过13.9亿次，讨论超过13.4万次。故宫新媒体庞大的粉丝群，为《故宫日历》的畅销打下了良好的粉丝基础。

3. 开发App，保持读者活跃，巩固粉丝群

"每日故宫"是一款故宫博物院出品的iOS和安卓版手机应用，2015年上线，应用以日历的形式推出，"每天一件故宫藏品""让观众随时随地看到故宫藏品"。这款软件吸引了很多年轻的故宫爱好者。截至2019年4月21日仅在华为手机应用市场就有41万次安装。故宫博物院开发这款App，与纸质版《故宫日历》形成互补，让读者多方位地领略故宫藏品的魅力，增强读者黏性，形成阅读习惯，达到巩固粉丝群同时吸引新读者的目的。

4. 多渠道发布，线上线下全面营销

读者除了可以在当当、淘宝，以及天猫、京东等线上渠道购买《故宫日历》外，线下专卖店和快闪店同样给读者提供了多样的购买渠道。如在2018年2月，故宫在北京的首家线下快闪店——"朕的心意"快闪店出现在三里屯，《故宫日历》作为主打产品被推介，带动了《故宫日历》的销售。

畅销书案例分析

四、精彩阅读

案例二十三：《故宫日历》（2019）

公历二〇一九年·农历己亥年

十一月

星期六

十六

农历十月二十

信竹禅师碑

今日国际宽容日

SATURDAY, NOV 16, 2019

清雍正　粉彩过枝九桃纹盘

盘心彩绘一株苍茂的桃树沿内壁蜿蜒展至外壁，九颗桃实挂于枝头，六颗在盘内，三颗在盘外，数只红色的蝙蝠飞舞于树间。桃花盛开，果实累累，红色的桃实、粉色的桃花、嫩绿的枝叶烟烘，画面寓意吉祥，取意"洪福齐天""福寿双全"。这种纹饰由器内延伸至器外的构图手法俗称"过枝花"。

盛宴相欢

十一月

畅销书案例分析

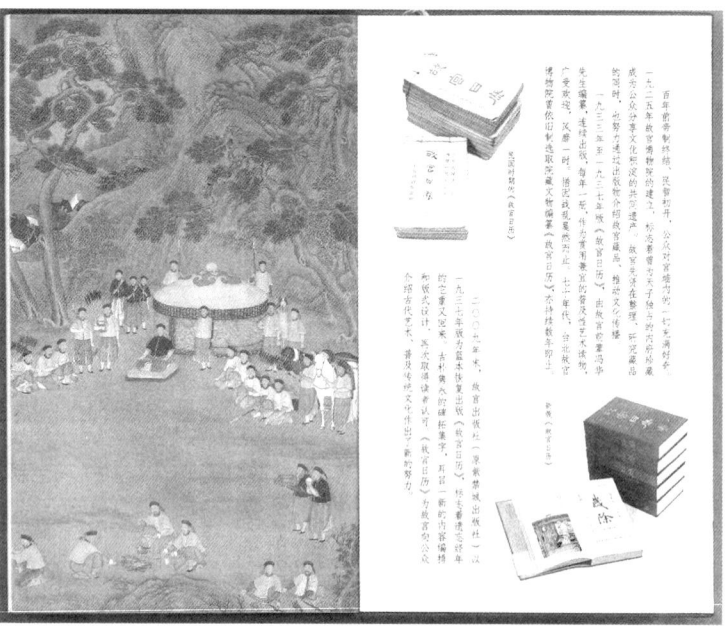

案例二十三：《故宫日历》（2019）

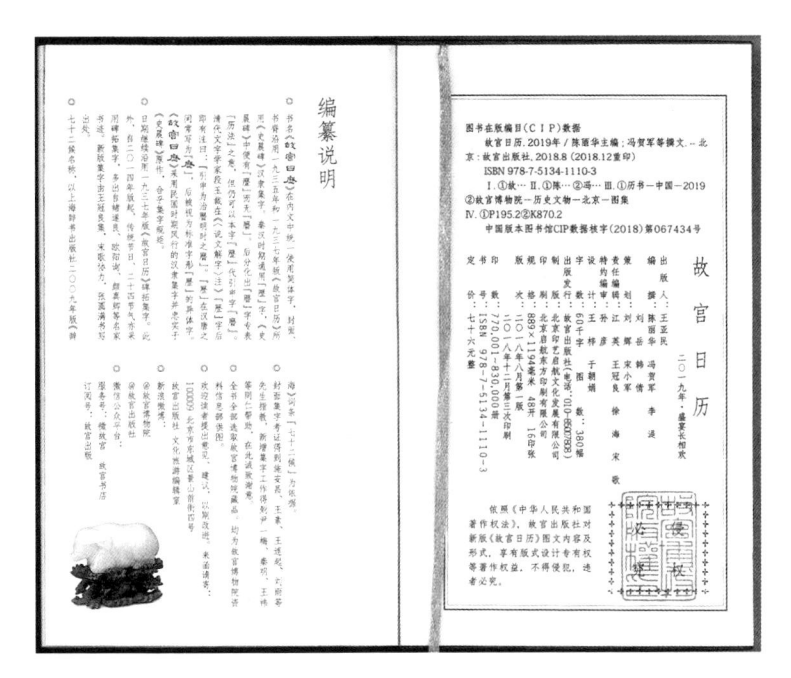

插图选自《故宫》（2019）

五、相关研究推荐

[1] 周青.从品牌打造到品牌营销——以《故宫日历》出版为例[J].出版广角，2018（22）：49-51.

[2] 张记刚,何国平.《故宫日历》出版的创新路径[J].新闻传播,2018（23）：11-12，15.

[3] 梁淑荣，侯杰.故宫文创产品的社会效应——以《故宫日历》为例[J].白城师范学院学报，2018，32（9）：20-26.

[4] 于洋.日历书出版现象分析[D].青岛：青岛科技大学，2018.

[5] 魏婉琳.《故宫日历》开拓传统文化图书出版新思路[J].中国编辑，2018（3）：56-61，65.

案例二十四：《谁动了我的奶酪？》

闫泽芸

一、图书基本信息

（一）图书介绍

书名：《谁动了我的奶酪？》
作者：[美]斯宾塞·约翰逊
译者：魏平
开本：32开
字数：42千字
定价：22.00元
出版社：中信出版集团
出版时间：2010年5月

（二）作者简介

斯宾塞·约翰逊，1938年11月24日出生于美国南达科他州沃特敦，1963年毕业于南加州大学，并获得了心理学学士学位，后获皇家外科医学院医学博士学位。他曾担任跨学科研究所的研究医师，发明了心脏起搏器。约翰逊是世界上最受欢迎的国际畅销书作家之一，是全球知名的思想家、演说家，其代表作有《谁动了我的奶酪？》《一分钟经理》《给你自己一分钟》《礼物》等。约翰逊的过人之处在于他能够对复杂的问题给出简单有效的解决方案，擅长用形象活泼的寓言故事说明深刻的人生哲理，他的书鼓励着万千职场人士的自我成长。斯宾塞·约翰逊出版了多本在全球畅销的图书，其作品累计被翻译成47种语言，总销售量超过5000万册，英国广播公司、美联社、美国有线电视新闻网等各大主流媒体纷纷对其进行报道，他在读者心目中地位崇高。2017年7月3日，斯宾塞·约翰逊在圣地亚哥去世，享年78岁。

二、畅销盛况

1998年，《谁动了我的奶酪？》一书英文版问世，出版后两年内销量达2000万册，该书占据《纽约时报》畅销书排行榜长达5年之久，并曾在《出版商周刊》非虚构类畅销书榜单上榜超过200周。截至2017年1月，该书被译为37种语言，成为最畅销的商业类心理励志图书之一。该书出版之后，掀起了一阵狂热的模仿之风，先后出现了《我能动谁的奶酪》《我动了你的奶酪》《没人动你的奶酪》《我动了谁的奶酪》《谁也不能动我的奶酪》等各种"奶酪体"图书，其火爆程度可见一斑。

《谁动了我的奶酪？》一书自出版以来便引起了巨大的反响，曾被《今日美国》称赞为"寓言之王"，英国《每日电讯报》称该书为"有史以来最成功的商业书籍之一"。1998年该书曾同时登上《纽约时报》《华尔街日报》《商业周刊》《今日美国》等权威畅销书排行榜榜首。该书的中文版在2001年9月由中信出版集团正式出版后，便引起了读者的广泛关注，2001年11月该书进入北京新华书店、南京市新华书店、深圳书城、成都人民南路新华书店等国内各大实体书店的畅销榜单，一时间风靡全国。同年，该书被中国版权协会国际合作出版促进会等单位评为"2001年度引进版优秀畅销书"。2001年12月中央电视台财经频道邀请张朝阳、柳传志、王石等著名企业家做客《对话》栏目，以《谁动了我的奶酪？》一书为主题，热议"奶酪"寓言。

以下是该书在部分畅销榜中的排行情况：

2002年8月该书由中信出版集团第22次重印（2001年9月为第一次印刷），同年上榜由《中国图书商报》发布的全国十大非文学类畅销榜榜单第一名。

2004年1月该书7次上榜由《中国图书商报》发布的畅销榜榜单。

2005年该书被亚马逊网站评为"有史以来最畅销的图书"。

2008年11月该书入选由中国出版集团主办、中国图书商报社等承办的"改革开放30年最具影响力的300书"评选活动，一同入选的作品有《飘》《百年孤独》等。

2009年该书入选中国出版集团等单位评选的"中国最具影响力的600本书"，截至2009年年底，全球销量突破2600万册。

2018年在亚马逊中国年度阅读盛典榜单中，该书入选为"40年25部影响力外译作品"。

三、畅销攻略

（一）出版人对选题的精准把握

编辑工作是整个出版工作的中心环节，而编辑人员在这个环节中充当着重要的角色。编辑人员是图书质量的把关人，常常被人称赞为"人类灵魂的工程师""为他人做嫁衣的无名英雄"等。《谁动了我的奶酪？》成为风靡全球的畅销书，离不开编辑人员的慧眼识珠。

1982年，约翰逊曾与肯尼斯·布兰查德合著《一分钟经理》一书，该书得到了读者的一致好评，也为后来《谁动了我的奶酪？》一书的出版也打下了基础。企鹅书屋的总裁从《一分钟经理》中看到了作者的潜力，以及出于自身对市场的紧密观察，才会对该书的出版有充足的信心。

谈到《谁动了我的奶酪？》在中国市场上的成功，不得不提当时中信出版社的社长王斌。其版权被中信出版社引进之前，并非一帆风顺，曾遭到10多家出版社的拒绝，因为就薄薄的一本"故事书"来说，出版商没有太大的把握能够成功地将它推向市场。而王斌在了解到该书自1998年英文版问世后，两年就达到了2000万销量的销售潜力，考虑其在国外打下的良好基础，以及国内出版市场的变化，凭借自己独特的洞察力和职业人的书感，坚定地引进了该书的版权。该书后来也成为中信出版集团第一本"商业畅销书"。有了该书的成功经验,中信出版集团此后相继出版了《杰克·韦尔奇自传》《从0到1》《乔布斯传》等商业畅销书,从默默无闻的小出版社逐渐组建业内知名出版社的队伍。

(二) 内容新颖别致,打造图书文化品牌

1. 写作风格独特,用"小故事讲大道理"

《谁动了我的奶酪?》一书不同于以往商业类心理励志图书的刻板形象,避免了高深晦涩的经济学原理,而是用一个精彩的寓言故事,为正在迷茫的人提供解决方案。"奶酪""两只小老鼠""哼哼""唧唧"这些故事形象都有极强的象征意义,作者巧妙地将这些形象符号化,这些形象特征的典型性,成为人们口口相传的基础。该书在写作上,懂得充分调动读者的情绪,引领读者进行思考。在故事写作上,增加趣味性,使读者拥有较好的阅读体验,故事的形象鲜明,说服力强;打破传统商业类心理励志图书的创作模式,将现实和故事巧妙融合。该书挖掘了读者进行自我帮助的潜能,书中并没有具体的办法,但是它给众多的读者提供了一个解决思路,引导读者用积极的态度去应对变化。

普特南森出版公司总裁伊万赫尔德曾说:"斯宾塞·约翰逊建立了一个寓言,帮助人们以一种非常容易接近的方式应对变化。"很多读者称该书挽救了他们的职业、健康、婚姻等,读者往往更加偏爱对他们能够产生积极作用的书。该书传递了一种积极向上的精神,鼓励人们寻找方法改变自我,优秀的作品鼓舞人,该书所传达的力量也是其畅销的原因之一。这部看似内容简单的作

品用寓言故事启发读者，将读者从恐惧改变和焦虑不安的状态中解放，并且向人们展示了应对困境所应当持有的态度，为我们的工作和生活提供了一种选择。畅销书的影响不仅仅体现在它带来的销量上，一定程度上也体现了出版业的市场走向，代表了一定时期的文化潮流。《谁动了我的奶酪？》一书成功地塑造了出版品牌，"奶酪"一词也迅速成为流行语言，成功引发了一种社会现象。

2. 语言通俗易懂，引发读者情感共鸣

《谁动了我的奶酪？》一书在全球创造了销售奇迹，但仍然存在不少质疑的声音，有人不理解为何内容如此简单的作品会受到这么多人的追捧，甚至有人批评该书的内容小孩子都能看得懂，内容过于简单。其实，这些特点恰恰是该书成功的原因之一。一本书的内容如果想要被读者广泛接受，那么它必须得先让读者理解其中的意义。《谁动了我的奶酪？》一书用比喻使故事变得轻松愉快，书中设定了两个小老鼠和两个小矮人的虚拟角色讲述在迷宫内寻找奶酪的故事。故事中的四个虚拟角色分别从不同的角度映射着人性，不论你身在何方，身体里流淌着何种血液，都能从故事中发现自己的影子。

作者约翰逊心理学专业出身，深谙读者心理，能够以最佳的方式呈现自己的作品，他曾说"做任何事，大家都不喜欢吃苦"，以简单的寓言故事进行创作，符合了大众的心理特征，让读者阅读起来更为舒适，事实证明这种办法简单可行。约翰逊曾对《今日美国》说："大部分作者都写他们想写的书，如果你写下人们想看的书，那么将更加明智。"约翰逊站在读者的立场进行作品的创作，他的视角充满了人性化，为该书的畅销打下了基础。故事灵动、

内容通俗简单，为读者营造了轻松的阅读氛围。文章篇幅短小精悍，读者花一下午就能将该书读完，在内容上没有阅读压力。《金融时报》曾对该书进行过这样的评价："这本书平庸得让人吃惊。"易于阅读让这本书以最快的速度在人群中流行。

3. 突破时间和地域的限制，寓言故事具有普适性

该书没有年代限制，在今天拿起来阅读也同样可行。该书也没有严格的地域限制，适用于世界各地有同样需求的读者，文本简单，没有翻译上的障碍。由于"奶酪"是一种隐喻，读者可以把它比作任何事物，一千个读者心中有一千个"奶酪"的定义，每个人对"奶酪"都有自己不同的理解。该书在引进国内之后，中信出版集团在2009年出版了青少年版本，并取得了良好的销售成绩。从阅读上看，它没有严格的年龄段限制、内容浅显、没有阅读障碍，在教育、医疗、金融等行业内工作的职场人士都能将该书应用于自己的生活。适用范围广使该书具备成为超级畅销书的潜力。

（三）主题契合时代发展潮流，市场定位精准明确

1. 与时代发展的步调一致

《谁动了我的奶酪？》一书自2001年由中信出版集团引进以来，在国内各行各业引起了不小的轰动。该书的畅销离不开当时中国社会发展的大背景，21世纪读者的视野相对开阔，对不同种类图书的接受程度越来越高。当时的中国正处于一个变化的时期，中国经济开始腾飞，改革开放进一步深化。随着经济

全球化的兴起，新鲜事物不断涌向公众，新事物取代旧事物，大众的生活也出现了翻天覆地的变化，人们渴望在面对职场生活中的机遇和挑战时有相应的精神指导，这时一本契合社会发展的书籍横空出世，随即火遍了大江南北。中信出版集团对《谁动了我的奶酪？》一书的版权引进无疑是明智之举。

2. 职场人士的案头书

该书的主要投放市场和销售人群定位为企业员工。《谁动了我的奶酪？》一书较好地结合了心理励志和商业管理类图书的理论特点，成为企业培训员工的必备书，甚至成为商业巨头们对企业进行管理的指导手册。该书同样具有团购的潜力，据统计，全球有80多家企业将该书作为员工的培训手册进行集体购买。《谁动了我的奶酪？》一书中讲述了两个小矮人"哼哼""唧唧"和两个小老鼠"嗅嗅""匆匆"在迷宫中寻找奶酪的故事，这4个"角色"在书中的性格迥异，分别代表了人们在应对变化和困难时的不同态度，该书挖掘了读者自我解决问题的能力。20世纪90年代末，中国进行了三年国有企业改革，改革中的一项措施是把减员增效作为企业的突破口，将千万余人推向了社会，大批的下岗失业人员需要扭转多年来形成的思维模式，人们面对新环境下的挑战一时间显得手足无措，迫切需要战胜自我的恐惧。为了适应新的环境下行业的变动，人们需要一本能够指导自己如何面对机遇和挑战的书籍，《谁动了我的奶酪？》一书在这时就充当了答疑解惑的角色，深受人们的推崇。许多公司在解雇员工时，将它作为一本自助类的心理辅导册发放给员工。在变革的年代中，该书缓解了人们的焦虑，消除了环境的突变带来的手足无措感。

（四）全方位的营销手段

1. 主流媒体的宣传，扩大该书的影响力

主流媒体掌握着话语权，有着"广而告之"的作用，把握关键的宣传时期对图书的销售能起到事半功倍的效果。该书自英文版面世后便得到了广泛的关注，并在同一时间跃居《纽约时报》《华尔街日报》《商业周刊》最畅销图书排行榜第一名。各大主流媒体等对该书进行了充分的评价，引来大量读者围观。该书除了得到主流媒体的青睐之外，曾经还被当作话题搬上了中国电视的荧幕，这使得该书的知名度进一步提高。央视《对话》栏目曾邀请联想的柳传志、万科的王石、吉利的李书福、四通的段永基、诺基亚的刘持金、恒基伟业的张征宇、搜狐的张朝阳、三通的艾欣、联合运通的张树新和美林的刘二飞对《谁动了我的奶酪？》一书进行激烈的讨论。在互联网普及之前，传统媒体是人们接收信息的主要来源，电视媒体吸引着许多观众的注意力，而央视栏目在众多电视节目中又具有极强的权威性。媒体的造势，使该书广泛流传于读者之间，形成联动效应，持续不减的热度引发读者的购买潮流。"奶酪"成为一种热门的文化现象。

2. 知名企业家的推荐，形成"口碑营销"

宝洁、通用电气、柯达、惠普等公司的高层人员对该书热烈推荐，著名的 NBC 电视主持人对该书给予了极高的评价，他称"这本书改变了我的人生。它拯救了我的工作，并引领我到了另一个领域，取得了我梦寐以求的成功"。这些企业家在当时充当了"精英""成功人士"的社会角色，所发表的言论具有极强

的号召力。该书成功地利用了口碑进行营销,斯宾塞本人也曾说过"我的书都是靠口耳相传成为畅销书的"。"口耳相传"成为该书畅销的重要原因之一。

3. 全程实行项目负责制,制订全面的营销计划

中信出版集团把该书当作一个项目来进行,详细制订运作步骤,确立明确的销售指导思想,以项目的策划到实施的全过程为工作重心,以项目完成的实际情况为考核内容,并根据完成情况来进行奖罚优劣。这种做法激励了工作人员的活力,有利于对整本书的出版进度进行监控。中信出版集团在出版该书时进行了充分的市场分析,按照市场容量将该书定位为五星级的市场期望值,进行重点推出。在销售渠道的建设上,主要目标是全国的新华书店和民营书店,进行充足的铺货,并寻找目标企业促使其进行团购。中信出版集团用严谨的态度和科学的方法进行图书营销,取得了优异的成绩。《谁动了我的奶酪?》一书在初次出版时占据了书店和书摊的最佳位置,为读者打开了便利的购买渠道。

(五) 恰到好处的设计

1. 封面设计简洁有力,直面市场

该书的封面宣传文案采用最直白的语言,直击读者内心。封皮采用亮黄色,引人注目。书名采用疑问句式,短小精悍、朗朗上口,充分地引起了读者的注意,满足了读者的猎奇心理,让人有进一步阅读、对问题一探究竟的欲望。中文版书名采用直译的方法,日常生活中中国人没有吃奶酪的习惯,"奶酪"一词给读

者带来了新鲜感。封面上的宣传语直接有力——"连续 78 周蝉联亚马逊书店畅销榜首""连续 128 周雄踞中国各大媒体畅销书排行榜",并放置社会名人对该书的推荐语以及在畅销榜中取得的成绩,给读者的第一感觉是该书已经得到了大众广泛认可,是经历过时间检验的,使读者在还未阅读该书之前,就对其内容产生了信服感。封面设计将图书的卖点体现得淋漓尽致。

2. 排版设计轻快灵活,图文并茂

该书的内容并不多,出版社结合书籍的内容特点,将该书设计的关键点锁定在"短""小""精"上。文本的设置具有"字大行疏"的特点,使版面更为舒朗。中信出版集团选用硬纸板作为图书封面,采用胶版纸做护封,精装的方式为图书增值,使读者在阅读的同时能够感到物有所值。在开本的选择上使用 32 开,便于读者携带,版心较小,天头和地脚留出较大的空间,为读者营造轻松的阅读环境,同时方便读者进行批注。全书全彩印四色印刷,图文结合,为图书加入漫画元素,使图书色彩更加鲜活明亮,保证了图书的美观和可阅读性。使该书除去基本的阅读功能之外,给人一种舒心、轻快的美感,全彩印的内文插图提升了读者的阅读体验。

四、精彩阅读

第二天,辗转反侧了一夜的哼哼和唧唧早早离开家,再次来到奶酪 C 站。他们多么希望昨天走错了地方,希望昨天只是一场误会,他们仍然希望在这里找到自己的奶酪。

但是，这里仍然和昨天一样，还是没有奶酪，空空如也。小矮人手足无措地站在那里，就像两尊雕像一样。

唧唧紧闭着双眼，用手捂着耳朵，他还是什么都不想看，什么都不想听。他不想知道奶酪是一天天减少的，而是愿意相信它们是一下子消失的。

哼哼一遍又一遍地分析局势，最终他那充满信念的复杂大脑占了上风。"他们为什么这样对待我？"他有些出离愤怒，"这里究竟发生了什么事情？"

最后，唧唧终于睁开眼睛，环顾四周，说道："对了，嗅嗅和匆匆呢？他们是不是知道一些内幕？"

哼哼不屑一顾地反问："他们能知道些什么？"

哼哼接着说："他们只是小老鼠，只会被动地作出反应。而我们是小矮人，比他们聪明几百倍。我们应该能够把这件事情搞清楚。"

"我知道我们比他们聪明，"唧唧回答道，"但是我们现在的反应似乎并不怎么明智。哼哼，这里的情况已经变了，也许我们也需要改变。"

"我们为什么要改变？"哼哼质问他，"我们可是小矮人，我们是与众不同的。这种事情不应该发生在我们身上。如果真的发生这种事情，我们至少应该从中得到一些好处。"

"我们为什么应该得到好处？"唧唧问他。

"因为这是我们的权利！"哼哼大声吼道。

"什么权利？"唧唧还是不明白。

"得到奶酪的权利!"

"为什么?"唧唧接着问道。

"因为,这个问题不是我们造成的,"哼哼说,"这是其他人造成的,因此我们应该得到补偿。"

唧唧建议道:"我们不如停止绕来绕去的分析,直接去寻找新的奶酪?"

"哦,不,"哼哼反对道,"我一定要坚持到底。"

就在哼哼和唧唧还在商量怎么办的时候,嗅嗅和匆匆已经跑了很多的路。他们进入了迷宫的更深处,尝试了一条又一条的走廊,在找得到的每一个奶酪站中寻找奶酪。

除了倾尽全力寻找新的奶酪,他们什么都不想。

很长一段时间里,他们什么都没有找到,直到有一天他们走进了迷宫的另一个新区,发现了奶酪N站。

他们高兴地欢呼起来,因为他们找到了自己梦寐以求的东西:一大堆新鲜的奶酪。

他们简直不敢相信自己的眼睛,因为他们从来没有见过如此多的奶酪。

(选自《谁动了我的奶酪?》第58~62页)

五、相关研究推荐

[1] 赵英著.畅销书攻略 [M].武汉：华中师范大学出版社，2010.

[2] 张海洋.几本影响人类"三观"的小册子（之三）——《谁动了我的奶酪》[J].中国电力企业管理，2014（3X）：112.

[3] 叶正黄."翠花，上奶酪"——《谁动了我的奶酪？》畅销断想 [J].出版参考，2001（22）：14.

[4] 温键键.三十年畅销书面面观 [J].法制与经济（下旬），2012（6）：134-135.

[5] 杜兆勇.谁动了出版业的奶酪——访中信出版社社长王斌 [J].当代经理人，2002（6）：78-79.

[6] 郑奕."管理寓言"：彰显"范式转移"新趋势 [J].出版参考，2003（28）：17.

[7] 曾梦龙.《谁动了我的奶酪？》让中国人摸到了进入商业文明社会的门道 [EB/OL].（2017-4-11）.http：//www.qdaily.com/articles/39666.html.

案例二十五:《自控力》

许诗意

一、图书基本信息

(一) 图书介绍

书名:《自控力》

作者:[美]凯利·麦格尼格尔

译者:王岑卉

开本:16 开

字数:220 千字

定价:45.00 元

出版社:文化发展出版社

出版时间:2017 年 3 月

（二）作者简介

凯利·麦格尼格尔教授是斯坦福大学备受赞誉的心理学家，也是医学健康促进项目的健康教育家。她结合心理学、神经学和经济学等全新研究成果，为专业人士和普通大众开设了"意志力科学"和"在压力下好好生活"两门课程，这些都是斯坦福大学继续教育学院历史上广受欢迎的课程。《自控力》一书的内容就取材于"意志力科学"这门课程。她还为《今日心理学》杂志网站开设了"意志力科学"博客。作为"科学助人"这一新领域的领先专家，麦格尼格尔教授曾获得斯坦福大学的最高教学荣誉奖。

二、畅销盛况

2012年8月，文化发展出版社（原印刷工业出版社）引进了《自控力》一书。该书由磨铁图书公司策划，自上市起至2015年，已连续4年进入亚马逊图书销售排行榜前十名。到2016年，该书销量就已达到200万册。在当当心理学年度畅销榜上，《自控力》在2015年度排名第一，2016年及2017年连续两年排名第二。

此后，文化发展出版社相继推出了精装版、纪念版等各类版本的《自控力》。尤其是2017年出版的《自控力》，作为畅销300万册的纪念版本，面世之后成功上榜，位居2018年当当心理学年度畅销榜第三。到了2019年，该版本分别位居当当心理学月畅销榜1—3月的第六、第四及第七名。同时，2017版《自控力》在亚马逊的图书销售榜单上也有不错的成绩。截至2019年4月13日，该书在亚马逊图书商品销售排行榜上排第222名，在心理学分类榜排第67位。尽管容易跟风的心理自助类图书不断进入市场，这本老书仍热度不减，销量不俗。

三、畅销攻略

（一）内容题材满足大众口味

近年来，心理自助类图书受到读者的广泛青睐。从美国作家约瑟夫·J.卢斯亚尼的心理自助系列《改变自己——自我训练》《自我训练——改变焦虑和抑郁的习惯》，到国内"心灵畅销书作家"张德芬的《遇见未知的自己》系列作品，销量都令人瞩目。心理自助书籍的流行不是偶然。在新媒体蓬勃发展的今天，阅读对于人们而言不仅仅是消遣娱乐，还为了提升自我认知的能力。快速发展的经济与个人素质、心理素质发展不匹配的现状，使得越来越多的人选择从心理自助类图书中寻求平衡、寻找答案。心理自助类图书在一定程度上帮助意识与潜意识沟通，其实也就是帮助人们完成了一次与自我的对话，当人们能够真正与内心的自我和解时，这类图书也就完成了它的使命。换句话说，人们觉得心理自助类图书是有效的，对自己有帮助的，这也就促成了这类图书的畅销。

《自控力》作为一本心理自助类图书，正是巧妙地抓住了读者的兴趣点，讲述了一个与人们生活息息相关的主题，可以说是一本很接地气的书。自控，这个词可能在许多人心里一遍又一遍地出现过，有心无力。每天都暗下决心明天一定要如何，第二天依然会按下闹钟再扭头大睡。自控本不是件简单的事，而《自控力》的腰封上明明白白写着，"只需10周，成功掌控自己的时间和生活"，这样的文案仿佛一个承诺，击中了不少对"能把生活安排得井井有条才是生活的赢家"抱有憧憬的年轻人。作者也通过其富有同理心的写作让读者了解到，每个人的生活都在某种程度上与诱惑、成瘾、分心和拖延相伴，这不是揭示我们个人不足的弱点，而是普遍的情况，是人生经历的一部分。读者通过阅读逐渐了解到真实的自己，从而认可书中内容，想要继续探索。

《自控力》面世之初，在美国本土的销量也不错，当时在亚马逊"时间管理"类心理自助书中排名第12位。而外版书到了中国能否受到大众欢迎，译者扮演的角色也同样重要。《自控力》的翻译人员是按照"易读"的风格来对内容进行翻译的。作为一本心理自助类图书，易读的内容让读者更有亲切感。

（二）章节设置匹配阅读习惯

《自控力》一书中实践部分的内容也是吸引读者的一大亮点。当有一本书告诉你"不论你想减肥、戒烟、坚持跑步、学习外语，还是远离拖延、培养新习惯、做更称职的父母……都应该翻开这本书"时，你是不是会忙不迭地想要买下这本书，翻开它一探究竟？这也是大多数《自控力》的读者希望从中获得的技能。《自控力》每章节附带两类作业，包括简短的"深入剖析"和"意志力实验"，承诺"这些策略基于科学研究或理论，能够切实提高你的自控力，以便迎接真实生活中的挑战"。有案例、能实践、接地气，《自控力》的优胜之处，可能是它恰好符合一本畅销书的模子——简单、易读、生动。豆瓣上最多"有用"数的短评来自豆瓣红人"水湄物语",评论颇有代表性——"有实际的操作手册这个我最在乎了,理论再好不能改变我的现状也是白搭。"可见,书中理论与实践的配合为《自控力》的畅销奠定了基础。

(三)封面设计契合读者心理

《这书要卖100万:畅销书经验法则100招》中写道:"封面设计不是为配合'内容',而是根据购买这本书的读者心情来设计的,这就是亲近和正确的做法。"《自控力》一书的封面插图是一只圆筒冰淇淋——减肥时,高热量的冰淇淋是人们很大的敌人。这只冰淇淋,象征着生活中的诸多诱惑,能否抵挡住这些诱惑,需要"自控力"的帮忙。这样的设计是符合读者心理的。

封面配色采用了白底配黄色腰封,用色大胆,对比强烈。封面上"自控力"三个大字用了红色,醒目而又突出。整体的字体、用色的搭配和谐、活泼又不失专业,能够让人产生购买欲望。

(四)营销推广符合作品特点

1. 同类竞品营销策略

《自控力》在2012年刚上市时就要面对一本非常相似的竞品——中信出版集团推出的《意志力》。《意志力》由美国佛罗里达州立大学的心理学教授操刀写作,介绍如何"修炼意志力",主题、内容和《自控力》的重合度都很高——实际上,如果按照《自控力》的英文原版书名 *The Willpower*

Instinct，主标题的关键词就是"意志力"而非"自控力"。由于《意志力》比《自控力》早了一个星期上市，主题很讨巧，也受到许多读者的期盼，编辑王泽阳决定仿照《意志力》，作出相应的营销动作，"这本书做什么动作，我们就做什么动作"。这种搭顺风车式的同类竞品营销策略进行得非常顺利，《自控力》也很快将《意志力》抛到了身后，火爆程度远远超过了编辑的预料。《自控力》登上亚马逊榜单第一名，持续了近七八个月，"当时销量差不多一天有一两千本……加印都加印不及，这就是火的程度吧"。从读者反馈来看，与《意志力》更注重理论性学术的风格相比，《自控力》似乎更及时地满足了读者寻求改变的迫切心情。

2. 根据图书生命周期设计相应营销活动

图书的销量是顺应其生命周期的，即便是畅销书也存在着随时从榜单滑落的风险。图书营销要对应其每个阶段表现出的不同的市场特征，制定相应的营销策略，有针对性地设计不同的活动。

尽管在策划选题时《自控力》不太被看好，但在其畅销势头一冒出来时，磨铁图书公司的营销动作就及时跟上。文化发展出版社每天会有数据监控，它能帮助磨铁图书公司及时调整营销策略。《自控力》于2012年7月底上市后不久，就在各大网络平台，包括"中国心理咨询网"这样的专业内容平台，通过"好书推荐"的方式进行宣传。到了9月初，销售排行榜第一名的位置逐渐被考研复习书挤下。针对这种情况，《自控力》营销团队很快想到，将考研复习和自控力结合起来，用考研学生的口吻和视角，在当时还很火热的人人网上发帖："注意力比较涣散，管不住自己，那怎么办呢？看到一本好书，书的观点比较有帮助。"

帖子获得了很多考生的共鸣和转发，也为《自控力》带来了新一轮的销量增长。《自控力》出版 5 周年时，其所属的图书品牌"黑天鹅图书"发布了送书 100 本的活动，通过主题征文活动和文末留言的形式，送出"黑天鹅图书"出品的最新图书。这种利用活动让图书重现在大众视野的营销方式也为《自控力》的销售维持了热度，使得《自控力》这本畅销书，有了成为长销书的势头。

3. 社群互动

2013 年，文化发展出版社推出了《自控力》100 万册硬精装纪念版。从这一版开始，到后来 2017 年出版的新版《自控力》(300 万册纪念版)，图书的封底均被加上了"自控力"微信群的二维码。微信营销更具读者针对性，使得从前的"出版商—读者"式的单向营销转变为双向互动式的营销。微信群为读者的意见反馈提供了渠道，而读者意见也为后续的营销活动开辟了思路。微信群是维护既有读者的重要方式，也是向读者宣传新书的途径。《自控力》系列作品《自控力：跟压力做朋友》出版的时候，被作为奖品在微信群内开展活动。"自控力"微信群不仅为《自控力》作品本身的销量助力，还对后续《自控力》系列作品的推广起到了助推作用。

在建立微信群之后，2016 年，《自控力》有了自己的微信公众号"自控力 lab"以及以"自控力"为核心开展各类活动的收费社群。"自控力 lab"的定位从知行关系这个角度切入，围绕于此，社群根据内容分为三个组：读写族，每天坚持读书，并提交 200 字以上的读书笔记；冥想族，每天进行 5~10 分钟的冥想，把自己的感受发到群里；运动族，每天锻炼 5~10 分钟，在群里打卡，这对应了《自控力》书中实践模块的内容。社群的用户即便从前没有读过《自控力》，也会从活动中逐渐了解到该书，从而想要从书中学习相关的理论。这样的活动为《自控力》及其系列书籍本身的畅销增色不少。

（四）系列作品促进原作销售

《自控力》引进中国半年之后，磨铁图书公司打算趁着第一本书的势头乘胜追击，但因当时《自控力》作者麦格尼格尔教授的新作品还在构思中，编辑团队找到了作者在2009年出版的一本写如何做瑜伽的旧书。尽管这本瑜伽指南看似和《自控力》的关联并不大，但《自控力》书中有专门的章节讲到瑜伽、运动、冥想。通过这样的串联，《自控力》一书有了内容的延伸。2013年5月，《自控力2：瑜伽实操篇》出版。

2015年5月，麦格尼格尔教授的新书《压力的好处》在美国出版。磨铁图书公司将其引进国内时又沿用了"自控力"这个卖点，并列为《自控力》的续集，形成了《自控力：和压力做朋友》一书。《自控力：和压力做朋友》于2016年3月出版，销量到8月份就超过了17万册。

系列作品的畅销和《自控力》起到了相辅相成的作用。《自控力2：瑜伽实操篇》和《自控力：和压力做朋友》在腰封上均打出了"《自控力》作者新作"的标语，其实这也是出版商想要借系列作品的方式来提醒读者回顾《自控力》一书。即便从前没有读过甚至并不知晓《自控力》，通过这样的宣传也可能会成为潜在读者。当潜在读者将好奇心付诸实践购买了《自控力》一书，也是为《自控力》的畅销作出了贡献。

四、精彩阅读

"那又如何"效应：为什么罪恶感不起作用？

在问酒保要吉尼斯黑啤酒之前，一个40岁的男人拿出了他的掌上电脑，打了一句话"第一杯啤酒，晚上9点零4分"。他打算喝多少？最多两杯。几公里外，一个年轻女人参加了联谊会。10分钟后，她在自己的掌上电脑上输入"一杯伏特加"。派对才刚刚开始！

纽约州立大学和匹兹堡大学的心理学家与癖嗜研究人员开展了一项研究，参与者就是这群喝酒的人。参加实验的有144名成年人，年龄从18岁到50岁不等。他们每人配备了一台掌上电脑，记录自己的饮酒情况。每天早上8点，被试者都要登录系统，汇报他们头天晚上饮酒的感受。研究人员想要知道，当被试者喝的比自己想喝的多时，会发生什么事情。

毫无意外，头天晚上喝了太多酒的人第二天早上会感到痛苦，会觉得头疼、恶心、疲倦。但他们的痛苦不仅仅源于宿醉。很多人还感到罪恶和羞愧。这才是真正让人感到困扰的。当被试者因为前一晚饮酒过量而情绪低落时，他们更可能在当天晚上或以后喝更多的酒。罪恶感驱使他们再度饮酒。

欢迎关注世界范围内意志力的最大威胁之一："那又如何"效应。第一次提出这种效应的是饮食研究人员珍妮特·波利维（Janet Polivy）和皮特·赫尔曼（C. Peter Herman）。这种效应描述了从放纵、后悔到更严重的放纵的恶性循环。研究人员注意到，很多节食者会为了自己的失误，比如多吃了一块比萨或一口蛋糕，而感到情绪低落。他们会觉得，自己的整个节食计划似乎都落空了。但是，他们不会为了把损失降到最低而不吃第二口。相反，他们会说："那又如何，既然我已经破坏了节食计划，不如把它吃光吧。"

不只是吃错东西会让节食者引起"那又如何"效应，比别人吃得多也会产生一样的罪恶感，会使节食者吃得更多或后来偷偷暴饮暴食。任何挫折都会引起这种恶性循环。在一次不是很理想的研究中，波利维和赫尔曼让节食者想象自己增重了5磅。节食者对此感到很沮丧，产生了罪恶感，并对自己感到失望。但他们并没有下定决心去减肥，而是立刻吃下了更多的东西，以此来抚慰自己的情绪。

减肥者并不是唯一受到"那又如何"效应影响的人。任何意志力挑战中都会出现这样的恶性循环。人们观察发现，想戒烟的烟民、想保持清醒的酒徒、想节省开支的购物者，甚至是想控制性冲动的恋童癖，都会经历这种循环。无论是什么样的意志力挑战，模式都是一样的。屈服会让你对自己失望，会让你想做一些改善心情的事。那么，最廉价、最快捷的改善心情的方法是什么？往往是做导致你情绪低落的事。这就是为什么，刚开始你只想吃几片薯片，最后却连油腻的空包装袋底部的小碎渣都不放过。这也就是为什么，在赌场输掉100美元会让你想下更大的赌注来赌一把。你会对自己说："反正我的减肥计划（支出计划、戒酒计划、各种决心）已经失败了，那又如何，我还不如好好享受人生呢。"关键是，导致更多堕落的行为并不是第一次的放弃，而是第一次放弃后产生的羞耻感、罪恶感、失控感和绝望感。一旦你陷入了这样的循环，似乎除了继续做下去，就没有别的出路了。当你（又一次）责备自己（又一次）屈服于诱惑的时候，往往会带来更多意志力的失效，造成更多的痛苦。但是，你寻求安慰的东西并不能中断这个循环，它只会给你带来更深切的罪恶感。

深入剖析：遇到挫折时

这一周，请特别留意你是如何应对意志力失效的。你会责备自己，告诉自己你永远不会改变吗？你会觉得这样的挫折暴露了你的问题——懒惰、愚蠢、贪婪或无能吗？你会感到绝望、罪恶、羞愧、愤怒或不知所措吗？你会以挫折为借口，更加放纵自己吗？

打破"那又如何"的循环

路易斯安纳州立大学的克莱尔·亚当斯（Claire Adams）和杜克大学的马克·利里（Mark Leary）这两位心理学家设计了一个能引发"那又如何"效应的实验。他们邀请了关注自己体重的年轻女性参加实验，以科研的名义鼓励她们吃甜甜圈和糖果。这些研究人员对如何打破"那又如何"的恶性循环做了一个有趣的假设。他们认为，如果罪恶感会妨碍人们自控，那么罪恶感的反面则有助于人们自控。他们用了一种看起来不太靠谱的策略。这个策略是，让一半吃甜甜圈的节食者在屈服于诱惑时感觉更快乐。

被试者要分别参加两项实验，第一项测试食物对心情的影响，另一项测试不同糖果的味道。在第一项实验中，所有女性都要从原味甜甜圈和巧克力甜甜圈中选一个，并在4分钟之内吃完。她们还要喝掉一整杯水——这是研究人员的"诡计"，目的是让她们因为吃得过饱而觉得不太舒服（腰带过紧会更容易让人产生罪恶感）。然后，她们要填写问卷，记录自己的感受。

在糖果味道测试之前，一半被试者会收到一条减轻她们罪恶感的信息。研究人员在信息中提到，被试者有时会因为吃了一整个甜甜圈产生罪恶感。同时，他们会鼓励被试者不要苛求自己，要记住每个人都有放纵自己的时候。另一半被试者则没有收到这样的信息。

接下来就是测试"自我谅解"能否打破"那又如何"的循环了。研究人员给每个被试者发了三大碗糖果，包括花生酱巧克力爆米花、水果口味的彩虹糖和约克薄荷味馅饼。这些糖果都能勾起甜食爱好者的食欲。这些女性需要试吃每一种糖果，并按照好吃的程度排序。她们想吃多少都可以。如果被试者仍然因为吃了甜甜圈而有罪恶感，她们就会对自己说："我的减肥计划已经失败了，所以我使劲吃彩虹糖又有什么关系呢？"

糖果味道测试之后，研究人员给每个糖果碗都称了重，看看每个被试者吃了多少东西。可以看到，"自我谅解"大获成功了！收到特别信息的女性只吃了28克糖果，而没有原谅自己的女性则吃掉了近70克糖果。（一颗好时巧克力大约4.5克，这个数据可供参考。）大多数人会对这个发现感到惊奇，因为常识告诉我们，"每个人都有放纵自己的时候，不要对自己太过苛刻"这种信息只会让节食者吃得更多。但是，摆脱罪恶感反而会让她们在味道测试时不去放纵自己。我们可能会想，罪恶感会促使我们改正错误，但其实这正是"情绪低落让我们屈服于诱惑"的另一个表现方式。

（选自《自控力》第154页）

五、相关研究推荐

[1] 北京开卷信息技术有限公司研究咨询部. 大众对心理自助图书需求热情未减 [N]. 中国新闻出版报，2014-05-19.

[2] 北京开卷信息技术有限公司研究咨询部. 心理自助类图书正不断演变[N]. 中国新闻出版广电报，2017-03-20.

[3] 籍元婕. 新媒体时代心理自助类图书畅销的深度心理分析[J]. 编辑之友，2018（12）：16-19.

[4] 高子如. 自助类图书的市场需求何在？[N]. 中华读书报，2012-10-17.

[5] 井狩春男. 这书要卖100万：畅销书经验法则100招[M]. 桂林：广西师范大学出版社，2005.

[6] 杜沛. 畅销书的新媒体营销路径[J]. 出版广角，2018（2）：21-23.

[7] 林绮晴，曾梦龙. 四年卖了200万册，中国人怎么就这么喜欢《自控力》这本书？[EB/OL].（2016-08-22）. http：//www.qdaily.com/articles/31290.html.

案例二十六：
《爱你就像爱生命》

郭 颖

一、基本图书信息

（一）图书介绍

书名：《爱你就像爱生命》

作者：王小波

开本：32开

字数：120千字

定价：35.00元

出版社：北京十月文艺出版社

出版年：2017年9月

（二）作者简介

王小波，1952年出生于北京，一个特立独行的作家，先后当过知青、民办教师、工人。1984年，他曾在美国匹兹堡大学东亚研究中心求学，并获得硕士学位。在这两年里，他游历了美国各地和西欧诸国，而后与妻子李银河一同回国，先后在北京大学、中国人民大学任教。自1997年4月11日去世后，他的作品被人们广泛阅读、关注、讨论，并引发了"王小波热"的文化现象。

他的小说为读者贡献了现代汉语小说前所未有的阅读快感，他让人们看到了一个完全不同的别样的世界；他的杂文，幽默中充满智性，为读者打开了一条通向智慧、理性的道路，被一代代年轻人奉为精神偶像。

他被誉为中国的乔伊斯兼卡夫卡，他的《黄金时代》和《未来世界》两次获得世界华语文学界的重要奖项"台湾《联合报》文学奖中篇小说大奖"。他的唯一一部电影剧本《东宫·西宫》获阿根廷国际电影节最佳编剧奖，并成为1997年戛纳国际电影节入围作品。他成了在国际电影节为中国拿到最佳编剧奖的第一人。除此之外，他的作品每一本都堪称经典，被人们一遍遍传阅，比如小说《黄金时代》《白银时代》《青铜时代》《我的精神家园》《沉默的大多数》《黑铁时代》等，这些作品被誉为"中国当代文坛最美的收获"。

二、畅销盛况

王小波被人称为"自由骑士""行吟诗人"，专情又浪漫，他写给妻子李银河的书信一直以"网络手抄本"的形式广为流传。《爱你就像爱生命》的前半部分是王小波写给李银河的情书，后半部分是李银河写的回信，仿佛是一段强烈的呼唤有了爱的回应。

1997年的4月11日，王小波因突发心脏病在家中去世。2004年5月，王小波与李银河的情书集《爱你就像爱生命》由朝华出版社首次出版发行，让人们看到了自称为"特立独行的猪"的王小波丰富的情感世界。

此书一经出版，"王小波式的恋爱"就在网络上迅速走红，某种意义上与王小波作为"撩妹高手"的新形象相关，这让王小波荣升为网友的恋爱专家与浪漫导师。《爱你就像爱生命》至今仍被广大读者追捧阅读，每年都是畅销排行榜上的常客，是王小波作品中销量最好的。当当网、亚马逊、京东等电商巨头的网站上显示，有至少10个版本仍在动销。每年情人节，各大书商都会为这本书打上"情人节必读"的名号进行促销。

笔者所选择的是由北京十月出版社出版，新经典出品的2017年9月第1版，短短两个月时间重印了2次。截至2019年4月18日，此版本在当当文学畅销榜排名第47位，商品评论多达18 600条。

三、畅销攻略

此版本能在众多版本中脱颖而出，笔者认为有以下几个重要原因。

（一）"王小波热"的名人效应

"娱乐是人的本能"，关注名人是人的本性。名人的生活工作是大众关注的焦点，相关主题的图书或者由名人写作的图书具有畅销的潜质。名人一般都是因为在某一方面的特殊禀赋或者非凡成就而得到了普遍认同。从大众心理的向度来分析，人天生都有出名的欲望，即使现实中无法成就功名，潜意识中的名人情结仍然挥之不去，这种下意识的渴望反映在现实生活中就表现为对名人的崇拜、追逐和效仿。在出版领域，就反映为利用名人的影响力来调动市场人气，名人效应是永不过时的卖点。

王小波的作品从未因时间的流逝而淡出人们的视线，"王小波热"每隔一段时间就会被媒体重新炒热，此版本正是为了纪念王小波逝世20周年而出版的。

1. 王小波的逝世让其作品受到极大关注

1997年，王小波的去世让人们发现了一位特立独行的自由思想家。他的小说、杂文集、剧本甚至生前照片、情书都成为书商们挖掘的图书资源。他的去世被媒体评为"97年十大名死"之一，其著作也被评为"1997年十大有影响的著作"之一。但王小波生前并没有多少名气，遭受了长时间的冷遇。作为一名作家，他写的书并不畅销，甚至有的书稿因为对性的一些直白描写触犯了当时的尺度而不能出版，他并不能靠写作养活自己。

但他去世后，突然声名鹊起，作品得到了国内外广泛的关注和报道，世人无不惊叹于他的才华，他成为"70后""80后"心中追求精神自由的一面旗帜。以《时代三部曲》《我的精神家园》的出版为标志，社会上迅速掀起了"王小波热"。正因为如此，《爱你就像爱生命》一书出版后才会收到如此热烈的反响。王小波早已超越了文学层面，成为一种文化现象。人们模仿他思考、模仿他书写、模仿他说情话。

2. 王小波与李银河的爱情故事是急躁时代的美好理想

21世纪是个急躁、功利的时代，人们开始对爱情产生了淡漠、游戏的消极态度，而《爱你就像爱生命》的出现，让人们品到纯情复归后的美好爱情。

回想起20世纪70年代初到80年代的书信，在那个男女谈恋爱都要互称"同志"，以及爱情被表达成"共同组建家庭、建设社会主义新中国"的年代，王小波对李银河的爱意却是"我是爱你的，看见就爱上了，我爱你爱到不自私的地步"以及"我把我整个的灵魂都给你"，等等。王小波用他最真挚的语言毫不掩饰地说出了他对李银河的爱意。

一个名不见经传的作家在逝世后突然间成为传媒和评论者关注的焦点，成为一种风潮。在他的作品被世人捧读的背后，是李银河一边不遗余力地整理遗稿，一边努力地宣传、推广他的作品。王小波能在去世后轰动文坛，成为"中国的卡夫卡"，李银河的付出功不可没。李银河作为王小波生前的妻子与精神伴侣，始终主导着王小波作品的出版（再版）与宣传动向。每次当她出现在大众视野里，人们总是会把她和王小波那些被写在五线谱上的率真而充满灵光的情话联系在一起。

李银河在"王小波之夜"朗读分享会上说："从《爱你就像爱生命》是王小波卖得最好的一本书可以看出，王小波现象当中，我们的爱情故事也的确是一个无法忽视的内容。"

3. 大众对名人的情书有强烈的好奇心

在人类的各种交往活动中，离不开一个"情"字，有了文字，便有了情书，到了现代，许多著名的作家在其相恋过程中，都留下了一些具有时代特色和浪漫气息的"情书"。情书，作为情人之间情感交流的产物，具有一定的隐私性。特别是名人的情感故事更能引起大众的一种"窥私"心理，从而产生强烈的好奇心驱使大家阅读。

例如，鲁迅和许广平的《两地书》就是为人们津津乐道的情书集之一。这部情书集完整地记录了鲁迅和许广平两个人由相识、相知到相爱的全过程，展示了他们爱情之旅的多姿多彩，折射出了那个特定时代的社会心理与文化语境的丰富意蕴，加上爱情手法的卓尔不群和"妙笔生花"的细腻传神，使这部情书集具有了较高的史料价值、文学价值和审美价值。

而《爱你就像爱生命》也是一本"两地书"，收录了王小波生前从未发表过的与李银河的书信，书中包括他们婚后与其他朋友的书信往来，这样的内容瞬间拉近了读者与王小波的距离，让人感觉十分亲切。《爱你就像爱生命》里不乏真挚动人的情感表白，同样还有夫妇二人对于书籍、诗歌乃至人生、社会的看法。这也是引起大众好奇的重要部分，人们想通过情书这样私密书信的形式去更进一步地了解他们的感情世界。

（二）王小波式情话

王小波是当代文坛上一个特立独行的奇趣存在。他是一位散文的奇才、随笔的怪杰，他的文字闪耀着思想的光芒。当这样的王小波写起自己的爱情，更有着无人能及的浪漫。

《爱你就像爱生命》最大的特点在于这并不是王小波的"正经"作品，没有严肃、没有沉重，这是一本他与妻子诉述甜蜜的书信集，是王小波不为人知的另一面，大众都想知道这么有个性的王小波的情感故事是什么样的。这样的反差是该书畅销的很大一部分原因。

"一辈子很长，要和有趣的人在一起。"这句话就是出自于王小波。而他自己，也是对"一个有趣的灵魂"的真正阐释。王小波有着天马行空的浪漫、玩世不恭的戏谑和字里行间的黑色幽默，这正是人们深爱着他的原因。

而这份浪漫也在《爱你就像爱生命》中得到了充分的体现，"你好哇，李银河……"王小波每每致信李银河总是这样开头，字里行间透出类似孩子般的对爱的渴望与无助。

我们看到他这样形容爱情："我和你就像两个小孩子，围着一个神秘的果酱罐，一点一点地尝它，看看里面有多少甜。"他这样表达自己的爱："我会不爱你吗？不爱你？不会。爱你就像爱生命。"他会把自己深爱的女人比喻成自己的良心："我发觉我是一个坏小子，你爸爸说得一点也不错。可是我现在不坏了，我有了良心。我的良心就是你。"

通过这些书信，王小波的人物形象变得生动可爱起来，他不再是大文豪，他只是一个会对着心爱的人乐呵呵傻笑的大男孩。

对于该书为何畅销，王小波生前的编辑、知名编剧李静也给出了自己的观点："这本书肯定是一本长盛不衰的书，因为这个书没有阅读门槛，它不挑人，任何识两千字的人都能看懂。它不像小波有的小说那么难以领会，也不需要杂文懂得那么多社会和历史背景，这个完全是两个人之间，两个灵魂的吸引，很容易就懂。而且这本书会唤醒人心灵深处的那种热恋的情感，完全纯粹的那种激情，它在现代这个很物质的时代，就是一股清泉，这个清泉不会枯竭，你只要打开书，你看到它那么自由奔放的、非常随便的、又像孩子一样的诉说就可以。"

(三) 新经典出品是保障，李银河亲自还原最真实版本

在这个浅阅读、碎片化的时代，图书的标签逐渐从传递文学价值过渡到单纯以排行榜、销售码洋、口碑热度来衡量。于是出版社的价值取向一度单纯以追求图书热度销量等经济指标为主体，对图书的文学价值的探讨变得式微。当大多数出版社把重心放在经济效益考核时，新经典的理念是回归图书本身文学价值，这在大环境下显得弥足珍贵。

2016年，新经典取得王小波作品的独家全版权，此次版本的《爱你就像爱生命》，新经典以做经典文学的专业态度，花大力气进行了重新编辑修订，请资深专家审稿。李银河亲自负责全书校订，修正了20年来各个版本存在的以讹传讹的问题。

关于《爱你就像爱生命》，李银河提供了全部的原始手写信件，编辑进行了逐字逐句的对照，以保证对王小波文字最大限度地还原和尊重。修正了大量的错误，比如169页（新经典版）原稿是"国内旧友还是老样子"，各版本都是"国内的友还是老样子"，这样语意不通的问题存在了20年，诸如此类错误还有数十处。

李银河说，这个版本是最用心的版本，是她最肯定的版本。

(四) 亲手书信复刻，传说中的五线谱书信初见读者

这次的新版本，李银河提供了珍藏多年的她和王小波写在五线谱上的原始信件，随书附赠了两封原始书信的复刻，三页五线谱情书装进了信封里，两页

是王小波写的，一页是李银河所书，字迹清晰。李银河更是在信封上手书寄语："小波，二十年了，你在天堂过得可好？"让人无限感慨。

王小波和李银河清晰的笔迹，让读者更直接地感受到两个人对自由爱情的追求和奔涌的热情。当年两个人又都是内心丰富的人，总觉得有很多话要对对方说，可是又没有电话、网络，怎么交流和沟通呢？只能通过写信的方式了。五线谱情书的来由是因为有一次王小波把书信写在了五线谱上。在那封信中他的第一句话是这样写的："做梦也想不到我会把信写在五线谱上吧。五线谱是偶然来的，你也是偶然来的。不过我给你的信值得写在五线谱里呢。但愿我和你，是一支唱不完的歌。"

李银河说："现在再读他写给我的那些情书，我就觉得更像一件艺术品。他的表达除了对我个人的情感以外，还有一种审美意义。"

（五）李银河出席新书发布会为书造势

2017年9月12日，在北京三里屯Page One书店举办了新书发布会，李银河与王小波生前的编辑、知名编剧李静，各自畅谈了自己心目中的王小波。

出版方和作者通过微博或微信组织粉丝或读者参与线下的发布会、读书会、签售活动、同城交流等是线下营销。这种方式有助于作者和出版方与自身核心读者建立起紧密关系，增强读者黏性。出版方可以在活动过程中将企业的产品信息、发展理念等传达给读者；作者可以通过这种途径，将自己的创作主旨、心路历程、生活感悟等分享给读者和媒体，以拉近与读者的距离，制造媒体新闻，保持作者本人和图书的话题热度。《爱你就像爱生命》是由李银河在王小波逝世后收集整理的书信集，她是该书最"亲密"的人，她相当于作者。几乎每一个版本的新书发布会上，她都会到场为此书造势。

在此版本的代序"爱情十问"中，新经典征集了读者想对李银河提出的10个有关于爱情的问题，作为此书的亮点。而在发布会现场，李银河也分享了她对爱情以及婚姻的看法，鉴于她是一位言论引人注目、活跃在学界和大众之间的社会学家、性学者，她的到场总是能吸引一大批读者。

四、精彩阅读

最初的呼唤

以下书信写于一九七八年李银河去南方开会期间，当时李银河在《光明日报》报社当编辑，王小波在西城区某街道工厂当工人。

1

你好哇，李银河。你走了以后我每天都感到很闷，就像堂吉诃德一样，每天想念托波索的达辛尼亚。请你千万不要以为我拿达辛尼亚来打什么比方。我要是开你的玩笑天理不容。我只是说我自己现在好像那一位害了相思病的愁容骑士。你记得塞万提斯是怎么描写那位老先生在黑山里吃苦吧？那你就知道我现在有多么可笑了。

我现在已经养成了一种习惯，就是每三二天就要找你说几句不想对别人说的话。当然还有更多的话没有说出口来，但是只要我把它带到了你面前，我走开时自己就满意了，这些念头就不再折磨我了。这是很难理解的，是吧？把自己都把握不定的想法说给别人是折磨人,可是不说我又非常闷。

我想,我现在应该前进了。将来某一个时候我要来试试创造一点美好的东西。我要把所有的道路全试遍,直到你说"算了吧,王先生,你不成"为止。我自觉很有希望,因为认识了你,我太应该有一点长进了。

我发觉我是一个坏小子,你爸爸说得一点也不错。可是我现在不坏了,我有了良心。我的良心就是你。真的。

你劝我的话我记住了。我将来一定把我的本心拿给你看。为什么是将来呢?啊,将来的我比现在好,这一点我已经有了把握。你不要逼我把我的坏处告诉你。请你原谅了这一点男子汉的虚荣心吧。我会在暗地里把坏处去掉。我要自我完善起来。为了你我要成为完人。

现在杭州天气恐怕不是太宜人。我祝你在"天堂"里愉快。请原谅我的字实在不能写得再好了。

2

你好哇,李银河。今天我诌了一首歪诗。我把它献给你。这样的歪诗实在拿不出手送人,我都有点不好意思了。

今天我感到非常烦闷

我想念你

我想起夜幕降临的时候

和你踏着星光走去

想起了灯光照着树叶的时候

踏着婆娑的灯影走去

案例二十六：《爱你就像爱生命》

想起了欲语又塞的时候

和你在一起

你是我的战友

因此我想念你

当我跨过沉沦的一切

向着永恒开战的时候

你是我的军旗

过去和你在一块的时候我很麻木。我有点两重人格，冷漠都是表面上的，嬉皮也是表面上的。承认了这个非常不好意思。内里呢，很幼稚和傻气。啊哈，我想起来你从来也不把你写的诗拿给我看。你也有双重人格呢。萧伯纳的剧本《匹克梅梁》里有一段精彩的对话把这个问题说得很清楚：

息金斯：杜特立尔，你是坏蛋还是傻瓜？

杜特立尔：两样都有点，老爷。但凡人都是两样有一点。

当然你是两样一点也没有。我承认我两样都有一点：除去坏蛋，就成了有一点善良的傻瓜；除去傻瓜，就成了愤世嫉俗、嘴皮子伤人的坏蛋。对你我当傻瓜好了。祝你这一天过得顺利。

（选自《爱你就像爱生命》第9~11页）

3　爱你就像爱生命

李银河，你好：

昨天晚上分手以后，我好难过。我这个大笨蛋，居然考了个恶心死活人的分数，这不是丢人的事儿吗？而且你也伤心了。所以我更伤心。

我感觉你有个什么决断做不出来。可能我是卑鄙无耻地胡猜，一口一个癞蛤蟆。我要是说错了你别伤心，我再来一口一个地吞回去。真的是这样的话，我来替你决断了吧。

你妈妈不喜欢我。你妈妈是个好人，为什么要惹她生气呢？再说，这样的事情也不是你应该遇到的。真的，你不应该遇到。还有好多的好人都不喜欢我。你为什么要遇到那么多痛苦呢！

还有我。我是爱你的，看见就爱上了。我爱你爱到不自私的地步。就像一个人手里一只鸽子飞走了，他从心里祝福那鸽子的飞翔。你也飞吧。我会难过，也会高兴，到底会怎么样我也不知道。

我来说几句让你生气的话，你就会讨厌我了。小布尔乔亚的臭话！你已经二十六七岁了。不能再和一个骆驼在一起。既然如此，干脆不要竹篮打水的好。

你别为我担心。我遇到过好多让我难过的事情。十六岁的时候，有一天晚上大家都睡了，我从蚊帐里钻出来，用钢笔在月光下的一面镜子上写诗，写了趁墨水不干又涂了，然后又写，直到涂得镜子全变蓝了……那时满肚子的少年豪气全变成辛酸泪了。我都不能不用这种轻佻的语气把它写出来，不然我又要哭。这些事情你能体会吗？"只有歌要美，美却不要歌。"以后我就知道这是殉道者的道路了。至于赶潮流赶时髦，我还能学会吗？真成了出卖灵魂了。我遇到过这种事情。可是，当时我还没今天难过呢。越悲怆的时候我越想嬉皮。

这些事情都让它过去吧。你别哭。真的，要是哭过以后你就好过了你就哭吧，但是我希望你别哭。王先生十之八九是个废物。来，咱们俩一块来骂他：

去他的!

我会不爱你吗?不爱你?不会。爱你就像爱生命。算了。不胡扯。

有一个老头来找我,劝我去写什么胶东抗日的事儿,他有素材。我会爱写这个?我会爱上吊。你要是不愿拉倒,我就去干这个。总之,我不能让你受拖累了。

我爱你爱得要命,真的。你一希望我什么我就要发狂。我是一个坏人吗?要不要我去改过自新?

算了,我后面写的全不算数,你想想前边的吧。早点答复我。我这一回字写得太坏,是在楼顶阳台上写的。

还有,不管你怎么想,以后我们还是朋友,何必反目呢。

王小波 星期五

(选自《爱你就像爱生命》第26~27页)

4 请你不要吃我,我给你唱一支好听的歌

银河,你好:

今天上午看到你因为我那一封卑鄙的信那么难过,我也很难过。我来向你解释这一次卑鄙的星期五事件吧!你要听吗?

你一定不知道,这一次我去考戏剧学院,文艺理论却考了一大堆《讲话》之类的东西,我心里很不了然,以为被很卑鄙地暗算了一下。那一天在你舅舅那里听他讲了一些文学,我更不高兴了。没有考上倒在其次,我感到文艺界黑暗得很,于是怏怏不乐地出来了。后来我发现你也很不高兴。当时我还安慰了你一番对吧?其实当时我的心情也很黑暗。我向你坦白,我在黑暗的心情包围之下,居然猜疑起你来了。你生气吗?是半真半假的猜疑,捕风捉影的猜疑,

疑神见鬼的猜疑，情知不对又无法自制的猜疑。我很难过，又看不起自己，就写了一封信。我告诉你（虽然我很羞愧），当时我在心里千呼万唤地呼唤你，盼你给我一句人类温柔的话语。你知道我最不喜欢把自己的弱点暴露给人，我不高兴的时候就是家里人也看不出来，而且就是有时家兄看出来时，他的安慰也很使我腻味，因为那个时候我想安静。这一次不知为什么我那么渴望你，渴望你来说一句温存的话。

后来的事情你知道。你把我说了一顿。我是躲在一个角落里，小心翼翼、鬼鬼祟祟地伸出手来，被你一说马上就恼羞成怒了。真的，是恼羞成怒。我的眼睛都气得对了起来。我觉得一句好话对你算什么？你都不肯说，非要纠缠我。于是我写了很多惹人生气的话，我还觉得你一定不很认真地看待我，于是又有很多很坏的猜想油然而生，其实那些我自己也不信呢。

后来我又接到你一封信。我高兴了，就把上一封信全忘了。

这一件事你全明白了吧。我这件事情办得坏极了。请你把它忘了吧。你把卑鄙的星期五的来信还给我吧。

我们都太羞怯太多疑了。主要是我！我现在才知道你多么像我。我真怕你从此恨我。我懊恼地往家里走，忽然想起小时候唱的一支歌来，是关于一个老太太和她的小面团。小面团唱着这么一支歌：

请你不要吃我不要吃我，

我给你唱一支好听的歌。

我把这件事告诉你了。我怎么解释呢？我不能解释。只好把这支歌唱给你听。请你不要恨我，我给你唱一支好听的歌吧。

你说我这个人还有可原谅的地方吗？我对你做了这样的坏事你还能原谅我

案例二十六:《爱你就像爱生命》

吗？我要给你唱一支好听的歌，就是我这一次猜忌是最后的一次。我不敢怨恨你，就是你做出什么样的决定我都不怨恨。我把我整个的灵魂都给你，连同它的怪癖，耍小脾气，忽明忽暗，一千八百种坏毛病。它真讨厌，只有一点好，爱你。

你把它放在哪儿呢？放在心口温暖它呢，还是放在鞋垫里？我最希望你开放灵魂的大门把它这孤魂野鬼收容了，可是它不配。要是你我的灵魂能合成一体就好了。我最爱听你思想的脉搏，你心灵的一举一动我全喜欢。我的你一定不喜欢。所以，就要你给我一点温存，我要！（你别以为说的是那件事啊！不是。）

王小波　星期日

（选自《爱你就像爱生命》第33~35页）

5　随书附赠王小波的亲笔书信

五、相关研究推荐

[1] 韦亚.试析畅销书营销模式[J].出版参考，2017（7）：35-38.

[2] 乔露.浅论王小波杂文的精神内核——由"王小波热"分析其创作精神[J].新丝路，2015（8）：80-81.

[3] 赵洁洁.鲁迅和许广平的鹣鲽深情[D].曲阜：曲阜师范大学，2010.

[4] 王鹏涛.畅销书现象的社会文化原因探析[J].编辑之友，2008（3）：39-41.

[5] 中国网.王小波逝世22年.李银河：我们的爱情似乎已成经典[EB/OL].[2019-04-16].http：//sh.qihoo.com/pc/9c8c1fe042a79ba7f?cota=4&tj_url=so_rec&refer_scene=so_1&sign=360_e39369d1.

[6] 文化有腔调.李银河：一桩爱情只要发生就是美的，哪怕违反禁忌[EB/OL].[2017-09-16].https：//cul.qq.com/a/20170916/019165.htm.

[7] 中国青年报.见证与李银河爱情，王小波最新发现遗稿将出版[EB/OL].[2017-09-14].http：//news.sina.com.cn/c/2017-09-14/doc-ifykyfwq7233253.shtml.

案例二十七:《开明国语课本》

朱椰琳

一、图书基本信息

(一)图书介绍

书名:《开明国语课本》

作者:叶圣陶　丰子恺

开本:32开

印张:13.375

字数:不详

定价:26.00元

出版社:上海科学技术文献出版社

出版时间:2017年1月

（二）作者简介

叶圣陶（1894—1988），原名叶绍钧，江苏苏州市人，中国现代著名作家、教育家、文学出版家，素有"优秀的语言艺术家"之称。1921年，与沈雁冰、郑振铎等发起组织"文学研究会"，提倡"为人生"的文学观，并与朱自清等人创办了中国新文坛上第一个诗刊——《诗》。1930年，他转入开明书店。他主办的《中学生》杂志，是20世纪三四十年代很受青年学生欢迎的读物，在社会上有广泛的影响。中华人民共和国成立后，叶圣陶曾担任教育部副部长、人民教育出版社社长等。

丰子恺（1898—1975），原名丰润，又名仁、仍，号子觊，后改为子恺。浙江省嘉兴市桐乡市石门镇人，以中西融合画法创作漫画以及散文而著名。中国现代画家、散文家、美术教育家、音乐教育家、漫画家、书法家和翻译家。1914年入浙江省立第一师范学校，从李叔同学习绘画和音乐。1919年师范学校毕业后，组织发起"中华美育会"，创《美育》杂志。1921年赴日本求学，攻音乐和美术。回国后，在上海、浙江、重庆等地进行艺术教育，业余从事美术创作，曾加入文学研究会。1943年起，任开明书店编辑，成为专业绘画和写作人。

二、畅销盛况

2005年上海科技文献出版社找到了一部完整的绝版近70年的《开明小学国语课本》，将其作为"文献"影印出版，书名叫《开明国文课本》。2010年，此书封面、内容及销售情况在微博及各大论坛再次受到关注，在图书销售网站上，该书更是成为热销书，销量达 30 万册。

2011 年据《重庆商报》报道，自 2010 年年底至 2011 年年初，《开明国语课本》着实火了一把，印刷 10 万套很快脱销。叶圣陶主文、丰子恺插画、1932 年版《开明国语课本》重印本卖断市，连出版社都没货。同期重印的老课本系列在网上收获好评一片。2011 年《大连晚报》报道："上网百度搜索，记者发现关于《开明国语课本》的讨论铺天盖地，询问到哪购买老课本的帖子也不少。""据了解，应很多市民的要求，市新华书店在'十一'期间特意进了一批《开明国语课本》等'老课本'，引发了市民极大的购买热情。"2012 年 2 月，凤凰卫视在《凤凰大视野》中报道："2010 年一本在五年前由上海科技文献出版社整理出版的老课本《开明国语课本》忽然被各大媒体广泛关注。《开明国语课本》甚至成为一个网络搜索的热词，各大论坛上好评如潮，图书也早就脱销了。"

三、畅销攻略

（一）民主情怀：由来已久

人们对民主和科学的追求从来不曾停歇。"中华民国"时期，对民主与科学的崇尚，成为民国文化的时代之魂。民国作为一个历史的过渡转折期，留下了很多值得怀念的美好的东西。那个时期战乱纷飞，那个时期中西文化强烈碰撞，那个时期涌现了一批批至今让人难忘的教育大师。

民国时期知识分子是社会的良心，民国时期尽管社会不够安定，经济也谈不上繁荣，但广大知识分子迸发出的强烈的社会责任意识和使命感，造就了那个时期的文化繁荣。那个时期，文化各个领域的发展中无不渗透着民主化与科学化的精神追求。这种精神文化绚烂又短暂，让我们遗憾、让我们留恋，这种留恋渐渐沉积成了一代代人的情怀。

民国初年尤其是新文化运动兴起后，一些知识分子在崇尚人格独立和个性解放的同时，开始自觉、主动地吁求思想自由与学术、教育独立。教育方面宣传民主主义教育，强调接受教育权的平等，注意培养人的个性和独立人格。从而在国家仍然积弱时努力增强学生的自信与大度，弘扬民族优秀文化思想。民国的教育博纳多种价值，包容各种思想，重视实验精神，不以单一而强横的标准答案来打击学生的积极性，对推进中国现代教育的形成，其功甚伟。在宏观出版理念上，我国现代出版业的奠基人张元济先生诗云："昌明教育平生愿，故向书林努力来。"这两句诗集中表明了当时出版人的社会担当。正是因为有着这样的社会担当和家国情怀，他们把出版儿童教材看作民主教育的基石、社会进步的动力源泉，亲力亲为地精心从事。民国时期学者、文人的学术和文学创作的挖掘、整理和出版，经年而下，渐成气候。民国出版机构普遍肩负文化使命，并以教育民众开启民智为主旨。

文学艺术方面也始终贯穿着对民主与科学精神的炽热追求。民国教材中蕴涵着某些普世价值，而这样的普世价值正是社会担当和社会使命的集中体现。教材以发展儿童的阅读能力和表达能力为目标，内容紧系儿童生活，从儿童周围开始，逐渐拓展到社会。也正因为如此，民国时期的儿童读物时至今日仍然魅力不减。

（二）教材理念：儿童本位

语文说到底，就是人文教育。20世纪二三十年代，新文化运动倡导文体变革，蔡元培等人倡导新教育，强调尊重人、尊重儿童，儿童的个体发展得到重视，儿童读物出版形成热潮。

叶圣陶1919年发表于《新潮》杂志的《今日中国的小学教育》一文中提到："一棵花，一棵草，它那发荣滋长的可能性，在一粒种子的时候早已具备了。"他认为儿童在本质上是"一粒种子"，天然具备支持身体与智能发育发展的初始状态。这种理念也体现在《开明国语课本》中，该书由叶圣陶亲自编写，全部是创作或再创作。材料活泼隽趣，文体兼容博取，文章力选各体的模式，词、句、语调贴近儿童口吻，以适应儿童学习心理。初年级课本的文字用手写体，由丰子恺书写并绘插图。特点是图画与文字有机配合，这在当时同类教科书中是很新颖的做法。

《开明国语课本》不仅着眼于传达传统的核心价值，而且宽宏地容纳了现代西方文明精髓及新式教育思想，将新的教育理念和传统文化精神有机融合。其以母语教育为本，传递传统核心文化价值。对学生不是训诫和管教，而是引导和培育。在具体的编辑工作中，民国版儿童读物的编辑注重研究儿童心理，俯身与儿童交流，如《小朋友》在小读者中征集题写刊名、刊登小朋友照片、设立"小尺牍""编辑部谈话""小朋友征求小朋友"等交流栏目。

《开明国语课本》取材于日常生活，如有猫、狗、春天、风筝等小学生日常生活中会接触和关注的事物，写的是孩子们身边发生的事情，自然、真实，富有童趣。教师是儿童生活中常见的重要他人之一，对儿童智力、语言及思维方式的发展和行为习惯、生活方式及价值观的形成有重要影响。《开明国语课本》上册前几课都是图画,第一篇课文就是师生相互问好。"先生,早!""小朋友,早!"插图是先生和小朋友都弯腰尊重彼此的画面。教师和学生言语、身体上的互敬,不仅仅是一种良好社会关系的体现,更是通过这种人格上、精神上平等的互动关系来涵养儿童的礼貌意识和平等意识。

《开明国语课本》注重引导孩子过一种以儿童为中心的生活,使儿童在生活过程中得到知识、道德、审美、身体、世界观等方面的均衡发展。

(三)教材编写:"大家""小书"

民国的前辈大师们"为着供给识字儿童精神上的适当食物",编辑了一套又一套优秀的儿童读物。尽管身为一流的学者名家,他们丝毫不以编撰幼童读物为"小儿科"之事。民国时期优秀的文学家、教育家、出版家和学者,都热心从事编写小学国语课本的工作。那一代的大家,都是学贯中西、博古达今、横跨诸多领域的通才。由他们来编写中小学生的教材,才能够高屋建瓴、举重若轻、深入浅出,做到"大家"写"小书"。这些"小书"才推动了社会文明的发展和进步。

这些民国版儿童读物大多内容近似,以语文学习、品德修养题材为主,且开本、纸张、装帧设计也大体相仿,封皮一抹牛皮纸的古旧色调,繁简体字对照,竖排,配以人物长袍飘飘的插画。《开明国语课本》的编写,就是典型的由顶尖专家强强联合打造出来的精品。《开明国语课本》由叶圣陶主要编写,丰子恺作插画,这些大家编写的教材以孩子的视角看世界,强调人人习知的常识。虽然民国政权动荡不安，但无论风云怎么变幻，教科书保持了相对的独立性和完整性，并没有删掉《国文》《常识》《公民》《历史》等带有普世价值的科目。

出版者通过美的文字图片，实现着"由现象世界而引以达于实体世界"的教育理念，培养学生们对自我世界进一步发现、追寻和探索的现代意识。《开明国语课本》蕴含了足够的内容含量和思想深度，既有历史知识、外国文学，还有各种生活自然常识。《开明国语课本》装帧排版设计具有美感且不落时。该书每课的内容不多，但是重复字量非常多，很适合识字。课文内容涉及学生日常生活、人情礼仪往来，还有介绍动物科普、风景山水的。其文字和图画有机编排，有助于拓展儿童的想象力，培养儿童的美感。从低年级到高年级，每篇课文的文字自右至左，竖排走文。每列的生字单独置于上方的长框内，对应语句，一目了然。教材语句短小生动，语气贴近儿童口吻，品位有格。

民国儿童读物在这方面，表现出对中华民族固有文化的坚定自信和充分尊重。它们不仅适合儿童阅读，同时对于民族文化也诠释得恰当到位，从而契合了国人心灵意趣。如今，"以学生为主体""以人为本"的编辑理念正在推行和实施，当这类由教育大家亲自撰构、本来就是为中国孩子识字需要而编写的本土儿童读物被发掘出来时，人们才发现那时候的教材倒是很符合当下对教材的种种期待，自然倍感亲切而热捧之。

民国的出版资源，就今天我们所能见到的，其深厚、广博、多姿着实让人惊叹，无论是在出版史还是出版实践的层面，对今天的出版事业都依然具有重要的借鉴意义。同时，民国学者、教育家、出版者身上所体现的文化胸襟和文化使命的担当意识也值得我们学习。

四、精彩阅读

插图选自《开明国语课本》上、下册

五、相关研究推荐

[1] 叶圣陶，丰子恺. 开明国语课本 [M]. 上海：上海科学技术文献出版社，2017.

[2] 健文. 民国怀旧老课本 经典重温再思考 [J]. 编辑之友，2012（6）：10-19.

[3] 王艳，董倩倩. 民国怀旧老课本经典重温再思考 [J]. 中国出版，2014（1）：21-25.

[4] 史茜伦. 民国课本中的儿童观——以《开明国语课本》为例 [D]. 杭州：浙江师范大学，2019：46-49.

[5] 张运君. 向民国老课本求个"真" [J]. 博览群书，2017（1）：12-16.